바둑과 피라미드

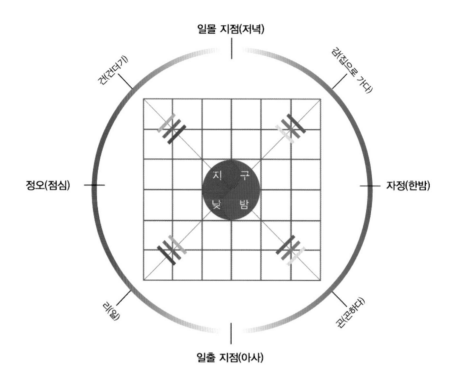

일몰 지점(저녁)

건(건더기)

감(坎)으로 가다

정오(점심)

지 구
낮 밤

자정(한밤)

리(日)

곤(교하다)

일출 지점(아사)

녁(易)과 올바른 태극원리

태극문양은 빛의 밝기강도와 어둠의 농담이 변해가는 과정을
아날로그 식으로 표시한 것 - 낮과 밤의 밝기와 어둠의 강도
세 개의 괘선(효)은 삼신숭배사상을 표상 - 선으로 삼신표시
어떤 경우에도 괘가 중간에 끊어질 수는 없다 - 자연법칙에 위배

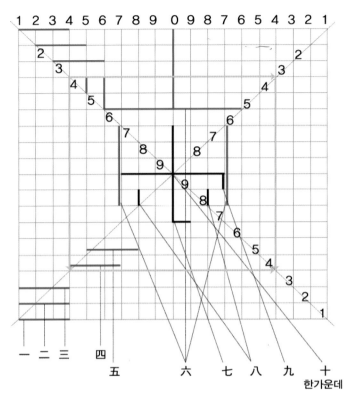

一, 二, 三 = 붉은 색, 四, 五 = 연두색, 六, =푸른색,

    (해의 공간)   (달의 공간)   (태극의 공간)

七, 八, 九, 十 = 검은색

그림(4-1) 숫자의 탄생

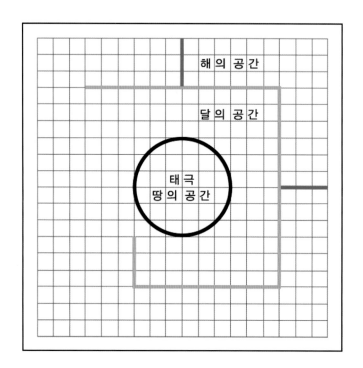

낱말 '한'의 탄생

바둑판 위의 361(점)+ 4(네 개의 테두리 선 또는 교차점) = 365일
'한'은 해와 달과 태극을 포함한 우주(天)상징.
한문명과 문화의 탄생을 의미.
바둑판문명의 창조자를 가리키는 명칭(한님).
바둑판 그 자체를 가리키는 명칭이기도 함.
피라미드도 무덤이 아니라 일 년 365일을 상징하는
역법 탄생 판이며,
파라오는 피리미드를 건설한 사람을 가리키는 명칭.

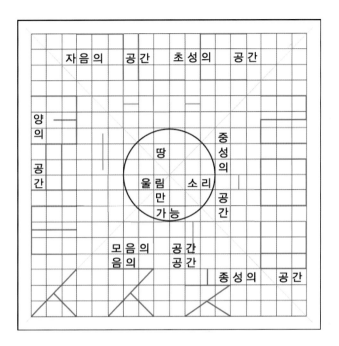

한글자모의 탄생

바둑판은 역법과 한글자모의 탄생 판, 한글 사용법칙은 처음부터
정해져 있었음.
(초성부용종성, ㅇ은 초성일 때 음가가 없음→입술소리가 아님)
숫자(한자의 숫자로 잘못 알려짐)와 한자의 탄생 판이기도 하다.
최초의 한자는 바둑판에서 만들어진 土,
의미는 달 공간(ㅡ) 속의 땅 즉, 지구(十)를 가리킴.
태극원리, 10천간 12지지의 탄생 판이기도 함.

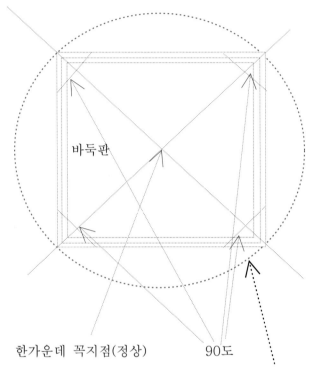

한가운데 꼭지점(정상)   90도

바둑판의 격자무늬 바깥의 나무판이나 피라미드 1층

(90×4=360)+(피리미드 맨 밑층4)+(꼭지점1)=365의 수가
되고, 일 년을 상징한다.

직각삼각형은 90도이므로, 피라미드를 91층으로 쌓으면
그림과 같은 건축물이 됨(1도는 하루를 의미)

그림(2-3) 피라미드 건축원리

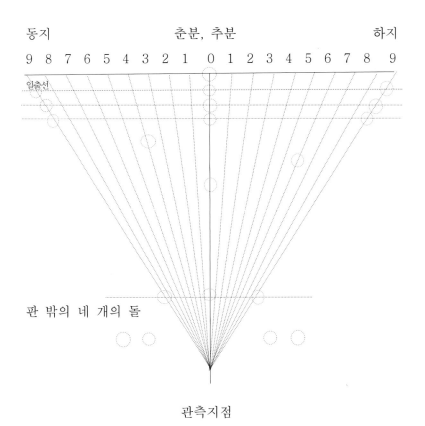

동지　　　　　　　춘분, 추분　　　　　　　하지

9 8 7 6 5 4 3 2 1 0 1 2 3 4 5 6 7 8 9

일출선

판 밖의 네 개의 돌

관측지점

그림(3-3) 바둑판 만들기

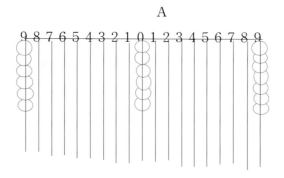

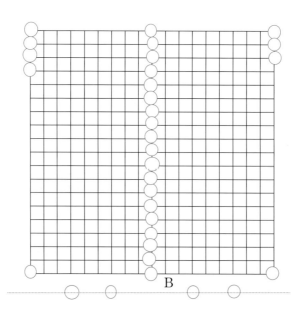

그림(3-4) 바둑행위와 초기 바둑판

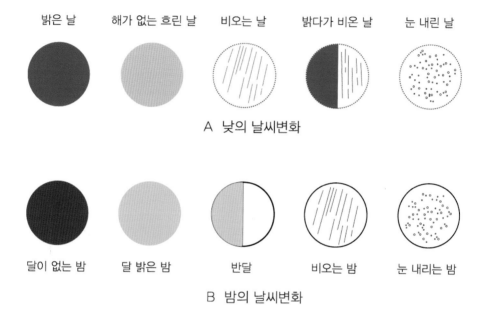

밝은 날 해가 없는 흐린 날 비오는 날 밝다가 비온 날 눈 내린 날

A 낮의 날씨변화

달이 없는 밤 달 밝은 밤 반달 비오는 밤 눈 내리는 밤

B 밤의 날씨변화

그림(3-6) 바둑돌의 색깔과 상징

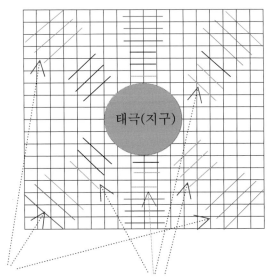

해(빛)의 괘(3칸 크기)　　　달(빛)의 괘(2칸 크기)

음(달)양(해)오행원리의 이해 표상

그림(3-7) 삼신(해, 양) 삼모(달, 음)신기

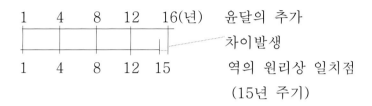

그림(3-12) 윤의 발견

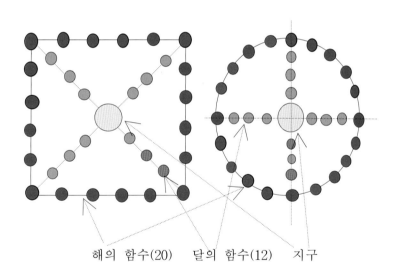

해의 함수(20)   달의 함수(12)   지구

그림(3-13) 해와 달의 함수와 윤(閏)연구 판

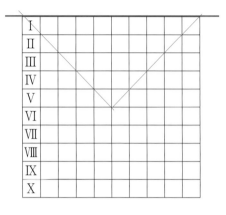

0 1 2 3 4 5 6 7 8 9 0

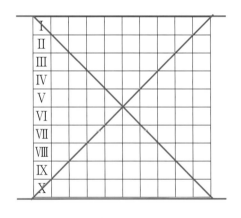

0 1 2 3 4 5 6 7 8 9 0

그림(4-2) 10진법원리와 로마숫자

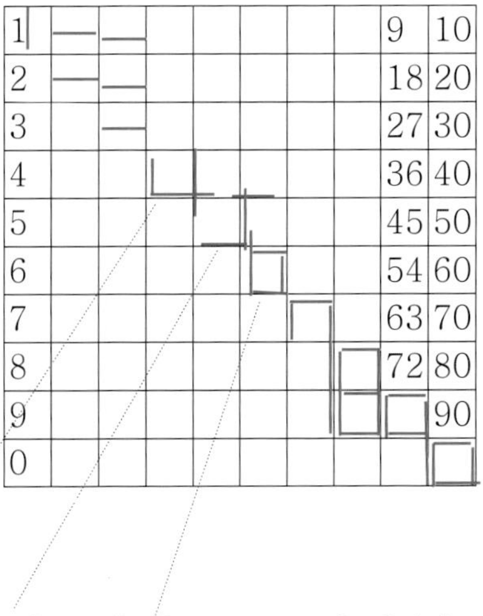

							9	10
1							18	20
2							27	30
3							36	40
4							45	50
5							54	60
6							63	70
7							72	80
8								90
9								
0								

4의 수   5의 수 6의 수   7 8 9의 수(칸으로 나타냄)

$$1*9 = 9$$
$$2*9 = 18$$
$$3*9 = 27$$
$$4*9 = 36$$
$$5*9 = 45$$
$$6*9 = 54$$
$$7*9 = 63$$
$$8*9 = 72$$
$$9*9 = 81$$

그림(4-3) 10진법원리와 아라비아숫자

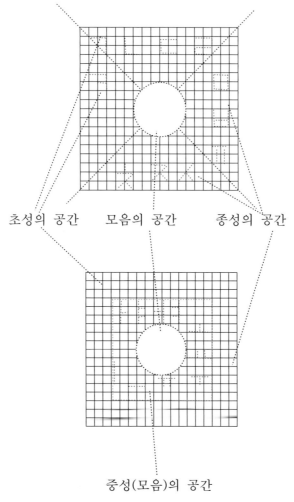

초성의 공간   모음의 공간   종성의 공간

중성(모음)의 공간

ㅇ이 초성일 때 음가를 못 가짐(입술소리가 아님)

그림(5-4) 초성, 중성, 종성

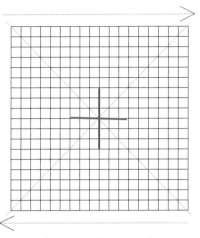

一二三四五六七八九十九八七六五四三二一

갑을병정무기경신임계

그림(6-1) 바둑판과 10천간(10진법)

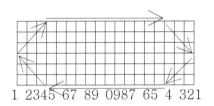

1 2345 67 89 0987 65 4 321

오 미 신 유 술 해
사 진 묘 인 축 자

그림(6-2) 12지지와 하루의 시간 변화

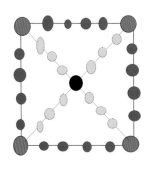 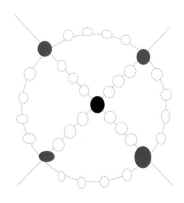

그림(7-3) 윤(閏)연구 판과 윷놀이 판

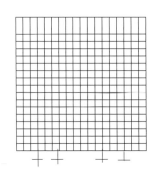 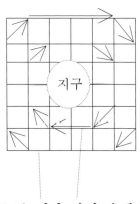

그림(7-4) 초기 바둑판　　그림(7-5) 해와 달의 운행선

바둑과 피라미드

바둑과 피라미드

박영홍 지음

도서출판 백암

이글을 엄마와
　　아부지에게 드립니다.

머리말

오늘날 지구촌 사람들은 누구나 인류문명의 혜택을 누리며 살아간다. 극소수를 제외하고는 일 년 365일을 주기로 12개의 달과 일주일로 짜인 역법(曆法)의 틀 속에서 태어나고 자라며, 역의 원리에 맞추어 구체적으로 자신의 꿈을 실현하기 위해 미래를 설계해 나간다. 그런데 사람의 삶에 필수적인 역법이나 문자, 숫자, 각도법, 방위와 시간구분법과 같은 인류의 정신문명은 어떻게 탄생하게 된 것이며, 고대 조상들은 어떤 방법으로 이것들을 만들어내게 된 것일까?

지금까지 학자들은 고대 인류문명을 크게 이집트문명, 메소포타미아문명, 인더스문명 그리고 황하문명으로 나누어 설명한다. 고대에 이들 지역에서 농경을 기반으로 하는 인류의 정신문명이 발생하여 각각 독창적인 역법이나 숫자, 문자, 기하학 등이 탄생하게 된 것으로 이해하고 있다. 하지만 우리는 아직까지 인류의 조상들이 역법이나 문자, 숫자 등을 왜 만들게 되었으며 또 어떻게 만들어낸 것인지에 대해 정확하게 알지는 못하고 있다. 단지 이들 지역에서 인류문명이 탄생하였다는 것을 유적이나 유물 등을 통해 역사적 사실임을 증명하거나, 문명의 산물인 역법, 문자, 숫자, 기하학, 방위와 시간구분법 등을 지금까지 남아있는 유적이나 유물 등과 연관시켜 이해하는 원론적인 수준에 머물고 있다.

고대 그리스인들은 이집트문명이나 메소포타미아문명이 탄생시킨 문명의 성과물들을 연구하면서 이들이 어떤 의미를 담고 있는지 분명하게 알 수 없다는 의미에서 '불가사의(不可思議, wonder or mystery)'라고 정의하였다. 다시 말해 이들 문명의 산물들이 '어떻게 만들어지고 또 어떤 의미를 담고 있는지 당시 사람들의 사고능력으로는 도저히 알 수 없다'는 의미에서 사용한 표현이다.

그런데 인류의 조상들이 남긴 문명의 산물들을 고대 그리스인들은 왜 불가사의라 일컬었으며, 또 오늘날을 살아가는 사람들까지도 왜 불가사의란 표현을 자주 사용하는 것일까?

언어는 세월이 흐르면서 다른 언어로 교체되어 사멸되거나 의미가 변하기도 한다. 이로 인해 어떤 용어가 남아있더라도 의미변화로 인해 그 용어가 담고 있는 본래의 의미를 알 수 없게 되기도 한다. 그리스인들이 고대 문명의 산물들이 담고 있는 의미를 '불가사의'라고 이해하게 된 가장 큰 이유는 언어의 단절에 그 원인이 있는 것으로 보인다. 즉, 그리스 이전에 탄생한 이집트나 메소포타미아 문명을 탄생시킨 민족의 언어가 이민족의 정복으로 그 당시 이미 사멸되었거나, 문명의 산물을 가리키는 용어가 어떤 의미로 사용된 것인지 고대 그리스 학자들이 아무리 알려고 해도 그 의미를 알 수 없을 정도로 당시 사용되고 있던 용어의 의미가 변하였기 때문이다. 따라서 오늘날 사람들이 불가사의라 표현하면서 인류의 조상들이 남긴 문명의 흔적들이 담고 있는 의미를 분명하게 이해하지 못하는 것 또한 언어의 사멸이나 의미변화와 관련이 있다고 할 수 있다.

고대 그리스인들의 '불가사의'란 표현과 같이 서양문명은 물론이고 동양문명의 탄생과 그 기원 또한 아직 분명하게 밝혀지지 않고 있다. 단지 지금까지 전해진 신화와 전설 등을 통해 동양문명이 황하유역에서 발생된 것으로 추측하고 있을 뿐이다. 따라서 지금까지 알려진 동양문명의 기원이나 문명의 산물에 대한 이해 역시 아직 '불가사의'한 수준에 머물고 있다고 할 수 있다.

필자는 오랫동안 동서양문명의 기원과 이들 문명의 산물들이 어떻게 만들어진 것인지에 대해 의문을 품어왔다. 기존의 해석이나 이해에 만족하지 못한 필자는 지금까지의 학설이나 주장을 벗어나 다른 관점 즉, 내가 이들 문명의 산물들을 직접 만들어볼 수는 없을까 하는 생각을 하였다. 고대 조상들이 만든 것이라면 지금의 필자도 만들 수 있지 않을까 해서였다.
그래서 언어에 대한 재해석과 천체관찰을 중심으로 연구를 진행하였다. 언어를 재해석하게 된 까닭은 사람은 '언어의 동물'이므로 인류의 진화 발전에 관한 모든 정보가 언어 속에 담겨 있을 수 있다는 판단 때문이었고, 천체관찰의 이유는 여명기의 천체와 지금 필자가 관찰하는 천체가 동일한 대상이라는 사실 때문이었다. 그렇다면, 해와 달의 변화주기를 관찰하여 만든 기존의 역법이나 시간구분법 같은 문명의 산물을 필자도 능히 만들 수 있을 것 같은 생각이 들어서였다.
기존의 관점이나 연구방법과 달리 언어재해석과 천체관찰 중심으로 연구해본 결과 다행히도 문명의 산물들이 어떻게 만들어진 것인지는 물론 지금까지 잊혀져왔던 언어에 담겨 있는 인류문명탄생의 비밀도 어느 정도 밝혀낼 수 있었다. 즉, 오늘날 우리들이 사용하고 있는 인류문명의 산물들인 역법, 문자, 숫자, 각도법, 시간과 방위구분법, 음양오행의 원리는 물론 동서양문명의 탄생판인 바둑과 피라미드가 어떻게 만들어진 것인지 알게 된 것이다.

언어 특히 우리말을 중심으로 한 동서양문명의 기원과 탄생방법에 대한 연구를 통해 필자는 지금 사용하고 있는 문명의 산물들이 대부분 바둑이나 피라미드와 관련이 있으며, 이들 모두는 바둑판과 피라미드를 모태로 만들어진 것임을 알 수 있었다. 하지만 언어와 인류문명은 각각 너무 방대한 분야이고, 지금까지 서로 다른 분과학문으로 여겨왔다. 그래서 필자는 연구를 통해 알게 된 내용을 언어에 관한 것과 인류의 문명에 관한 내용으로 나누게 되었다. 언어에 관한 내용은 이미 「우리말과 한겨레」란 제목으로 출판한 바 있으며, 이 책은 그 나머지 부분인 인류문명에 관한 것이다.

따라서 필자는 동서양문명의 기원과 문명의 산물들이 어떻게 만들어진 것인지에 관한 내용을 「바둑과 피라미드」를 통해 밝히고자 한다.

제 1장 '바둑이란 무엇인가'는 우리말 '바둑'이란 용어를 풀이하여, 우리 언어 속에 담겨 전하는 문명창조행위를 밝힌 것이다. 지금까지 '바둑'을 중국에서 기원된 놀이문화로 알아왔지만 이것은 사실과 다르며, 바둑은 중국문화의 산물이 아니라 우리 한문명의 산물이다. 그리고 처음 만들어질 때 바둑은 놀이도구가 아니라 우리 한문명의 창조행위를 가리키는 용어였다는 사실을 밝혔다.

제 2장에서는 중동과 서양의 바둑판인 피라미드를 중심으로 '피라미드'란 용어의 의미와 피라미드에서 만들어진 인류문명 즉, 태양력과 각도법 등이 어떻게 만들어진 것인지 알아

보았다.

제 3장 이후에는 바둑판과 바둑돌이 무엇을 상징하며, 동서양 문명의 탄생판인 바둑판과 피라미드가 만들어짐으로써 이후 이들 판 위에서 어떤 문명의 산물들이 탄생된 것인지에 대해 알아보았다.

사실, 우리가 현재 이용하고 있는 문명의 산물은 대부분 바둑판과 피라미드의 산물이다. 역법은 물론 문자, 숫자, 각도법, 시간과 방위구분법, 음양오행의 원리, 놀이문화 등도 마찬가지이다. 그래서 각 장에서는 이들이 어떻게, 어떤 방법으로 만들어진 것인지 설명하였다.

그리고 오늘날 바둑은 학문의 한 분과로 인정되어 대학에서 강의되고 있으므로, 학문으로서의 바둑에 대한 이해를 돕기 위해 동서양의 학문이 어떻게 시작되었으며, 바둑과 어떤 관련이 있는지에 대해서도 살펴보았다.

다만, 아쉬운 점은 아직 사용되고 있는 지구촌 언어들 중에서 인류문명탄생의 정보를 담고 있는 언어는 우리말이 거의 유일한 것으로 보이므로 어쩔 수 없이 우리말 중심의 연구가 될 수밖에 없었다는 것이다. 이는 물론 전적으로 필자의 능력부족 탓이지만, 이로 인해 다소 생경하고 이해하기 어려운 부분도 있을 것이고, 또 문명에 대한 이해를 너무 국수적으로 한 것이 아니냐는 오해를 받을 수도 있다. 하지만 필자가 보기에 우리말은 가장 오랫동안 변하지 않은 언어이며, 문명탄생기의 지구촌 언어는 지역의 차이를 떠나 의미차이가 크지 않았던 것으로 생각된다(박영홍, 「우리말과 한겨레」참조).

따라서 이런 문제는 차후 전문 연구자들의 도움과 협조가 필요할 것이다. 단지 필자는 기존의 시각과 다른 관점에서 인류문명에 대한 연구를 시도한 것이므로, 인류문명사 연구에 약간이나마 보탬이 되는 것으로 만족하고자 한다.

모쪼록 이 책이 우리 한문명과 다른 인류문명을 이해하는데 도움이 되기를 바라며, 마지막으로 이 책의 교정을 봐주신 조현영양과 배정건군 그리고 바쁜 업무 속에서도 묵묵히 내용을 검토해준 조용윤님에게 감사의 말을 드린다.

대구에서 머슴(머스) 박 영 홍

차례

머리말

제1장 바둑이란 무엇인가?

1. 바둑에 관한 제 문제   / 16
2. 바둑의 이해   / 20
3. 언어적 접근   / 26
4. 언어의 역사성   / 41
5. 바둑은 천체관측행위이자 문명의 모태   / 50
6. 바둑을 만든 사람   / 62

제2장 바둑판과 피라미드

1. 피라미드의 의미   / 72
2. 피라미드와 문명   / 75
3. 각도법과 황도의 탄생   / 86
4. 바둑판과 피라미드 건축의 원리   / 97

제3장 바둑과 역법

1. 역법(曆法)의 의미   / 112
2. 역법탄생의 시대적 배경   / 119
3. 역법(曆法) 만들기   / 123

4. 역(易)의 원리와 음양오행(陰陽五行) / 168

5. 일 년과 윤(閏)달의 발견 / 175

5. 한역(韓易, 韓曆)의 존재 / 183

제4장 바둑과 숫자

1. 숫자의 의미 / 190

2. 바둑판과 三의 수(삼신사상) / 191

3. 바둑판 위의 숫자와 의미 / 196

4. 숫자의 이해 / 201

5. 고대사회의 수에 대한 관념 / 203

제5장 바둑과 한글

1. 문자의 발명 / 212

2. 한글기원에 대한 고찰 / 214

3. 훈민정음 창제에 관한 고찰 / 218

4. 한글자모의 탄생 / 223

5. 한글자모 속의 'ㅎ'의 의미 / 229

6. 한글의 제자(制字)원리 / 232

제6장 바둑과 10천간(하늘 공간 나누기)
12지지(땅의 방향)

1. 천간(天干)과 지지(地支)의 의미와 학설 / 242

2. 10천간(天干, 하늘 공간 나누기) / 248

3. 12지지(地支, 방향과 시간 나누기)   / 250

4. 용(龍)의 의미   / 254

제7장 바둑과 놀이문화(바둑놀이, 윷놀이, 장기, 꼰놀이)

1. 천체관측과 놀이도구로서의 바둑   / 264

2. 바둑놀이   / 266

3. 윤(閏)연구와 윷놀이   / 276

4. 장기   / 281

5. 꼰(고누)놀이   / 284

6. 바둑은 우리문화   / 287

제 8장   바둑과 학문

1. 바둑과 자연철학   / 298

2. 인간(人間)과 사람   / 304

3. 동서양의 철학과 바둑   / 309

4. 학문으로서의 바둑   / 323

참고문헌   / 329

제1장 바둑이란 무엇인가?

1. 바둑에 관한 제 문제
2. 바둑의 이해
3. 언어적 접근
4. 언어의 역사성
5. 바둑은 천체관측행위이자 문명의 모태
6. 바둑을 만든 사람

1. 바둑에 관한 제 문제

 '바둑'은 우리의 전통문화로서 남녀노소를 떠나 누구나 쉽게 즐길 수 있는 놀이이다. 우리나라 사람이라면 비록 바둑을 잘 두지 못하더라도 가로 세로 열아홉(19)줄의 바둑판 위에 흑백의 돌을 교대로 두어가며 즐기는 놀이를 일상의 삶 속에서 자주 접하기 마련이다. 요즘은 물론이고 조선시대까지도 금기서화(琴棋書畫)라고 하여 선비들이 반드시 갖추어야 할 교양의 하나로 여겼었다. 이처럼 바둑은 예부터 오랜 세월 동안 우리 겨레와 함께해온 전통 놀이문화이다.

 하지만 바둑은 우리나라만이 아니라 중국과 일본에서도 오랜 세월 동안 많은 사람들이 즐겨 온 놀이이기도 하다. 그리고 바둑은 중국에서 기원된 중국문화의 하나로 알려져 있다. 고대 중국에서 탄생된 바둑이 삼국시대에 우리나라에 전해지고, 이후 우리나라를 거쳐 일본에 전해진 바둑이 막부시대를 거치면서 국가의 지원으로 비약적으로 발전하여 현대바둑의 기틀이 잡힌 것으로 이해하는 것이 바둑에 관한 상식처럼 받아들여지고 있다.

 그런데 동북아의 놀이문화 중 하나인 '바둑'에 대한 명칭은 국가마다 각기 다르다. 우리나라는 '바둑'이라고 하고, 중국에서는 '위기(圍棋)'가 가장 보편적으로 사용되는 용어이지만, '奕(혁)', '博奕(박혁)'또는 '棋(기)', '碁(기)'라 하여 시대에 따라 여러 가지 명칭으로 불리었다. 일본은 바둑을 '고'또는 '이고'라고 하며, 한자로는 棋(기)와 碁(기) 또는 圍碁(이고)로 표기한다. 그러나 일본어 '고'나 '이고'는 한자 '기(棋, 碁)'나 '위기(圍碁)'의 음(音) 즉 한자어이며,

일본의 고유 언어가 아니다.

그리고 한국, 중국, 일본의 전통 바둑은 약간의 차이가 있다. 바둑판의 모양(화점표시)도 다르고, 놀이를 시작할 때 미리 배치하는 치석(置石)과 계가할 때의 계가(計家)방식 등 놀이 규칙도 각기 다르다. 지금은 무치석(無置石)의 일본바둑이 현대바둑이라 하여 가장 보편적으로 이용되고 있지만, 각국의 전통 놀이방식은 각각 나름의 특징을 갖고 있다.

지금까지 대부분의 사람들은 전해진 기록에 의해 바둑을 중국에서 발명된 중국의 놀이문화로 알고 있다. 우리나라는 「三國史記」와 「三國遺事」[1]가 전하는 바둑관련 내용과 「舊唐書(구당서)」와 「後周書(후주서)」[2]에 기록된 삼국시대의 바둑관련 놀이문화 등에 의해 바둑이 삼국시대에 이미 놀이문화의 하나로 정착되어 있었으며, 이후 우리나라를 거쳐 일본에 전해진 것으로 이해한다. 그것이 사실이라면 동양 삼국의 전통 바둑판과 바둑을 두는 방식이 왜 그처럼 각각 다른 것일까?

필자 또한 오랫동안 바둑을 두어왔으나 아직 바둑에 대해 아는 것이 별로 없다. 바둑이 처음부터 놀이도구로 만들어진 것인지, 아니면 다른 목적으로 창안된 바둑이 세월이 흐르면서 놀이도구로 변한 것인지는 물론 누가, 언제, 어디서 만든 것인지에 대해 분명하게 알지 못하고 있다. 바둑의 기원에 대

---

1) 「삼국유사」에는 고구려 기승 도림이 바둑을 좋아하는 백제(百濟) 개로왕에게 바둑으로 접근하여 국력을 소진하게 하여 백제의 수도 한성(漢城)을 함락한 이야기가 전한다. 이승우, 「바둑의 역사와 문화」, 도서출판 현현각 양지, 2010, 122쪽.

2) 「구당서」와 「후주서」에 고구려와 백제 사람들이 바둑과 투호(投壺) 등의 유희를 즐겼다는 기록이 있다. 이승우, 상게서, 122쪽.

해 지금은 현현기경(玄玄棋經) 박물지(博物志) 중흥서(中興書) 등의 기록에 의해 요순(堯舜)이 어리석은 아들 단주(丹朱)와 상균(商均)을 깨우쳐 주기 위해 만든 것이라는 주장이 정설로 인정받고 있다. 하지만 이는 전설로 중국인들의 일방적인 주장에 불과할 뿐 믿기 어렵다. 이외에도 두 사람이 여가시간에 가위 바위 보로 쉽게 즐길 수 있는 놀이인 꼰(고누)[3]과 같은 단순한 놀이에서 변화 발전한 것이라는 주장 등 여러 주장과 학설이 있지만 아직까지 분명하게 규명된 것은 없다.

기존의 기록이나 주장에서 시원한 답을 얻지 못한 필자는 바둑의 기원문제 즉 누가, 언제, 어디서, 그리고 왜 만든 것인지에 대해 끊임없이 의문을 품어왔다. 바둑이 처음부터 놀이 도구로 만들어진 것일까? 그리고 바둑이 중국의 고유문화가 아니라 혹시 우리문화는 아닐까? 그렇지 않다면 왜 '바둑'이란 우리말 명칭이 존재할까? 등의 문제제기였다.

바둑에 관한 기존의 기록과 주장에서 만족할 만한 해답을 찾지 못한 필자는 기존의 기록이나 주장을 모두 버리고 백지 상태에서 다시 바둑이 무엇인지 알아보고자 하였다. 오직 '바둑판'과 '바둑돌' 그리고 '바둑'을 가리키는 용어만을 대상으로 하여 연구해보기로 한 것이다. '등잔 밑이 어둡다'는 속담처럼 바둑이해에 있어 가장 중요한 바둑관련용어에 대해 우리가 분명하게 이해하고 있는지와 바둑판과 바둑돌이 각각 무엇을 상징하는지에 관해 기존의 기록이나 주장과 다른 관

---

3) 우리의 전통 놀이문화 중에 '꼰' 놀이가 있다. 지금은 '고누' 란 용어가 보편적으로 사용되고 있지만 이는 '꼰' 이란 용어가 변한 것으로 보인다. 우리말은 신라어가 중심이 되어 변화 발전한 것이고, 경상도와 충북에서는 고누를 '꼰' 이라 하므로, 고누보다 '꼰' 이라 표현하는 것이 바람직하다. '꼰' 에 대해서는 바둑과 놀이의 장 참조.

점에서 접근해 보기로 하였다.

　말하자면, '바둑'이란 우리말과 바둑을 가리키는 한자 용어의 의미 그리고 중국에서 바둑을 가리키는 한자어가 왜 시대에 따라 바뀌게 된 것인지 알아볼 필요가 있는 것이다. 이와 함께 '바둑'이란 우리말 명칭이 가리키고 있는 것처럼 바둑이 중국문화가 아니라 우리문화일 가능성도 검토되어야 한다. 이를 위해서는 우리나라와 중국의 전통 바둑판과 바둑돌에 대한 연구가 반드시 필요하다.

　어떤 문화유산의 목적과 그 의미가 불분명할 경우에는 기존의 관념을 버리고 처음부터 다른 관점에서 다시 검토해보는 것이 무엇보다 중요하다. 마치 옷의 첫 단추를 잘못 꿰면 모든 단추가 잘못 꿰어지는 것처럼 말이다. 그리고 동양 삼국의 전통 바둑판을 대상으로 이들 중 어떤 바둑판이 가장 원시적인 바둑판인지도 함께 규명되어야 한다. 문화발전이란 측면에서 보면 어떤 문화이든 원시적인 것에서부터 서서히 변화 발전하는 것이 일반적이므로, 어느 나라 바둑판이 가장 원시적인 형태를 유지하고 있는지를 살펴보는 것은 바둑의 기원문제 풀이에 열쇠와 같은 역할을 할 것으로 보인다.

　바둑의 기원과 바둑이 무엇인지 아직 밝혀지지 않은 이유는 바둑의 가장 기본적인 부분에 대한 무관심과 연구부족 때문이 아닐까 생각된다. 하나의 사물도 보는 관점이나 시대의 정신문화에 따라 전혀 다르게 해석될 수 있다. 따라서 여기서 '바둑'이란 우리말과 '바둑'을 가리키는 한자 단어의 의미와 시대에 따른 차이는 물론 바둑돌이 상징하고 있는 것이 무엇인지와 우리의 전통 바둑판과 중국 바둑판이 왜 다른지를 기존의 기록이나 주장과 다른 관점에서 다시 검토해볼 필요가 있다. 이를 위해서는 우리나라와 중국의 역사는 물론 다른 문화와 바둑과의 연관성도 함께 살펴봐야 한다.

2. 바둑의 이해

1) 바둑이해의 선결과제

'바둑이 무엇인가'란 질문을 다른 사람으로부터 받는다면, 바둑을 어느 정도 알고 있는 사람은 누구나 '바둑'은 놀이도구이며, 고대 중국에서 기원이 된 중국문화로 삼국시대에 우리나라에 전해졌으며, 우리나라를 거쳐 일본에 전해진 바둑이 막부시대를 거치면서 현대바둑의 틀이 잡힌 것으로 설명하곤 한다. 물론 바둑에 대한 이해는 직업이나 바둑공부의 정도에 따라 다를 수 있다. 그러나 일반 사회인과 바둑으로 살아가는 전문기사나 관전필자의 바둑에 대한 이해나 느낌은 전혀 다를 수 있지만, 바둑의 개념과 바둑의 기원과 발전에 관한 이해는 기존의 틀에서 크게 벗어나지 못한다. 다시 말해 그 이전 세대로부터 듣거나 전해진 기록을 되풀이하는 수준에 불과하며, 기존의 시각을 벗어나서 바둑을 바라보지 못하고 있다.

'바둑'이란 용어는 순수한 우리말이다. 따라서 바둑을 중국에서 기원된 중국문화가 아니라 '바둑'이란 용어의 존재와 같이 우리문화라는 관점에서 바라볼 수는 없는 것일까?

'사람은 언어의 동물'이란 표현처럼 인류의 역사와 문화에 관한 진실을 가장 잘 전해주는 것은 사실 언어이다. 언어는 인간의 진화는 물론 역사와 문화에 관한 진실을 담아 다른 사람이나 다음 세대에 전하는 역할을 한다. 따라서 어떤 언어이든 언어는 그 민족의 문화와 역사 그리고 자연의 이치를 떠나 존재할 수 없다.

새로운 단어는 외국으로부터 전래되거나 새로 만들어진 어떤 사물을 가리키기 위해 생성되는 것이 일반적이다. 따라서 언어적 관점에서 바라보면 '바둑'이란 우리말 명칭이 존재한다는 사실은 바둑이 우리문화일수도 있다는 것을 의미한다. 그렇다면, 바둑은 중국에서 기원된 것이 아니며, 동시에 놀이도구가 아니었을 수도 있다. 이것을 확인할 수 있는 유일한 방법이 바로 '바둑'에 대한 언어적 접근이다.

어떤 사물이든 바라보는 관점에 따라 그 사물의 모양이나 질적 특성에 대한 이해는 각각 다를 수 있다. 이런 까닭으로 필자는 바둑을 전혀 다른 관점에서 접근해보고자 한다. 즉 바둑을 '어떻게 바라볼 것인가'의 문제제기이다. 바둑을 이제까지와 전혀 다른 관점에서 바라보면 지금까지 미궁 속에 빠져있는 '바둑'이 '무엇'이며, '언제' '어디서' '누가' 만든 것인지도 함께 밝혀질 수 있지 않을까 생각된다.

'바둑이 무엇인가'의 문제는 바둑이 '어느 나라의 문화인가'라는 바둑의 기원문제는 물론, 바둑판이 왜 '가로 세로 각각 19줄 361로의 형태인가'와, 바둑돌은 왜 '흑과 백의 둥근 모양인가'의 문제를 포괄한다. 이런 문제에 대해 필자는 널리 알려진 기존의 이해와 전혀 다른 관점에서 접근해보려는 것이다. 이를 위해서는 기존의 정보를 모두 버리고 오직 바둑관련 용어와 바둑판 그리고 바둑돌만을 대상으로 다시 바둑을 바라볼 필요가 있다[4].

아울러 바둑을 이해함에 있어 기존의 연구자들이 놓치고 있는 것이 있다. 지금까지는 누구나 전해진 기록과 놀이문화라는 인식을 바탕으로 바둑을 바라보고 접근해왔다. 그러나 그보다 선행되어야 하는 것은 '바둑'이란 용어가 가리키는 대상물 즉, 바둑판과 바둑돌에 대한 정확한 이해이다. 용어는 이전에 존재하거나 새로 만들어진 어떤 사물을 누구나 이해할 수 있는 언어로 표현한 것이므로, 새로운 용어와 그 용어가 담고 있는 의미는 그 용어가 가리키는 사물의 용도, 목적, 형상, 색깔 등과 분명한 연관을 가지고 있기 마련이다.

따라서 '바둑의 이해'에서 무엇보다 중요한 것은 '바둑이 무엇인가'란 개념문제가 아니라 '낱말 바둑이 가리키는 것이 무엇인가'이다. 즉, 누구나 눈으로 보고 손으로 만질 수 있는 '바둑'이란 용어가 가리키는 구체적인 대상물에 대한 이해가 먼저인 것이다. 관념적인 것은 쉽게 변하고 왜곡될 수도 있기 때문에 어떤 용어의 이해에는 그 용어가 가리키는 대상에 대한 정확한 이해가 반드시 필요하다.

예를 들면, '나무' '옷' '책상' '그릇' '연필'과 같은 낱말을 정확하게 이해하기 위해서는 그 용어가 가리키는 대상을 눈으로 보고 손으로 만져보면서 이해하는 것이 가장 바람직하다. 바둑의 이해 또한 이와 같다. 바둑은 바둑판에서 바둑돌을 가지고 하는 놀이이므로, 먼저 바둑판과 바둑돌을 직접 눈으로 보고 놀이규칙을 떠올리면서 바둑의 실체에 접근하는 것이 바둑이해의 올바른 시작이라 할 수 있다.

2)바둑에 대한 기존의 이해

---

4) 필자는 이와 같은 견해를 「월간바둑」을 통해 이미 밝힌 바 있다. '바둑이란 무엇인가',월간바둑, 2005, 3, 66-72쪽.

바둑은 흔히 '두 사람이 가로 세로 19줄, 361로의 바둑판 위에서 흑과 백의 돌을 교대로 두어가며 승부를 겨루는 놀이'로 정의된다. 바둑에 대한 이해는 사람마다 각각 다를 수 있지만, 근본적으로 놀이도구로서의 바둑기능과 바둑판과 바둑돌 그리고 바둑 룰(rule)의 범위를 벗어난 이해는 쉽지 않다. 누구나 바둑은 놀이도구이며, 고대 중국에서 기원된 문화의 하나로 이해한다. 요즘에는 전문기사제도가 정착되어 있고, 얼마 전에는 초등학교의 바둑교육과 대학의 바둑학과 창설 등 바둑이 정규 교과목의 하나가 되면서 바둑에 대한 이해의 폭이 넓어져 놀이이자 문화수단의 하나로 인식되기도 하지만, 기존의 이해에서 크게 벗어난 것으로 보기는 어렵다.

 옛 문헌(博物誌, 太平御覽, 中興書, 玄玄棋經)에 의하면 바둑은 요(堯)임금과 순(舜)임금이 어리석은 아들 단주(丹朱, 박물지)와 상균(商均, 중흥서)을 깨우치려고 만들었다고 하거나, 어리석은 사람을 가르치기 위해 만들었다고 한다. 이로 인해 요순 창제설이 정설로 인정받아왔다. 그러나 요순(堯舜)시대는 중국에서도 아직 역사로 인정받지 못하고 있으며, 후대에 이상화된 시기임을 감안하면 요순 창제설이나 중국의 상고시대에 창안된 것이라는 주장[5]은 믿기 어렵다.

 이외에 최근에는 여러 가지 다른 주장이 제기되고 있다. 그 첫 번째가 천체관측도구설이다. 이 설은 고대 황하 유역에서 홍수범람에 대처하기 위해 천문학이 발달하였으며, 당시 별자

---

5) 바둑의 기원문제에 대해 아직까지 분명하게 밝혀진 것이 없다. 중국에는 사물의 기원과 관련하여 대부분을 요순임금과 결부시키곤 하는데 이것을 성인부회설(聖人附會說)이라 한다. 성인부회설은 알 수 없는 어떤 것을 역사조작을 통해 왜곡시킬 때 흔히 사용되는 수법이다. 따라서 지금까지 중국에서 기원된 것으로 알려진 문명이나 문화의 대부분은 중국 고유의 것이 아닐 가능성이 크다.

리를 표시하던 도구가 바둑으로 발전하였다고 한다6). 기성 오
청원(吳淸源)은 바둑이 처음에는 놀이도구가 아니라 천문연구
도구였을 것이며, 이후 역학(易學)이나 제례(祭禮)에 관한 교
양을 가르치기 위해 바둑을 만든 것이라고 한다. 혹자는 '꼰
(고누)'과 같은 단순한 놀이가 세월이 흐르면서 서서히 개
량, 보완, 발전되어 바둑이 되었다고 보는 견해도 있고, 천문
관측과 자연연구에 따른 음양오행의 이치를 연구하던 도표가
시대상황의 변천에 따라 바둑으로 발전한 것이라는 주장도
있다7)

　그러나 이들 주장은 모두 바둑이 중국의 요순시대나 그 전
후 시대에 만들어진 것이라는 것을 전제로, 천체관측도구나
음양오행 또는 단순한 놀이도구의 변화발전으로 이해하고 있
다. 말하자면 바둑이 중국문화의 산물이긴 하지만, 요순이 어
리석은 사람을 가리키기 위해 바둑을 만들었다는 기존의 기
록을 믿을 수 없다는 판단에서 주장한 것으로 보인다. 따라서
이들 주장은 바둑이 고대 중국에서 발생한 중국문화라는 사
실을 바탕으로 한 나름의 추측에 불과하다고 할 수 있다.

　그러므로 최근에 제기되고 있는 주장들은 새로운 사실을 근
거로 한 것이거나, 새로운 관점에서 바둑을 바라보고 이해하

---

6) 일본인 최초의 노벨문학상 작가인 가와바타 야스나리(川端康成)는 오청원과의
　대담을 통해 오기성의 바둑철학과 견해를 탐색한 다음에 「오청원기담(吳淸源棋
　談)」을 저술했다. 여기서 오청원은 바둑이 당초에는 놀이도구가 아니라 천문연
　구도구였을 것이라는 견해를 밝혔다. 요임금이 아들 단주(丹朱)에게 바둑을 놀
　이도구로 준 것이 아니라 천문을 연구하는 도구로 바둑을 가르쳐 주었을 것이
　라는 것이다. 그리고 바둑은 요임금 이전부터 이미 천문이나 역의 연구도구로
　사용하고 있었을 것이라고 주장했다. 이성우,「바둑이야기」, 전원문화사, 2000,
　151쪽.
7) 양상국,「바둑의 길 삶의 길」, 나남출판사, 2009, 46쪽.

려는 시각에서 제기된 주장으로 보기 어렵다. 이들 주장은 모두 단순한 추측에 불과하거나 잘못된 기록과 주장을 답습한 비슷한 정보의 확대 재생산에 불과하다. 그 이유는 이들 주장이 모두 새로운 사실에 근거한 것이거나 다른 시각에서의 바둑에 대한 재해석이 아니기 때문이다.

사람들은 왜 바둑을 바둑 그 자체로 바라보지 못하는 걸까? 어쩌면 사람이 사회적 동물이고, 이로 인해 아무런 편견이나 고정관념 없이 어떤 사물을 사실 그대로 바라보는 것이 매우 어렵기 때문일 수도 있을 것이다.

따라서 지금까지 제기된 모든 바둑문제에 대한 해답은 기존의 기록이나 새로운 학설이 아니라 '바둑'을 가리키는 용어 그 자체와 바둑판 그리고 바둑돌 속에 담겨있을 수도 있는 것이다. '산은 산이요 물은 물이다'라고 설파한 성철 스님의 법어와 같이 사람은 어떤 사물을 사물 그 자체만으로 바라보기 어려우며, 언제나 기존의 편견이나 고정관념의 영향을 받게 된다. 이 결과 고대기록이나 전언 또는 교육을 통해 배운 지식에서 벗어나 자유롭게 어떤 사물을 바라본다는 것은 누구에게나 어려운 일이다. 이처럼 사람은 사회적 동물이기 때문에 어쩔 수 없이 기존의 사고관념이나 시대관념으로부터 자유롭지 못한 것인지도 모른다. 하지만 원칙에 충실하면 전혀 다른 사실이 보이기도 한다.

그러므로 '바둑'이란 우리말과 바둑을 가리키는 한자 단어를 중심으로 접근해 볼 필요가 있다. 우리말은 '소리글자'이므로 비슷한 형태와 의미를 지닌 동사를 중심으로, 한자는 '표의문자'이므로 한자의 상형을 중심으로 접근하는 것이 바람직하다. 그리고 바둑판은 동양 삼국의 전통 바둑판을 옆에 두고 그 모양의 차이를 살펴 어떤 것이 좀 더 원시적인 형상을 띠고 있는지를 확인해보아야 한다. 그리고 바둑돌은 모두 둥근 형태이므로, 바둑돌이 무엇을 상징하고 있는지도 알아볼 필요가 있다.

3. 언어적 접근

1) '바둑'의 어원

낱말 '바둑'은 순수한 우리말이다. 그러나 지금까지 바둑을 접해본 적이 있는 대부분의 사람들은 '바둑'이 우리문화가 아니라 중국에서 기원된 놀이를 가리키는 용어로 이해해 왔다. 그리고 놀이도구로서의 바둑 표상(판과 돌)에 묶여 다른 관점에서 '바둑'이란 용어를 바라보지 못하였다. 바둑이라고 하면 누구나 놀이도구로서의 바둑과 바둑을 가리키는 기(棋, 碁)나 위기(圍棋) 또는 혁(奕)이나 박혁(博奕) 등의 한자를 떠올리고 이들 한자와 연관시켜 이해하려고 한다. 이로 인해 지금까지 '바둑'이란 우리말을 다른 우리말과 연관시켜 이해하려는 생각 자체가 없었다.

새로운 단어가 조성될 때는 대체적으로 그 민족의 고유 언어 그 중에서도 특히 동사를 기반으로 만들어지는 것이 가장 많다[8]. 따라서 우리말 '바둑'이 어떤 의미를 담고 있는 낱말

---

8) 지금의 언어학 이론은 너무 어려워 현실과 동떨어진 느낌을 지울 수 없었다. 이런 까닭으로 필자는 나름의 경험을 토대로 우리말을 재해석하였으며, 그 내용을 「우리말과 한겨레」란 제목으로 출판한 바 있다. 우리말은 한자가 생성되기 이전에 이미 한글과 비슷한 자형의 문자를 이용하여 낱말을 조성한 것으로 보인다. 예를 들면, '가다'을 어원으로 '가' '각(角)' '간' '강(江)' 등의 언어

인지 알기 위해서는 한자 단어가 아니라 비슷한 음가를 지닌 우리말을 중심으로 살펴보는 것이 무엇보다 중요하다.

'바둑'이란 낱말이 언제 조성된 것인지는 알 수 없다. 그리고 언제부터 놀이도구를 가리키는 명칭으로 사용된 것인지도 불분명하다. 처음부터 바둑을 '바둑'이라 부른 것인지, 아니면 다르게 불리던 명칭이 서서히 변하여 '바둑'이 된 것인지 분명하지 않다.

'바둑'이란 낱말의 어원이 무엇인지 아직까지 분명하게 밝혀진 정설은 없으나 '바둑'의 어원에 대한 주장은 몇 가지 있다.

첫째 '바둑'이 중세어 '바독'에서 '바둑'으로 어형이 변한 것이라는 설[9]이다. 그러나 이 설의 문제점은 '바독'이 무엇을 의미하는지 분명하게 설명하지 못한다는 점이다. '바독'이 '바둑'의 어원이란 주장이 인정받기 위해서는 '바독'의 어원은 물론 '바독'이 무엇을 가리키는 용어인지 먼저 분명하게 밝혀져야 한다. 단어의 자형만 비슷하다고 하여 무엇을 가리키는지 불분명한 '바독'이 분명히 존재하는 놀이

가, '서다'를 어원으로 '서(序)' '석(石)' '선(線, 善)' '섬(島)' '성(成, 城, 性, 姓, 聖)' 등의 언어가 만들어졌다. 한글과 같은 문자 없이는 한자를 읽는 음(讀音)이 생성될 수 없다. 그리고 표의문자로 알려진 한자도 숫자가 많지 않았을 때는 뜻이 아니라 소리가 더 중요한 의미를 담고 있었다. 한자사전을 펼쳐두고 각 한자의 중심의미를 찾아보면 앞에서 예로 든 각각의 한자에는 '가다'와 '서다'의 의미가 담겨있음을 알 수 있다. 이것은 필자만이 아니라 조옥구(趙玉九)선생도 마찬가지의 주장을 하고 있다. 따라서 중국이나 한자어의 어원은 우리말 가능성이 크다. 조옥구, 「한자의 기막힌 발견」, 한자와 한글, 2010 박영홍, 「우리말과 한겨레」, 도서출판 백암, 2010 참조.

9) '바도기 여러 소리어든 흐소내 막대흐듯 흐니라' 金剛經三家解. 양상국, 「바둑의 길 삶의 길」, 나남출판사, 49-50쪽.

문화를 가리키는 '바둑'의 어원이라는 주장은 어불성설에 가깝다.

두 번째는 바둑의 흰 돌 즉, 백석(白石)이 '바돌'이 되고, 이후 '바둑'으로 변한 것[10]으로 보는 것이다. 이설은 '백석(白石)'이 어떻게 '바돌'로 변하게 된 것이며, 또 변할 수 있는지에 대한 어원분석이 없다. 즉, 한자어 백(白)이 어떻게 우리말 '바'로 바뀐 것인지에 대한 구체적인 설명이 필요하다. 그리고 '바돌'이 어떻게 '바둑'된 것인지도 분명하게 설명이 되어야 한다. 따라서 '바돌'은 바둑의 어원이 아니라 바둑에 무지한 사람들의 잘못된 발음이거나 바둑과 돌이란 의미의 합성어일 가능성 크다.

세 번째는 '밭'과 '돌'의 결합[11]으로 보기도 한다. 두 낱말이 합성되어 '바독'이 되고, 다시 '바둑'이 되었다고 한다. 이 설은 언어의 어원에 대해 전혀 무지한 사람의 일방적인 주장에 불과한 것으로 보인다. 즉 낱말의 합성과 변화에 대한 어원분석은 물론 왜 그리고 어떻게 변한 것인지에 대한 구체적인 설명이 너무 부족하다.

네 번째로는 '배자(排子)'로 표기하던 우리의 순장바둑과 관련시켜 이해하기도 한다. 이 주장은 자(子)의 한자를 '돌'로 이해하여 '배돌' → '바독' → '바둑'으로 변형되었다고 보는 것[12]이다. 이 설은 한자어 '배'가 어떻게 우리말 '바'가 되었으며, 한자어 '자'가 어떻게 우리말 '돌'로 이해되고 변할 수 있었는지에 대한 구체적인 근거제시가 없다.

---

10) 양상국, 상게서, 50쪽.
11) 양상국, 상게서, 50쪽.
12) 양상국, 상게서, 50-51쪽.

지금까지의 낱말 '바둑'에 대한 어원연구는 위에서 살펴본 바와 같다. 그러나 지금까지의 바둑에 대한 어원연구는 언어의 어원분석에 있어 가장 중요한 뭔가가 빠져있다. 즉, 낱말 '바둑'을 분석하기 위해서는 '바둑'이란 용어를 중심으로 보거나, 아니면 '바둑'이란 낱말에서 '바'자와 '둑'자를 각각 분리하여, 이와 비슷한 음가를 가진 다른 낱말과 비교분석해 보는 것이 반드시 필요하다. 아쉽게도 지금까지는 이와 같은 관점에서의 연구가 부족했다.

그리고 어원분석에서 무엇보다 중요한 것은 음운법칙이 정립되지 않았던 고대나 중세의 언어가 아니라 현재 우리가 사용하고 있는 비슷한 음가를 가진 다른 낱말을 중심으로 가능한 한도까지 분석해 보는 것이다. 동사는 사람의 행위나 사물의 움직임을 표현하는 말이므로 쉽게 변하지 않을 뿐만 아니라 사멸되기는 더욱 어렵다. 따라서 '바둑'의 어원분석을 위해서는 지금의 우리말을 중심으로 가능한 한도까지 분석해보는 것이 무엇보다 중요한 선결과제라 할 수 있다. 이를 위해 '바둑'이란 용어와 관련이 있을 것으로 생각되는 다른 낱말은 물론 바둑 관련 한자와 한자어 풀이를 통해 '바둑'이란 용어가 담고 있는 의미를 풀이해보도록 하자.

2) 기(棋)와 기(碁), 위기(圍棋)와 혁(奕)과 박혁(博奕)

최근에 자주 사용되는 바둑을 가리키는 한자 용어로는 기(棋)와 기(碁)가 있다. 이 두 한자는 놀이도구인 바둑판과 바둑돌의 의미를 사실 그대로 간직하고 있다. 바둑에 관한 내용을 전하는 논어(論語) 좌전(左傳) 사기(史記) 박물지(博物誌)

태평어람(太平御覽) 중흥서(中興書) 현현기경(玄玄棋經) 등의 기록을 볼 때 한(漢)나라시대를 전후로 하여 바둑을 가리키는 한자 용어가 바뀌었다는 사실을 알 수 있다. 중국에서 바둑을 가리키는 용어는 시대마다 달랐다. 초기에는 '박혁(博奕)'이나 '혁(奕)'으로 불리다가 후대에 '기(棋, 碁)'와 함께 '위기(圍棋)'가 바둑을 가리키는 보편적인 용어로 정착되었다[13]. 즉, 춘추전국시대까지는 '박혁(博奕)'이나 '혁(奕)'이라 하였고, 한(漢)대 이후에 '위기(圍棋)'또는 '기(棋, 碁)'가 일반적으로 사용되었다.

그런데 바둑을 가리키는 용어가 왜 변하게 되었을까? 춘추전국시대까지 '박혁(博奕)'이나 '혁(奕)'으로 불리던 바둑이 그 이후에 '위기(圍棋)'나 '기(棋, 碁)'로 불리게 되었다면 필시 그렇게 된 원인이 존재할 것이다. 어떤 사물을 가리키는 용어가 변하였다는 것은 그 사물이 다른 용도로 사용되거나 그 사물의 의미가 변하였다는 것을 말하므로, 바둑을 가리키는 한자용어의 변화를 통해 한(漢)시대를 기점으로 바둑의 용도가 변하게 되었다는 것을 알 수 있다. 그렇다면 한(漢)대에 와서 바둑을 그 이전부터 사용하고 있던 혁(奕)이나 박혁(博奕)이 아니라 왜 새로운 한자 '棋'와 '碁'로 표기하게 된 것인지 그 까닭이 궁금하지 않을 수 없다.

지금까지 발굴된 놀이도구로서의 바둑판은 한나라 후기의

___

13)「論語」양화 편에는 바둑을 博奕이라 하고,「孟子」에는 奕이라 하였다. 춘추시대 전승을 기록한 좌전(左傳)에는 혁기(奕棋) 또는 혁자(奕者)라 하였다. 이승우,「바둑이야기」, 152-153쪽. 한(漢)대 이후의 기록에는 바둑을 棋나 碁 또는 奕의 한자와 섞어 사용한다. 하지만 한(漢)대 이후 중국에서는 대체로 바둑을 위기(圍棋)라고 하였다. 그리고 삼국시대 이후 전래된 것으로 알려진 우리나라와 일본에서는 바둑을 주로 棋나 碁로 표기하며 간혹 奕棋라고 하기도 한다. 따라서 바둑에 대한 이해가 한(漢)대를 기점으로 변하였음을 알 수 있다.

바둑판이 최초의 바둑판으로 알려져 있다[14]. 말하자면 오늘날처럼 바둑이 놀이도구로 이용되기 시작한 것이 한(漢)나라시대 이후라는 것이다. 그렇다면 그 이전에는 바둑이 놀이도구가 아니라 다른 목적으로 사용되고 있었다는 것을 의미한다. 다시 말해 그 이전에는 알 수 없는 어떤 다른 목적으로 이용되면서 '博奕(박혁)'이나 '奕(혁)'으로 불리던 바둑이 한(漢)대부터 놀이도구로 이용되면서 새로운 도구를 가리키는 문자의 필요에 의해 바둑을 '棋'와 '碁'로 표기하게 된 것으로 보는 것이 합리적인 생각이다.

이처럼 우리가 지금 알고 있는 놀이도구로서의 바둑은 중국 한(漢)시대부터 시작되었다. 그리고 우리나라와 일본에 놀이도구로서의 바둑이 한자와 함께 전해지면서 한자 '棋'와 '碁'가 바둑을 가리키는 가장 보편적인 문자로 인식되었다. 이후 우리나라와 일본은 한자문화권에 속하게 되었으며, 이로 인해 자연히 바둑이 중국문화이고, 한자 '棋'와 '碁'가 바둑을 지칭하는 문자인 것으로 이해하게 되었다고 할 수 있다.

그러나 중국에서는 한자 '棋'와 '碁'를 '바둑'과 같은 의미의 용어로 사용한 것 같지는 않다. 중국에서는 일반적으로 바둑을 '위기(圍棋)'라 부른다. 그런데 중국에서는 바둑을 '棋'와 '碁'가 아니라 왜 '위기(圍棋)'라고 한 것일까? 이 문제에 대한 답은 바둑을 가리키는 한자 그 자체에 있을 것으로 보인다.

---

14) 1958년 중국 하북성 망도현(望都縣) 유장군의 묘에서 석제 바둑판(기원후 182년)이 발견되었다. 망도 바둑판은 17줄이며, 바둑판의 출토로 바둑이 후한 때부터 널리 두어지기 시작한 것으로 생각된다. 이승우, 「바둑의 역사와 문화」, 도서출판 현현각 양지, 2010, 178-179쪽.

한(漢)시대부터 지금까지 바둑을 가리키는 가장 보편적인 한자 용어는 위기(圍棋)이다. 그러므로 한자 '棋'와 '碁'가 가리키는 의미는 각각 다른 것이 아니었을까? 말하자면 '棋'와 '碁'의 한자가 바둑을 가리키지만 바둑 그 자체가 아니라 바둑의 일부분을 가리키는 것일 수도 있다. 다만 우리나라와 일본에서 한자에 대한 부정확한 이해로 '棋'와 '碁'를 바둑과 같은 의미의 한자로 잘못 이해했을 가능성도 있는 것이다. 따라서 '棋'와 '碁'가 처음에는 각각 무엇을 가리키는 문자로 조성된 것인지 확인해 볼 필요가 있다.

한자는 표의(表意)문자이다. 따라서 새로운 한자를 조성할 때는 한자의 상형과 합성되는 각각의 문자가 담고 있는 의미를 감안하여 문자를 만들 수밖에 없다. 한자 '棋'와 '碁'도 마찬가지이다. 이와 같은 관점에서 한자 '棋'와 '碁'를 분석하면, 이들 각각의 한자가 나타내고자 하는 상형과 그 의미를 보다 분명하게 알 수 있다.

한자 '棋(기)'를 분석하면, '棋'는 '木+其'이다. 합성된 한자는 대개 뜻과 소리를 나타내는 부수가 각각 다르다. 그러므로 '棋'는 '木(뜻, 나무)+其(소리)'의 합성으로 보는 것이 가장 합리적이다. '기'로 읽지만 그 의미는 나무로 만든 어떤 것을 가리킨다. 따라서 '棋'는 나무로 된 바둑판을 가리키고 있음을 알 수 있다.

마찬가지로 '碁(기)'는 '石(뜻, 돌)+其(소리)'의 합성이다. 따라서 바둑도구에서 돌로 만든 어떤 것을 가리킨다.

다시 말해 '棋(기)'는 바둑판을 가리키고, '碁(기)'는 바둑돌을 가리킨다. 바둑은 놀이도구로 바둑판과 바둑돌로 구성되어 있다. 그러므로 바둑판과 바둑돌을 가리키는 한자는 각각 다를 수밖에 없다. 따라서 우리말 바둑과 동일한 의미의 한자 용어는 '棋'와 '碁'가 아니라 '바둑판 위에서 둘러싸거나 지키면서 경계를 결정짓는 게임'을 의미하는 '圍棋'인 것이다.

우리나라와 일본이 고대에 처음 한자를 배울 때 '棋'와 '碁'를 '바둑'과 같은 의미의 단어인 것으로 뜻풀이(바둑기)하였던 것으로 보인다. 이로 인해 이후에는 한자 '棋'와 '碁'가 '바둑'과 같은 의미의 문자인 것으로 계속 오해했을 가능성이 크다. 사실 한자 '棋'와 '碁'는 바둑도구인 바둑판과 바둑돌을 가리키는 용어일 뿐이며, 중국에서 바둑을 가리키는 가장 보편적인 용어인 '圍棋'가 우리말 '바둑'과 가장 가까운 의미를 가지고 있는 단어이다.

한자 용어분석을 통해 알 수 있는 것은 바둑이 놀이도구로 이용되면서 棋와 碁 그리고 圍棋의 한자를 만들어 사용하였다는 것이다[15]. 그 이전에 바둑을 가리키는 용어로 알려진 한자 '奕'과 '博奕'은 바둑을 가리키지만, 바둑이 놀이도구로 이용되지 않던 시대의 명칭이다. 따라서 바둑에 대한 이해가 지금과 전혀 달랐다는 사실을 알 수 있다.

---

15) 지금까지의 기록이나 고고학적 발굴로 볼 때 중국에서 바둑이 놀이도구로 이용된 시기는 한사군 설치 이후인 것으로 생각된다. 삼한의 하나였던 위만조선이 한(漢)나라에 정복됨으로 인해 놀이도구로 이용되고 있던 우리의 바둑이 중국에 전해지게 된 것으로 보인다. 중국에서는 놀이문화를 전수하면서 바둑을 가리키는 새로운 한자의 필요에 의해 棋와 碁의 한자를 만들어 각각 바둑판과 바둑돌을 가리키는 용어로 사용하고, 놀이 그 자체는 '바둑판에서 바둑돌을 이용하여 서로 둘러싸거나 지키면서 경계를 결정짓는 게임'이란 뜻으로 圍棋라고 한 것이다.

놀이도구로 이용되기 이전에 바둑은 무엇을 위한 도구였을까? 놀이도구로서의 최초 바둑판은 중국 하북성 망도에서 발굴16)된 바둑판이다. 따라서 바둑이 한(漢) 중기부터 놀이도구로 이용되기 시작했다면, 그 이전에 바둑은 무엇이었으며, 어떻게 이용된 것인지 알아볼 필요가 있다. 이를 위해서는 한(漢) 이전에 바둑을 가리키는 용어로 사용된 한자 '奕'과 '博奕'이 어떤 의미를 담고 있는지 확인해보아야 한다.

한자 '奕'과 '博奕'은 바둑을 가리키는 용어이지만, 이 두 단어는 바둑이 놀이도구로 이용되기 이전에 사용된 명칭이므로, 놀이도구로서의 바둑과 전혀 무관한 것일 수도 있다. 일반적으로 어떤 새로운 단어를 만들 때는 그 민족의 고유 언어를 기반으로 새로운 단어가 표상하고자 하는 어떤 사물의 형상이나 용도, 색깔 등을 분명하게 드러낼 수 있게 만들 수밖에 없다. 따라서 바둑을 가리키는 초기의 한자 '奕'과 '博奕'은 이들 한자가 만들어진 주(周)초에 바둑이 어떤 용도로 이용된 것인지 알 수 있는 정보를 담고 있을 수도 있다.

그리고 한자 '奕'은 '博奕'의 준말로 보인다. 처음에는 바둑을 '博奕'이라 하였지만 '博奕'이란 용어가 일반화되면서 줄여 '奕'이라 표기하였을 가능성이 크다. 종이가 없던 고대사회는 대개 얇게 쪼갠 나무나 동물의 뼈 등에 기록하였다. 다른 단어와 혼동될 가능성이 없다면 굳이 두 한자로 표기할 필요가 없고, 또 줄여 표기하는 것이 훨씬 편리하다.

'博奕'은 '박혁'으로 읽는다. 그리고 한자는 뜻글자이지만 중국어가 처음부터 뜻글자였던 것은 아니었다. 한자의 구

---

16) 지금까지 발굴된 최초의 바둑판은 중국 하북성 망도현(望都縣)에서 발굴된 17줄로 된 석제 바둑판이다.

성이 뜻을 나타내는 부수와 소리를 나타내는 부수가 다른 것으로 볼 때, 한자의 수가 많지 않았을 때는 우리말과 같이 중국어 각각의 음은 나름의 뜻을 가지고 있었다[17].

언어는 어떤 것이든 인접 언어와 서로 영향을 주고받으면서 발전하는 것이 일반적이다. 이러한 까닭으로 한자어의 의미를 분석할 때 우선적으로 우리말과의 연관성을 따져봐야 한다. 중국의 고대국가건설은 우리민족과 무관하지 않으며, 은(殷)과 주(周)의 건국에 우리민족이 큰 역할을 한 사실이 「사기(史記)」와 「상서(尙書)」 등에 전해지고 있다[18]. 우리민족이 고대 중국의 건국에 참여하였다면 당연히 우리말도 함께 전해진 것으로 보는 것이 합리적이다. 따라서 '박혁'으로 읽히는 '博奕'과 우리말 '바둑'과의 연관성을 살펴보는 것이 무엇보다 중요한 일이다.

3) 한자어 '박혁(博奕)'과 '바둑'

하나의 놀이문화인 바둑을 가리키는 동양 삼국의 용어는 각기 다르다. 그런데 같은 문화권인 한, 중, 일의 바둑 용어가 왜 각각 다른 지 궁금하지 않을 수 없다. 언어는 인접 언어와 상호 영향을 주고받으면서 발전하는 것이 상례인데, 하나의 대상을 가리키는 용어가 각각 다르다는 것은 이해하기 어렵다[19].

---

17) 조옥구,「한자의 기막힌 발견」, 한자와 한글, 2010, 23-27쪽.
18) 「史記」에는 周나라 건국부터 초기 4대동안 伊(夷)尹이 큰 역할을 하였다는 사실이 기록되어 있다. 그리고 백이숙제고사와 염제 신농씨의 이야기는 물론 우리민족과의 전쟁(阪泉전투, 涿鹿절투)기록도 있다. 「尙書」에는 周(주) 초의 洪範九疇(홍범구주)하사 내용과 夷族(이족)의 중원진출 등이 전해지고 있다. 따라서 중국 고대사회는 우리민족과 때려야 뗄 수 없을 만큼 밀접한 관련이 있음을 알 수 있다.

바둑을 가리키는 한자로는 '박혁(博奕)'과 '혁(奕)' 그리고 '기(棋, 碁)'와 '위기(圍棋)' 등이 있다. 춘추전국시대까지는 '박혁(博奕)'이나 '혁(奕)'이라 하였고, 한(漢)시대 이후에 '박혁(博奕)'이나 '혁(奕)'보다 새로 만들어진 한자인 '기(棋, 碁)'와 '위기(圍棋)'가 바둑을 가리키는 보편적인 용어로 정착된 것으로 보인다.

그런데 바둑을 가리키는 용어는 왜 변하게 된 것일까? 춘추전국시대까지 '박혁(博奕)'이나 '혁(奕)'으로 불리던 바둑이 그 이후에 '위기(圍棋)'나 '기(棋, 碁)'로 불리게 되었다면 필시 그렇게 된 원인이 존재할 것이다. 어떤 사물을 가리키는 단어가 변하였다는 것은 그 사물이 다른 용도로 사용되거나 그 사물의 의미가 변하였다는 것을 말한다. 그렇다면 그 전에는 바둑이 놀이도구가 아니라 다른 용도로 이용되거나 어떤 다른 목적을 위해 창안된 것임을 뜻한다. 그렇지 않다면 하나의 사물을 가리키는 용어가 바뀔 이유는 없다. 따라서 '박혁(博奕)'과 '혁(奕)' 그리고 '기(棋, 碁)'와 '위기(圍棋)'는 동일한 사물을 가리키는 것이기는 하지만 그것의 용도와 담고 있는 의미는 전혀 다르다고 할 수 있다.

그리고 바둑이 무엇인지 분명하게 알기 위해서는 바둑이 어떤 목적으로 만들어진 것인지 알아야 한다. 여기에 바둑에 관한 모든 비밀이 담겨있을 것으로 보인다. 놀이도구가 아니라

---

19) 하나의 사물을 가리키는 명칭이 민족마다 다른 것을 흔히 '언어의 자의성(恣意性)'이라 하며, 언어기호의 형식과 내용 사이에 필연적 관계가 없다고 한다. 그러나 그것이 문명이나 문화일 경우에는 자의성이 적용되지 않는 것으로 보인다. 예를 들면 서양의 놀이문화인 체스(chess)는 국가와 민족을 떠나 누구나 체스라고 부르는 것과 같이, 하나의 놀이문화인 바둑을 가리키는 한, 중, 일의 명칭이 각각 다른 것은 언어의 자의성 때문이 아니라 다른 어떤 역사적 원인이 있을 것으로 생각된다.

면 바둑은 무엇을 위한 도구였을까?

바둑의 기원에 관한 학설 중 천체관측설이 있다. 이 설은 바둑이 무엇을 가리키는 것인지 분명하게 밝힌 것이 아니라 '그렇지 않을까' 하는 추측수준에 머무르고 있지만, 이 주장이 상당히 설득력이 있는 것만은 사실이다.

인류문명은 크게 동·서양 문명으로 구분된다. 서양문명은 이집트의 역법과 문자, 아라비아의 기하학 그리고 크리스트교를 토대로 형성된 것으로, 피라미드 건축이 그 시발점이 된 것으로 보인다[20]. 그렇다면, 동양문명의 기반 역할을 하고 있는 음력과 문자, 숫자 등을 탄생시킨 어떤 것이 반드시 존재한다고 보는 것이 합리적이다.

그리고 한자어 '박혁(博奕)'은 우리말 '바둑'과 음가가 상당히 비슷한 단어라는 사실이다. 천체관측설의 주장과 같이 바둑이 천체관측과 관련이 있다면 인류문명의 탄생과 관련지어 생각해 볼 수도 있다. '인류문명을 밝힌 도구'와 관련이 있다면 '박혁'과 '바둑'이란 용어는 우리말 '밝다' '밝히다' 또는 '밝은 것을 두다'의 의미로 이해할 수도 있을 것으로 보인다. 물론 이와 같은 이해는 기존의 관념과는 전혀 다른 코페르니쿠스적인 발상이다. 즉, '바둑이 중국에서 기원

---

20) 인류 정신문명의 산물로 역법과 문자, 숫자, 각도법, 시간과 방위구분법 등이 있다. 정신문명이 탄생하면서 인류는 부족사회에서 국가문명사회로 발전하게 되었다. 즉 역법과 문자, 숫자 등을 이용하여 집단과 개인의 미래를 구체적으로 설계할 수 있게 됨으로써 국가가 형성될 수 있는 기반이 조성된 것이다. 이 정신문명탄생의 모태역할을 한 것이 바로 천체관측을 바탕으로 만들어진 바둑판과 피라미드이다. 피라미드는 일 년 365일을 상징하고 있으며, 피라미드 건축으로 비로소 정신문명의 산물들이 만들어질 수 있었다. 문명탄생기의 피라미드는 이집트 쿠푸의 대 피라미드이건 신대륙의 소형 피리미드이건 모두 역의 연구와 관련이 있다.

되었다' '바둑은 요순이 만든 것이다'라는 관념을 송두리째 무너뜨리는 것이기 때문이다.

'바둑'을 우리말로 뜻풀이 한다는 것은 바둑이 중국문화가 아니라 우리문화라는 것을 의미한다. 따라서 기존의 관념에 젖어있는 사람들이 이와 같은 주장을 쉽게 받아들일 수는 없을 것이다. 하지만 '바둑'이란 우리 고유의 명칭이 있다는 사실과 한(漢)대에 '圍棋', '棋', '碁'와 같은 한자가 만들어져 사용되기 이전에 바둑을 가리키는 유일한 용어[21]가 '박혁(博奕)'과 '혁(奕)'이었으므로, '바둑'과의 언어적 연관성을 부인하기는 어렵다. 따라서 여기서 천체관측설을 바탕으로 '바둑'과 '박혁(博奕)'이란 용어가 담고 있는 의미를 풀이해보자.

'바둑'이란 낱말을 분석하면, 바둑은 '바+둑'의 합성어이다. 만약 낱말 '바둑'이 새로 만들어진 어떤 사물을 가리키기 위해 새로 조성되었다면 그 전에 존재하고 있던 언어를 어원으로 하여 조성되었을 것이다. 따라서 '바'의 어원을 알기 위해서는 낱말조성에 필수적인 '어근', 그 중에서도 활용이 가장 다양한 동사를 중심으로 살펴보는 것이 바람직하다. '바'의 음가를 가진 우리말 동사는 '박다'와 '밝다'가 있다. 그리고 '둑'이나 '두'의 음가를 가진 동사는 '두다'나 '두르다' 등이 있다.

그리고 천체관측기원설의 관점에서 낱말 '바둑'과 바둑판

---

21) 바둑을 가리키는 명칭으로 이 밖에도 많은 것이 있다. 수담(手談), 난가(爛柯), 좌은(坐隱), 귤중지락(橘中之樂) 등이 있지만, 이들은 바둑의 별칭에 불과한 것으로 큰 의미는 없다.

을 연관시켜 보면 눈에 보이는 천체는 모두 밝은 존재이므로 '바'의 언어는 '밝은' 어떤 것을 가리키는 것이 분명하다. 따라서 흑백의 바둑돌은 처음에는 밝은 어떤 것을 가리키며, 처음에는 놀이도구가 아니라 '밝은 어떤 것'을 가리키는 상징물이었을 것이다. 마찬가지로 '둑'이란 언어 역시 어떤 목적을 위해 만들어진 바둑판에 '밝은 것(바, 밝다)'을 상징하는 돌을 두어보는 '행위(두, 두다)'를 의미하고 있다는 것을 알 수 있다. 즉, 밝은 어떤 것(상징물)을 두어 보는 행위(연구)를 '둑'이란 말로 나타낸 것이다[22].

이 두 낱말에서 종결의미 '다'를 떼어내고 합성하면 '밝+두'가 된다. 이 '밝+두'를 발성하기 쉽게 받침을 첨삭하고, 어떤 사물을 가리키는 명사형 낱말로 만들면, '바+두+ㄱ(명사형)'이 된다[23]. 즉, 밝은 어떤 것을 두어 나가는 행위를 가리키는 '바둑'이란 낱말이 조성된다.

따라서 바둑을 가리키는 초기의 한자어 '박혁(博奕)'과 우리말 '바둑'은 무관한 용어가 아니라는 것을 알 수 있다. 이와 같은 관점에서 보면 박혁(博奕)이란 단어의 음 즉 한자어가 우리말을 어원으로 조성되었을 가능성이 큰 것이다.

---

22) 이것은 오늘날의 한국어 단어형성법과는 다르다. 하지만 지금 사용하고 있는 낱말을 어원중심으로 풀이해보면 우리말이 언제인가 이와 같은 방법으로 조성되었음을 알 수 있다. 예) 복, 본, 봄의 어원 - 보다 서, 석, 선, 섬, 성 - 서다 각, 간 - 가다.
23) 우리말의 명사형 만들기는 -음, -ㅁ, -기 등이 있다. 그러나 필자가 보기에 우리말은 삼한시대에 이미 지금과 비슷한 형태의 언어가 형성되어 있었던 것으로 보인다. 양주동 선생의 신라향가연구에서 알 수 있는 바와 같이 신라시대의 우리말과 지금의 우리말은 큰 차이가 없다. 따라서 우리말은 삼국시대 이전에 지금의 한글과 비슷한 자형의 문자에 의해 우리말이 정리된 것으로 보인다.

무엇을 가리키는지 아직 분명하게 밝혀지지 않은 한자어 '박혁'이 우리말 '밝히다'나 '밝다'를 어원으로 하여 새로 조성된 단어라고 한다면, 바둑은 중국문화가 아니라 우리문화임이 분명하다. 어떤 문화가 다른 나라에 전해지면 문화만이 아니라 용어도 함께 전해지는 것이 일반적이므로, 아직 어원이 분명하게 밝혀지지 않은 '박혁(博奕)'이란 한자어는 우리말을 뿌리로 하여 조성된 것으로 보는 것이 자연스럽다.

이처럼 언어를 중심으로 바라보면 '博奕(박혁)'과 '바둑'이 무엇이며, 어떤 용도로 사용된 것인지 알 수 있을 뿐만 아니라 '博奕'과 '바둑' 중 어느 것이 먼저인지도 알 수 있다. 두 단어 모두 우리말을 뿌리로 하여 조성되었다고 가정할 때 '박혁'은 '밝히다'의 명사형 즉 '밝히다+ㄱ'으로, 무엇을 밝힌 어떤 도구를 가리킨다. 반면 '바둑'은 '밝다+ 두다 +ㄱ'이므로, 어떤 것을 밝힌 행위를 나타낸다.

다시 말해 '바둑'은 '밝은 것을 두어 보는 행위'인 천체연구행위를 가리키고, '박혁(博奕)'은 천체연구행위를 통해 '밝혀낸 어떤 것'을 가리킨다. 그렇다면 '바둑'과 '박혁(博奕)' 두 용어의 관계는 어떤 행위와 행위의 결과물을 나타낸 것으로, 천체를 상징하는 밝은 것(해, 달, 별)을 어떤 판위에 두어 보면서(바둑) 밝혀낸 문명의 산물(박혁)을 가리킨다고 할 수 있다.

언어의 형성과 발달이란 측면에서 보면, 결국 '바둑'이란 행위와 용어가 먼저 만들어지고, 다음으로 '박혁'이란 용어와 도구가 만들어졌다. 그러므로 바둑은 우리나라에서 만들어진 우리문화 즉 우리 언어문화의 산물이며, 이 바둑이 우리말과 함께 중국의 고대국가 형성기인 주(周)초에 전해진 것이라 할 수 있다[24].

4. 언어의 역사성

1) 사물과 명칭

 사람이 어떤 사물을 사실 그대로 보는 것은 쉬운 일이 아니다. 사람은 생각하는 동물이므로 어떤 사물을 바라볼 때는 기존의 사고관념 즉, 언어, 문화, 민족, 신앙 등과 관련된 편견으로부터 결코 자유로울 수 없다. 이로 인해 어떤 사물을 바라볼 때는 자신이 알고 있는 기존의 정보가 절대적으로 영향을 미치게 된다.

 자연계 속의 인간은 만물의 영장이지만 사회적 존재로서의 사람은 다른 사람과 더불어 살아가므로, 기존의 문화, 역사, 언어, 신앙 등 그 시대의 정신문화 속에서 살아갈 수밖에 없다. 그 만큼 참 자유를 얻기란 어렵다. '산은 산이요 물은 물이다'라고 설파한 성철스님의 법어와 같이 자연물도 자연물 그 자체로 바라보는 것은 결코 쉽지 않다. 하물며 사람의 가치판단이 개입하는 문화유산에 대한 이해에는 당연히 지금까

---

24)「史記」와「尙書」등 중국의 고대기록에 이족(夷族)이 자주 등장한다. 사기에 나오는 염제(炎帝)는 우리민족의 조상인 해모수를 가리키며, 은(殷)의 건국을 주도한 이윤(伊尹)은 우리민족으로 은의 건국을 주도하고 초기 4대동안 은(殷)을 다스린 사람을 가리킨다. 백이숙제(伯夷叔齊) 고사는 중원지역에 살고 있던 이족 즉 이족의 맏이인 백이(伯夷)와 제(齊)의 아제인 숙제(叔齊) 이야기가 전해지는 것으로 보아 당연이 齊도 존재하고 있었음을 알 수 있다. 상서에는 이족의 중원진출이 자주 언급된다. 공자가 말한 구이(九夷)도 당시 중국에 살고 있던 이족을 말한 것이다. 따라서 殷과 周의 성립 당시부터 중원의 실질적 주인은 우리민족이었을 가능성이 크다.

지의 역사, 언어, 신앙, 문화 등과 같은 정신문화의 모든 것이 영향을 미치게 된다.

따라서 '바둑이 무엇인가'를 알기 위해서는 '바둑'이란 우리말은 물론 바둑으로 이해되는 한자의 모든 용어를 다시 분석해볼 필요가 있다. 이와 함께 인류 언어의 일반이론은 물론이고 인접 언어와의 연관성도 따져봐야 한다. 그리고 어떤 단어가 가리키는 사물을 눈에 보이는 사실 그대로 바라보는 것이 무엇보다 중요하다. 즉, 바둑은 '놀이도구'라는 판단보다 중요한 것은 바둑판과 바둑돌의 형상과 색깔을 눈으로 확인하는 일이다. 그 다음으로 바둑판과 바둑돌이 무엇을 상징하는지와 놀이의 방식과 바둑의 사회문화적 기능 등을 확인해 나가는 것이 순서이다.

일반적으로 어떤 사물을 가리키는 명칭은 어떤 것이든 눈에 보이는 그 사물의 기능이나 형상 또는 색깔 등과 가장 잘 어울리는 언어를 어원으로 하여 정해진다. 물론 세월이 흐르면서 언어의 기능이나 역할이 변할 수도 있지만, 처음에는 누구나 그 기능이나 목적 등을 쉽게 알 수 있는 명칭으로 표현하기 마련이다. 그러므로 어떤 용어의 의미를 정확하게 알게 되면 그것이 언제, 어디서 만들어진 것이며, 무엇을 위한 것인지 분명하게 알 수 있다. 이것이 바로 언어가 필연적으로 담고 있는 언어의 '역사성' [25]이 아닐까 생각된다.

2) 정보전달 도구로서의 언어

---

25) 사람은 흔히 '언어의 동물' 이라 불린다. 이 말은 사람을 사람답게 하는 인류의 역사와 문화에 관한 모든 것이 언어 속에 담겨있다는 것을 뜻한다. 이것을 필자는 '언어의 역사성' 이라 표현하고자 한다.

사람을 흔히 '언어의 동물'이라 표현한다. 이 말은 동물 중에서 사람만이 유일하게 언어를 사용한다는 것과 함께 언어에는 역사와 인류의 문화발전에 관한 모든 정보가 담겨 있다는 것을 의미하기도 한다. 사람은 누구나 다른 사람과 언어로 대화하며, 자신이 경험하고 쌓아온 삶의 모든 것을 언어로 다른 사람에게 전하거나 다음 세대에 물려준다. 이런 이유로 하나의 언어로 형성된 혈족집단을 하나의 민족이라 부르며, 민족의 분류나 구분에는 어계(語系)가 가장 중요한 판단기준 역할을 한다.

하나의 민족은 동일한 언어를 사용하며, 같은 언어를 사용하는 사람들 사이의 언어에 대한 이해도 같거나 비슷하다. 그리고 언어가 전하는 선조들의 역사와 문화를 함께 물려받게 된다. 그 이유는 하나의 민족이 예부터 지금까지 살아오면서 경험하고 만들어온 역사와 문화에 대한 모든 정보가 언어에 담겨 전하기 때문이다.

그리고 어떤 사물의 의미나 상징이 미궁 속에 빠져있다는 것 즉, 정보전달의 단절은 그것을 바라보는 관점의 잘못일 가능성이 크다. 따라서 관점을 달리하면 지금까지 미궁 속에 빠져있는 바둑이 무엇이며, 누가, 언제, 어디서 만든 것인지도 밝혀질 수 있지 않을까 생각된다. 이를 위해서는 기존의 이해나 기록을 모두 버리고 오직 낱말 '바둑'과 바둑관련용어 그리고 바둑판과 바둑돌만을 대상으로 다시 접근해보는 것이 반드시 필요하다.

기존의 관점과 달리 언어중심으로 바라보면 앞에서의 바둑관련 용어분석에서와 같이 '바둑'은 우리의 고유문화이다. 바둑을 만든 사람도 요순이 아니라 우리 조상인 '한님'이다[26]. 바둑을 중국문화로 인식하게 된 원인은 한자사용과 유교, 불교 등 중국 정신문화의 영향 탓이 크다. 정확한 시기는 알 수 없지만 우리나라가 중국에 비해 힘이 약해지면서 한자 사용과 함께 중국문화를 받아들이게 되었고, 이 결과 동북아의 역사와 문화를 중국 중심으로 바라보는 모화사상이나 사대사상이 서서히 싹트게 되었던 것이다.

이후에는 한겨레의 정신세계가 사대사상에 의해 병들게 되면서 우리의 역사와 문화도 우리언어 중심으로 바라보지 못하게 되었다. 우리 겨레가 삼국시대 이후 오랜 세월동안 우리말과 우리문화 중심이 아니라 한자어와 중국문화 중심으로 교육받아 왔던 것 또한 엄연한 역사적 사실이었다.

그리고 사람이 어떤 사물이나 사실을 바라볼 때는 당연히 민족감정, 시대정신, 교육된 사고관념 등이 자연스럽게 개입하게 된다. 이로 인해 어떤 사물이나 사실을 볼 때 자신도 모르게 기존 정신문화를 기반으로 바라보게 된다. 즉, 색안경을 끼고 바라보게 되는 것이다.

결국, 어떻게 하면 어떤 사물이나 사실을 왜곡 없이 사실 그대로 바라볼 수 있을 것인가이다. 이를 위해서는 언어를 중심으로 눈으로 확인할 수 있는 어떤 문화유산을 다시 만들어보면 된다. 다시 말해 지금까지 분명하게 밝혀지지 않은 인류문명의 산물인 역법은 물론 문자, 숫자, 문화유산 등을 고유 언어를 중심으로 다시 만들어보는 방법이 그것이다. 이렇게 하

---

26) '한'이란 말은 바둑판 그 자체를 가리키는 용어이며, '한님'은 바둑판을 만든 분을 가리키는 명칭이다. 그리고 '한겨레' '한민족'이란 표현은 우리민족이 바둑판문명을 만든 민족이란 의미이고, 백의민족(白衣民族)은 한겨레가 인류문명을 밝힌 민족이란 표현이다. 박영홍, 「우리말과 한겨레」, 도서출판 백암, 표지와 71-72쪽.

면 인류문명과 문화 등 아직까지 불가사의(不可思議)로 남아 있는 것들이 '언제' '어디서' '누가' '왜' 만든 것인지 분명하게 밝혀낼 수 있을 것으로 보인다. 그러므로 바둑이 무엇을 위한 것인지, 누가, 언제, 어디서 만든 것인지를 알기 위해 바둑판과 바둑돌 그리고 바둑이란 용어만을 대상으로 하여 철저하게 자기 자신의 눈을 통한 관찰 중심으로 다시 만들어볼 필요가 있다.

3) 고대기록의 재해석

고대 중국의 기록인「상서(尙書)」에는 '天으로부터의 홍범구주(洪範九疇)하사'에 관한 내용이 전한다. 고대 중국인들은 우리 민족을 천손족이라 불렀으며, 통치자는 천왕(예, 치우천왕)이라 하였다. 당시 중국인들이 자신들의 통치자를 왕(王)이라 불렀으므로, 천손족의 통치자란 의미에서 천왕(天王)이라 부른 것이다.

상서의 '天으로부터 홍범구주하사' 기록으로 볼 때 '天'의 의미도 지금과 달랐을 것이다. 우주공간은 무엇인가를 줄 수 있는 실체가 없다. 따라서 '天'의 의미도 당시에는 지금의 '하늘'이 아니라 사람 즉, 우리민족의 통치자를 가리키는 용어로 사용한 것으로 보인다[27].

이와 같은 관점에서 한자 '天'의 의미를 분석하면, 天은 '一 + 二 + 人'의 합성어로 삼황(三皇) 또는 삼신(三神)을 가리키고 있다. 우리겨레는 삼신민족이므로, 천(天)은 곧 우리의 조상신인 해(一, 이두표기로는 환인, 天皇)와 해의 아들(二,

---

27) 박영홍, 상게서, 81-87쪽.

해모수, 지상에 강림한 환웅, 地皇) 그리고 환웅의 아들인 단군(한 또는 박혁거세가 바른 명칭, 사람으로 태어난 인신, 人皇)을 가리킨다. 당시 중국인들이 말한 天은 실체가 없는 하늘 공간이 아니라 우주를 주관하는 존재인 해(북방민족의 숭배대상)와 해의 아들인 해모수 그리고 한(박혁거세)을 천(天)이란 한자로 나타낸 것이다. 따라서 중국의 고대 기록이 전하는 '天'은 삼황(三皇, 또는 三神)을 가리킨다[28]고 할 수 있다.

「사기(史記)」에는 삼황을 천황씨(天皇氏)·지황씨(地皇氏)·인황씨(人皇氏) 또는 수인씨(燧人氏)·복희씨(伏羲氏)·신농씨(神農氏)를 가리킨다고 하고 있다. 그러나 삼황과 오제(五帝)는 가리키는 명칭이 다른 것처럼 다른 민족의 조상신을 말한 것으로 보인다. 풀이하면, 황(皇)은 '白+王'으로, 빛이나 해(皇 → 밝음의 왕 또는 가장 밝은 존재)와 관계가 있으며, 북방민족의 통치자를 가리킨다. 반면, 제(帝)는 '立+巾'이며, 두건을 쓰고 지팡이를 짚고 서있는 사람'으로 농경사회의 장로나 연장자 또는 남방계의 지도자를 의미한다. 이처럼 황(皇)은 '빛이나 해를 숭배하는 민족의 지배자'를 가리키고, 제(帝)는 농경민족의 지도자를 뜻한다.

그리고 사기(史記)와 상서(尙書)가 전하는 은(殷), 주(周)의 건국 당시 우리민족(夷族)의 활동에 비추어 보면, 은(殷), 주(周)는 중국민족만의 국가가 아니라 우리민족이 중심이 된 건

---

28) 삼황(三皇)이 누구를 가리키는지에 관해 많은 주장이 있다. 그러나 정상적인 국가는 인류의 정신문명인 역법, 문자, 숫자 없이는 불가능하다. 따라서 인류문명탄생과 관련시켜 이해하면 삼황은 우리의 조상신인 삼신(三神)의 한자표기일 가능성이 가장 크다.

국일 수도 있다. 이 결과 우리민족의 통치자를 의미하는 '삼황(三皇)'과 중원의 통치자를 가리키는 '오제(五帝)'를 합쳐 '삼황오제(三皇五帝)'라 부르게 된 것이다.

지금까지 삼황이 누구를 가리키는지에 대해 여러 가지 주장이 있지만, 그 중 하나인 천황(天皇, 해), 지황(地皇, 지상에 강림한 해의 아들), 인황(人皇, 사람으로 현신)을 삼황으로 본다면, 삼황은 중국의 통치자가 아니라 바로 우리 조상신인 삼신을 가리키는 것임이 분명하다.

상서(尚書)의 '홍범구주하사'[29] 내용은 당시 중국인들이 '天'의 개념을 하늘이 아니라 실체가 있는 인류문명을 탄생시킨 민족의 통치자를 가리키기 위해 사용한 것으로 보는 것이 합리적이다. 따라서 상서에서 '天'으로 표현된 존재는 막연한 하늘 공간이 아니라, 당시 실존하고 있던 선진문화민족의 통치자를 가리킨다고 할 수 있다.

사기(史記)와 상서(尚書)가 전하는 은(殷), 주(周) 형성기의 이족(夷族)에 관한 기록에 비추어 보면 고대 중국의 주역(主役)은 우리민족인 이족이었을 수도 있다. 따라서 오늘날 우리가 알고 있는 한자의 의미는 물론 우리나라와 중국의 고대사가 어떤 원인에 의해 변하거나 조작된 것일 수도 있다. 한자는 표의문자이고, 처음에는 분명히 존재하는 어떤 것을 가리키기 위해 만든 문자(象形과 指事)이므로, 한자가 만들어질 당시 존재했던 언어와 인류문명을 연관시켜 이해하는 것이 바람직하다. 그리고 중국의 사서(史書)가 전하는 바와 같이

---

29) 「홍범(洪範)」에는 주(周)무왕이 은(殷)의 신하였던 기자(箕子)에게 세상을 다스리는 방법을 묻자 기자가 홍범구주에 관한 이야기를 하였다는 내용이 나온다. 시에쭝링, 「음양오행이란 무엇인가」, 연암출판사, 1995, 96쪽.

중국의 고대국가 형성기에 우리민족이 왜 그토록 많이 등장하는지에 대하여도 관심을 가질 필요가 있다.

4) 언어의 변화 발전

바둑이 어느 나라 문화인지 알 수 있는 또 하나는 언어의 발달과정에 관한 이해이다. 우리말이나 일본어 같은 교착어(膠着語)는 어근을 중심으로 접사를 첨가하여 새로운 단어를 탄생시키는 것이 일반적이다. 그리고 영어와 같은 굴절어(屈折語)는 문장 속의 문법적 기능에 따라 단어의 형태가 변화한다. 지구촌에 존재하는 다른 대부분의 언어는 이와 비슷한 방법으로 변화 활용된다. 그렇지 않은 언어는 거의 없으며, 있다면 그것은 바로 한자어뿐이다. 한자어는 모두 한 음절어로 변화가 전혀 없는 언어이다.

그런데 한자어는 왜 변화발전하지 못하고 예외적으로 고정된 음성언어에 새로운 한자를 조성하여 성조변화로 필요한 단어를 만들어 사용하게 된 것인지 궁금하지 않을 수 없다. 다시 말해 음성언어가 변화발전하지 못한다는 것은 언어가 굳어있다는 것이며, 언제인가 정확한 시점은 알 수 없지만 누군가가 그 이전에 다른 선진문화민족의 언어를 축약하여 사용하지 않는 한 일어날 수 없는 일이다. 이로 인해 그 때부터 음성언어는 변화발전하지 못하고 문화발전을 성조변화와 새로운 문자조성으로 나타내게 된 것이다[30].

---

30) 중국어의 음성언어는 4-500여 개 뿐이다. 즉 음성언어가 발전하지 못하고 문화발전을 새로운 문자조성과 성조변화로 나타낸다. 음성언어가 변화발전하지 못한다는 것은 다른 민족의 언어를 축약(서버노트형식)하여 사용하지 않는 한 일어날 수 없는 일이다. 우리말과 중국어는 상당부분 음가가 비슷하며, 우리말의 70% 정도는 한자어와 관계가 있다. 그리고 한자사전에 나오는 음성언어를 우리

언어는 짧은 기간에 형성될 수 있는 것이 아니며, 인류문화의 발전과 함께 서서히 변화 발전해왔다. 언어의 변화 발전에는 오랜 세월이 걸리며, 그 언어를 사용하는 민족의 눈물과 땀도 함께 배어있다. 그리고 언어는 그 민족이 다 함께 숨 쉬는 터전일 뿐만 아니라 다 함께 만들어 가는 그 민족의 위대한 문화유산이기도 한 것이다.

따라서 언어는 그 언어를 사용하는 민족의 문화인 동시에 민족 그 자체라고 말할 수 있을 만큼 중요한 존재이다. 오늘날 지구촌에는 많은 민족이 고유의 문화와 전통을 고수하며 살아가고 있지만, 어떤 민족이든지 그 민족의 언어를 잃어버리는 순간 민족자체도 함께 소멸되었다. 이것은 인류역사가 증명하고 있다. 세계사 속에 등장한 수많은 민족이 언어상실과 함께 민족자체도 소멸되어 지금은 그 흔적조차 알 수 없게 된 경우가 얼마나 허다하였던가?

어느 민족이나 마찬가지이지만 언어는 그 민족의 형성과 함께 생성되고, 민족의 삶과 함께 변화 발전하며, 종국에는 그 민족의 소멸과 동시에 사라진다. 이처럼 언어는 그 민족의 역사적 존재의 바탕이며, 그 민족의 존속 속에서 변화 발전하며, 운명 또한 함께 한다고 할 수 있다.

언어를 연구하면 각 민족의 역사와 문화에 관한 많은 것 즉 그 뿌리는 어디이며, 언제 어떤 과정을 통해 형성되었고, 타민족과의 관계는 어떠하였는지 등에 관한 정보를 알 수 있다.

말로 풀이(예 가, 각, 간, 강 - 가다 서, 석, 선, 섬, 성 - 서다, 세우다)하면 한자에 담긴 의미와 대부분 일치함을 알 수 있다. 즉 '가다' 나 '서다' 에 '무엇' 이 가거나 선다는 의미가 세월이 흐르면서 하나하나 추가된 것이다. 따라서 중국어는 언제인가 누군가에 의해 우리말을 축약하여 사용함으로써 형성된 것으로 볼 수 있다. 박영홍, 상게서 참조.

언어 속에는 각 민족의 역사 즉, 형성과 기원은 물론이고 발전과정과 그들이 겪어 온 고통과 눈물까지도 고스란히 담겨 있다. 따라서 역사와 문화는 당연히 그 민족의 언어 속에 담겨 전해지게 마련이며, 우리 한겨레 또한 이와 마찬가지이다.

지금까지의 역사연구는 기록과 고고학적 발굴을 중심으로 이루어져 왔다. 이로 인해 언어가 바로 그 민족의 역사라는 사실이 간과되어 왔다. 필자가 보기에 언어보다 더 정확한 역사와 문화기록은 존재할 수 없다. 언어는 기록된 역사나 문화 이상의 의미를 가지고 있다. 고유 언어가 없는 민족이란 상상조차 할 수가 없으며, 사람은 '언어의 동물'이란 표현처럼 언어는 그 민족의 뿌리이자 존재의 바탕인 동시에 민족 그 자체라고 할 수 있을 만큼 소중한 것이다.

이처럼 언어는 단순히 사람과 사람 사이의 의사를 전달하는 수단에 머무는 것이 아니라 역사와 문화에 관한 모든 정보를 담고 있는 '변할 수 없고 왜곡될 수도 없는 유일한 역사기록'이기도 하다.

5. 바둑은 천체관측행위이자 문명의 모태

1) 인류문명의 탄생

앞에서 '바둑'이란 용어가 어떤 언어를 기반으로 만들어진 것인지 살펴보았다. 처음에는 놀이도구로 만들어진 것이 아니라, 밝은 것(천제)을 두어 보면서 밝혀낸 어떤 것으로, 인류문명의 탄생과 관련이 있을 가능성이 크다. 이와 같은 목적을 위해 만들어진 '바둑'이 놀이도구로 일반화된 시기는 우리나라에서는 박달(倍達)시대 후기나 한사군 설치 이전인 삼한 시대 초기이며, 이후 놀이도구로 중국에 전해진 시기는 한사 군 설치(B.C. 108년) 이후인 한(漢)나라 중기일 것으로 추정 된다31).

바둑은 놀이도구로 이용되기 이전에는 인류문명을 밝힌 연 구행위나 도구를 의미했다. '바둑'과 '박혁'은 '밝은 것을 두다'와 '밝힌 것'을 의미하며, 이들 낱말 하나하나에는 그 나름의 형성과정과 역사가 담겨있음을 알 수 있다. 따라서 밝 은 것(천체)을 상징하는 바둑돌을 두어가면서(바둑) 밝혀낸 것(박혁)이 무엇인지 알아볼 필요가 있다.

지금까지 인류문명은 큰 강을 끼고 있는 지역에서 시작된 것으로 알려져 있다. 문명발생지역으로 나일 강 유역, 메소포 타미아 지역, 인더스 강 유역, 그리고 황하유역이 거론되며, 이들 지역에서 독자적인 역법과 문자, 숫자 등이 탄생하면서 인류의 문명생활이 가능하게 된 것으로 보고 있다. 그래서 문 화인류학자들은 독자적인 역법, 문자, 숫자를 발견한 이들 문 명을 흔히 인류의 4대 문명이라 부르곤 한다.

오늘날을 살아가는 사람은 누구나 문명의 혜택을 누리며 살 아가지만 인류문명이 어떻게 만들어진 것인지에 대해서는 분 명하게 알지 못하고 있다. 피라미드와 바둑이 어떻게 문명의 탄생판인지에 관해서는 뒷장에서 자세히 다루기로 하고, 여기

31) 한(漢)나라 후기의 망도 바둑판이 지금까지는 발굴된 최초의 바둑판이다. 문용 직, 「바둑의 발견」 2, 도서출판 부키, 2005. 20쪽. 이승우, 전게서, 178-179 쪽. 따라서 놀이도구로서의 바둑은 한(漢)무제의 위만조선 침략 이후 중국에 전 해진 것으로 보인다. 삼국사기나 삼국유사에 바둑관련 기록이 전하는 것으로 보 아 우리나라에서는 삼국시대 이전인 삼한시대나 그 이전에 바둑놀이가 일반화 되었을 가능성이 크다.

서는 우선 바둑이 천체관측도구에서 비롯된 것이라는 설과 이 설이 사실이라면 천체관측이 인류문명과 어떤 관계가 있는지를 살펴보고자 한다.

 우리말 '바둑'은 '밝은 것을 둔다'는 뜻이며, 박혁은 '밝힌 것'이란 의미를 담고 있다. 즉, 바둑은 행위를 가리키고, 박혁은 행위의 결과 만들어진 어떤 것을 말한다. 그런데 천체관측은 왜 하게 된 것이며, 천체관측을 통해 만들어낸 표상을 왜 '바둑'이나 '박혁'이라 부르게 된 것일까?

 천체로는 해와 달 그리고 별이 있으며, 이들은 모두 밝게 빛나는 항성이나 위성이다. 고대인들이 천체를 관측한 것은 천체의 움직임을 연구하여 예측할 수 없는 미래에 대비하기 위한 것이었다. 천체 중에서 지구에 절대적인 영향을 미치는 존재는 '해'이며, 그 다음이 '달'이다. 별은 밤하늘에 미약한 빛을 비추지만 그 영향은 크지 않다. 따라서 고대인들이 천체를 연구하였다면 그 대상은 첫 번째가 해이며, 그 다음이 달이었을 것이다.

 우리는 일 년이란 기간을 흔히 '한 해'라고 표현하고, 달의 주기는 '한 달'이라 부른다. 그런데 왜 일 년을 '한 해'라고 하고, 달의 주기는 '한 달'이라 부르는 것일까? 한 해라 부르는 일 년은 해가 춘분이나 추분 아니면 동지나 하지에 지평선의 일출지점을 기점으로 해가 남에서 북 아니면 북에서 남으로 일회전하여 최초의 출발지점으로 다시 돌아오기까지의 기간인 일 년 365일을 가리킨다. 반면, 한 달은 만월이나 초승달에서 다시 만월이나 초승달이 되기까지의 기간인 30(29.53)일이다. '한 해'와 '한 달'이란 표현은 해와 달의 주기인 일 년과 한 달의 크기를 가리키며, 이 때 해와 달은 천체가 아니라 천체의 변화주기를 가리키는 용어로 사용된다. 즉, 해는 해의 변화주기인 일 년 365일을 의미하고, 달은 달의 변화주기인 한 달 30일을 가리킨다.

이와 같은 표현에서 알 수 있는 것은 우리 조상들이 언제인가 해와 달의 주기를 관측하여 한 해와 한 달의 크기를 알게 되었다는 사실이다. 이것을 우리는 역법이라 부르며, 역법은 일 년의 크기를 알아내 일 년이란 기간을 12개의 달로 나누어 표시한 것을 말한다. 동양의 역법을 흔히 '음력'이라 부르지만 이것은 잘못된 이해이다. 동양의 역법도 처음에는 '태양력'이었다. 태양력을 기반으로 하지 않는 '태음력'은 성립할 수 없다.

동양도 고대에는 태양력을 먼저 만들어 사용했으나, 해의 변화주기와 함께 달의 변화주기에 관심을 가지고 연구하게 된 결과 태음력이 탄생하게 되었다. 따라서 '태음력' 또는 '음력'이란 표현은 잘못된 것이며, 정확하게 말하면 태양력을 바탕으로 한 태음력이므로, '태양태음력'이라 부르는 것이 올바르다. 이와 같은 사실을 사실 그대로 전해주는 것이 바로 '한 해'나 '한 달'이란 관용적 표현이다.

이와 같은 관점에서 보면 바둑은 천체연구와 관련이 있는 것이 분명하다. 천체의 주기변화를 관찰하여 매일 천체를 상징하는 '밝은 것'을 두어나가는 행위를 '밝은 것을 두다'고 하여 '바둑'이라 부를 수 있을 것이다. 그리고 역법은 천체연구를 통해 한 달과 한 해의 주기 즉 날짜수를 밝혀낸 것이므로, 바둑은 '인류문명을 탄생시킨 연구도구'이자 '문명탄생의 모태'으로서의 역할을 하였다고 할 수 있다.

인류문명의 탄생은 모두 천체관측과 관련이 있다. 고대 이집트인들은 천체를 관찰하여 일 년의 크기를 알게 됨으로써 태양력이라 불리는 이집트력을 만들 수 있었다. 이 태양력을 기반으로 비로소 인류의 문명생활이 시작되었다. 말하자면 일 년과 한 달의 크기를 알고 문자와 숫자를 활용할 수 있게 됨으로써 인류는 비로소 인간다운 삶이 가능하게 된 것이다.

그 이전에는 일 년과 한 달의 크기를 정확하게 알지 못한 관계로, 계절과 밤낮의 변화에 의존하여 하루하루 살아가는 수준에 머물러 있었다. 이로 인해 사회생활도 부족이나 씨족의 범위를 벗어날 수 없었으며, 미래에 대한 준비와 계획을 구체적으로 수립할 수 있는 방법도 알지 못했다. 이와 같은 야만적인 삶을 종식시키고 인류에게 문명인으로서의 삶을 가능하게 한 것이 바로 역법이며, 역법을 탄생시킨 행위가 바로 바둑이란 천문관측행위였다.

역법이 탄생함으로써 비로소 인류는 미래에 대한 예측과 구체적인 대비를 할 수 있게 되었다. 이 결과 함께 어울려 살아가는 사회의 규모도 점차 커지게 되었으며, 일 년, 한 달, 그리고 하루 단위로 상호 협력하고 필요한 경우 함께 어울려 살아가는 지역사회의 인력을 사전계획 하에 조직적으로 준비하고 동원할 수 있게 되었다. 이것이 바로 국가사회의 시작[32]

---

32) 국가가 어떻게 성립된 것인지에 관해 많은 주장이 있어왔다. 국가의 탄생을 청동기나 철기 같은 도구와 관련시키기도 하고, 계약이나 정복으로 국가가 성립되었다고 하기도 한다. 이들의 주장이 일면 타당한 면도 있지만 정상적인 국가탄생과는 거리가 있어 보인다. 필자는 이들 주장과 달리 국가탄생의 가장 중요한 요소는 문명탄생이라고 본다. 즉 문명이 탄생하고 문명의 산물인 역법, 문자, 숫자, 등이 발명됨으로써 이들을 이용해 그 지역 사람들의 안정적인 삶을 위해 최소 일 년 단위로 그 지역 집단을 체계적으로 조직하고 구체적으로 장래의 계획

이다.

 이처럼 사람다운 삶과 국가의 형성은 천체관측행위의 산물인 역법이 탄생함으로써 가능하였다. 따라서 인류 4대문명은 당시 그 지역에 살고 있던 사람들이 천체관측을 통해 일 년과 한 달의 크기를 밝히고, 이것을 좀 더 체계화시킨 역법을 만들어내게 됨으로써 시작된 것이라 할 수 있다.

 동양의 역법인 태양 태음력도 이와 마찬가지의 과정을 거쳐 탄생되었다. 흔히 동북아문명은 황하 유역에서 시작된 중국문명으로 알려져 있지만 이는 사실이 아니다. 동북아의 문명은 황하 유역이 아니라 만주지역에 시작된 우리문명이다. 이것을 사실 그대로 알려주는 것이 바로 '바둑'이란 우리말과 바둑 관련 용어 그리고 우리말을 기반으로 만들어진 천체관찰과 그 연구행위를 알려주는 '바둑판'과 '바둑돌'이다.

2) 바둑과 문명, 문화

 문명(文明, civilization)이나 문화(文化, culture)는 사람을 '사람답게 살 수 있게 하는 것'을 가리키는 용어로 흔히 사용된다. 그래서 '문명인'이라거나 '문화생활'이라는 표현을 누구나 쉽게 듣고 또 사용하기도 한다. 그러나 '문명'이나 '문화'란 단어의 개념을 정확하게 이해하고 있는 사람이 얼마나 될지 궁금하다. 필자 또한 이들 단어의 의미를 정확하게 이해하고 있는지 의심스럽다. 이유는 이들 단어가 우리말이 아니기 때문이다. 그러므로 여기서 '문명'이나 '문화'의 의미가 무엇이며, 이들 단어가 일상생활 속에서 어떤 개념으로

 을 세울 수 있게 됨으로써 가능하였던 것이다.

사용되고 있는지 살펴볼 필요가 있다.

'문명(文明)'과 '문화(文化)는 우리말이 아니라 한자어이다. '문명(文明)'의 의미는 '문(文)을 밝히다(明)'이다. 이러한 까닭으로 '인류 4대 문명'이란 표현처럼 사람을 사람답게 살 수 있게 한 인류문명, 즉 역법과 문자, 숫자 등을 밝힌 것을 흔히 '문명'이라 한다.

반면, '문화(文化)'는 문(文)으로 화(化)할 수 있는 것을 가리킨다. 그러므로 문명은 물론이고 '문자로 표현할 수 있는 모든 것'을 의미한다.

이처럼 문명(文明)과 문화(文化)는 의미가 다르다. 사전적 의미의 문명은 이전에 없던 새로운 어떤 것, 즉 전기, 컴퓨터, 비행기, 자동차와 같은 것을 만들어낸 것을 가리킨다. 그래서 이와 같은 것들을 '현대문명'이라고 하거나 '과학문명'이라 부르기도 한다. 문화는 이런 것들은 물론이고 '사람을 사람답게 살 수 있게 하는 물질적 정신적 모든 것'을 총칭하는 개념으로 이해한다.

그러나 일상생활 속에서 문명과 문화의 개념을 잘 구분하여 사용하지는 않는다. 굳이 문명과 문화의 개념을 구분한다면, '문명'이 사람을 사람답게 살 수 있게 한 도구(역법, 문자, 숫자, 각도법, 전기, 컴퓨터, 비행기, 자동차)의 '발명'이라면, '문화'는 문명이 발명한 도구의 '활용'이라 정의할 수 있을 것이다. 하지만 인류의 진화와 역사라는 측면에서 볼 때 문명이 문화보다 훨씬 중요한 의미를 갖고 있다. 문명이 탄생함으로써 비로소 현생인류는 문화인으로서의 삶을 살 수 있게 되었기 때문이다.

그리고 문화인류학자들은 인류문명을 다시 물질문명과 정신문명[33]으로 구분한다. 일반적으로 '문명인'이란 표현은 이들 물질문명과 정신문명의 혜택을 누리며 살아가는 사람을 가리키는 의미로 사용된다. 하지만 문명인으로서의 삶에 보다 중요한 것은 정신문명이다. 그래서 정신문명이 탄생한 지역을 '인류의 4대 문명 탄생지'라 부르고 있다.

오늘날 사람들은 누구나 문명의 혜택을 누리며 문명인으로서의 삶을 살아가고 있다. 하지만 사람을 사람답게 살 수 있게 한 이들 정신문명이 '왜' 그리고 '어떻게' 만들어진 것인지 아직까지 분명하게 밝혀지지 않고 있다. 말하자면 누구나 사용하고 있지만, 문화생활의 도구인 이들 문자, 숫자, 역법, 각도법, 시간과 방위구분법 등이 어떤 방법으로 만들어진 것인지에 대해서는 전혀 모르고 있다.

그러나 사람을 사람답게 살 수 있게 한 이들 정신문명에 관한 모든 것은 어쩌면 우리의 삶 속에 담겨있을 수도 있다. '등잔 밑이 어둡다'는 표현처럼 우리의 삶에 너무 가까이 있기 때문에 이들이 어떻게 만들어지게 되었는지 못보고 있는 것인지도 모른다. 말하자면, 정신문명에 관한 모든 비밀은 언제나 사람과 함께 하는 문자, 숫자, 역법, 각도법, 시간과 방위구분법 그리고 언어와 문화 속에 담겨있기 때문에 모르는 것일 수도 있는 것이다.

따라서 '바둑이 무엇'인지에 대해서도 이와 같은 관점에서의 접근이 필요하다. 처음에 바둑이 놀이도구로 만들어진 것이 아니라면, '바둑(밝은 것을 두다)'이나 '박혁(밝힌 것)'이란 용어의 의미와 같이 인류문명을 밝힌 도구와 연관시켜

---

33) 물질문명으로는 청동기, 철기, 기마, 농경 등을 들 수 있고, 정신문명으로는 역법, 문자, 숫자, 각도법, 시간과 방위구분법 등을 들 수 있다.

살펴볼 필요가 있다. 바둑이 천체관측도구에서 기원되었다는 천체관측설도 사실 이와 같은 의미의 주장이다. 다만, 바둑이 란 용어의 의미를 정확하게 이해하지 못함으로써 막연하게 그렇지 않을까 하는 수준에 머무르고 있긴 하지만, 인류문명 은 모두 천체관측을 바탕으로 태동된 것이므로, 엄밀하게 말 하면 천체관측설은 바둑이 인류문명의 탄생과 관련이 있는 도구라는 주장이다.

앞에서 필자가 '바둑'을 언어 중심으로 살펴본 바와 같이 바둑은 사실 인류문명을 탄생시킨 도구였다. 바둑돌은 천체인 해나 달을 상징하고, 바둑판은 천체인 해와 달의 운행주기를 관찰하여 일 년과 한 달의 크기를 알아낸 천체운행의 도표나 표상(表象)이었다. 즉, 천체운행을 관측하여 일 년과 한 달의 크기를 나타낸 것이 천체운행의 도표나 표상이지만, 이후 일 년 365일을 상징하는 이 도표나 표상 위에 해와 달을 상징하 는 돌을 놓아 보면서 일 년 간의 날씨변화를 기록하기도 한 것이다.

그리고 이 초기의 도표나 표상은 세월이 흐르면서 정형화되 었으며, 이 판 위에 하루하루의 일기변화를 나타내는 청홍색 의 돌(홍 → 해가 뜬 날, 청 → 해가 뜨지 않은 날)이나 흑백 의 돌(밝은 돌 → 달이 뜬 날, 흑돌 → 달이 뜨지 않은 흐린 날)을 두어보면서 해와 달이 뜨거나 날씨가 흐려 뜨지 않은 날을 상징하는 돌을 바둑판 위에 놓아보게 되었다.

일본 정창원(正倉院, 쇼쇼인)에 보관된 목화자단기국(木畵紫 檀碁局)과 네 종류의 바둑돌은 이와 같은 목적으로 제작된 것으로 보인다. 정창원에 보관된 바둑돌은 모두 네 종류로 상 아로 만든 청홍색의 바둑돌 300개와 흑백의 바둑돌 300개가 전해지고 있다. 말하자면 정창원에 보관중인 바둑판과 바둑돌은 놀이도구로서의 바둑판과 돌이 아니라 천체인 해와 달이 일으키는 날씨변화를 기록하는 천체관측도구 본래 모습을 가지고 있는 유일한 바둑판과 바둑돌이라 할 수 있다.

3) 동양문명의 탄생 판이자 젖줄로서의 바둑

이 정형화된 도표나 표상이 오랜 세월이 흐른 후에는 일기변화가 아니라 다른 목적으로 이용되었다. 이로 인해 도표나 표상 위의 점이 365개가 아니라 지금의 바둑판과 같이 361개의 점을 지닌 사각형으로 변하여 4일을 상징하는 점이 판 위에서 사라지게 되었다. 말하자면 초기의 천체관측과 기후변화를 나타낸 도표나 표상이 아니라 다른 목적 즉, 해와 달이 지구에 미치는 영향력의 변화과정을 나타내는 음양오행(陰陽五行)에 대한 연구도구로 이용되기 시작한 것이다. 이런 목적으로 만들어진 도구가 바로 지금의 바둑판모형이다[34].

따라서 바둑판은 놀이도구가 아니라 동양문명의 탄생판이라 할 수 있다. 처음에는 천체관찰을 통해 일 년과 한 달의 크기를 표시한 단순한 도표이자 표상에 불과하였지만, 이후 천체를 상징하는 네 종류의 바둑돌을 이 도표 위에 두어가면서 일기와 세월의 변화과정을 연구하게 되었다. 말하자면 인류의 문화발달과 지적욕구충족을 위해 역의 원리뿐만 아니라 해와 달이 지구에 미치는 영향력의 변화과정까지도 이 도표를 이용해 알려고 한 것이다.

결국 바둑판은 해와 달이 지구에 미치는 영향력 즉, 음양오

---

34) 바둑과 역법의 장 참조.

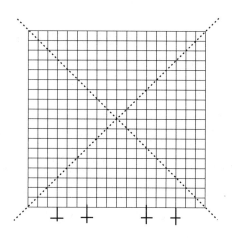

361 + 4(격자무늬 바깥의 네 개 교차점)

= 365(일 년 상징)

그림(1-1) 초기의 바둑(천체관측)판

행의 변화과정을 연구하는 도구로 이용되기 시작하였다. 도표나 표상을 이용한 천체운행연구가 시작됨으로써 천체의 영향력 변화과정에 대한 연구가 심화될 수 있었고, 이 결과 음양오행(4행이 올바르다)35)의 변화법칙이 체계화되었다.

이후 이 도표나 표상 위에서 많은 것들이 만들어진다. 즉, 역법(曆法)을 탄생시킨 이 도표와 표상 위에서 다시 천체의 영향력에 대한 연구가 심도 있게 진행됨으로써, 이 정형화된 도표를 이용해 음양오행의 법칙은 물론이고 문자와 숫자도 만들어낼 수 있게 되었다. 말하자면, 바둑은 우리 한(韓)문화의 젖줄이자 모태 역할을 한 것이다.

바둑행위를 통해 만들어진 박혁이 놀이도구로서 이용되기 시작한 것은 인류문명이 탄생한 후 오랜 세월이 지난 이후이다. 도표 위에서 천체가 미치는 영향력변화에 관한 연구 중에 여가시간을 활용하기 위한 도구로 이용되었을 수도 있지만 지금과 같은 놀이도구로 이용된 것은 아니었다. 따라서 역법이나 문자, 숫자 등의 탄생과 음양오행원리 발견 이후 제일 마지막으로 발견한 것이 바로 놀이도구로서의 기능이라 할 수 있다.

---

35) 지금까지 동양사상의 중심적 역할을 해온 음양오행(陰陽五行)원리는 음양4행이 올바르다. 태극(太極)을 중심으로 수화목금이 순차적으로 순환하는 원리를 설명한 것이므로, 4행이라 하는 것이 자연의 이치에 맞다. 바둑과 역법의 장 참조.

6. 바둑을 만든 사람

바둑을 만든 사람은 누구일까? 이것은 오랜 세월동안 수많은 사람들이 품어왔던 의문이지만 아직까지 이 문제에 대해 속 시원하게 그 해답을 풀어주는 사람이 없었다. 요(堯), 순(舜)창제설이 유력한 설로 받아들여져 왔으나, 역사상 존재하였는지도 의심스러운 사람이 만들었다는 주장은 받아들이기 어렵다. 요, 순도 고대 중국인들이 문화적 열등의식에 의해 우리의 역사에 견주어 만들어낸 가공의 인물에 불과하며, 언어분석이나 문화발달의 과정을 고찰해볼 때 근거 없는 주장이다.

필자는 바둑을 만든 사람이 누구인지에 대한 해답은 바둑관련 용어 속에 담겨 있을 것이라고 생각한다. 사람은 언어로 의사소통을 하며, 새로 발견한 자연물이나 새로운 문화에 관한 것도 그에 합당한 낱말을 만들어 이들을 표현하게 된다. 그러므로 인류문명과 문화발달에 관한 내용 역시 언어 속에 담겨있을 가능성이 큰 것이다. 그래서 사람을 '언어의 동물'이라 부르는지도 모른다.

지금까지 어느 누구도 바둑에 대해 기존의 기록이나 주장과 다른 관점에서 접근을 시도한 적은 없었다. 대다수 바둑관련 학설은 기존의 기록과 주장을 바탕으로 단지 자신의 의견을 가미하는 정도에 불과했다. 따라서 여기서 '바둑을 만든 사람이 누구인가'의 문제를 언어적 관점에서 접근해보는 것도 의미 있는 일일 것이다.

앞에서 바둑은 천문관측이나 천체원리를 연구하는 행위를

가리키고 있음을 살펴보았다. 그리고 천체관측 결과 인류문명이 탄생함으로써, 사람은 미래를 예측하고 장래의 꿈을 설계할 수 있게 되었다. 이 문명탄생의 시작이 바로 '바둑'이란 천체관측행위였다.

고대에 하나의 민족이 최소 수백 년 동안 해와 달의 운행주기를 연구하여, 일 년이 며칠이고 한 달은 며칠인지를 밝혀냈다. 이로 인해 계절의 변화와 파종시기를 알 수 있게 되었으며, 각 개인이나 하나의 집단은 자신이나 자기 집단의 미래에 대해 구체적인 계획을 수립할 수 있게 되었음은 물론 사회문제를 합리적이고 미래지향적으로 해결할 수 있게 되었다. 이때부터 인류사회는 물질문명 중심의 초기 국가사회에서 역법과 문자, 숫자를 활용할 수 있는 지금과 같은 정상적인 국가사회로 발전할 수 있게 된 것이다.

그렇다면, 인류문명을 탄생시킨 민족의 지도자 역시 인류문명을 가리키는 용어와 밀접한 관련이 있는 명칭으로 불리게 되지 않았을까? 야만적인 삶을 살던 인류가 문명생활을 하게 되자, 문명창조자에 대해 감사와 존경심이 생기게 된 것은 어쩌면 자연스러운 일일 것이다. 따라서 문명 창조자를 가리키는 명칭도 문명을 나타내는 용어와 직접적인 관련을 가지고 있을 수밖에 없는 것이다.

우리민족은 북방민족이고 예부터 해를 숭배해왔다. 고대설화에 담겨 전하는 해나 햇빛관련 많은 신화가 이를 증명한다. 고대신화가 전하는 환인, 환웅, 해모수, 박혁거세 등 당시 통치자들의 명칭도 모두 해나 빛과 관련이 있다. 바둑이 우리문화의 산물이라면, 바둑판문명을 만든 사람은 결국 천문관측행위를 일컫는 말과 관련이 있는 명칭으로 불리어졌을 것임은 자명한 이치이다. 따라서 고대 우리민족의 통치자를 가리키는 명칭과 이들 명칭이 천문관측과 문명탄생을 가리키는 용어 '바둑' '박혁' '밝히다' 등과 어떤 관련이 있는지 한번 살펴볼 필요가 있다.

인류문명 창조자를 우리말로 표현하면 인류문명을 '밝힌 사람'이라 할 수 있다. 고대 이집트에서 태양신의 아들이란 뜻을 가진 강력한 통치자인 파라오[36]가 피라미드[37]를 건설하고 오랜 연구과정을 거쳐 역법 즉, 태양력을 만들어낸 것과 마찬가지로, 동북아시아에서도 역법, 문자, 숫자 등을 만든 당시 통치자는 태양신의 아들을 의미하는 명칭으로 불리었을 것이다. 그러므로 문명을 밝힌 통치자는 백성들의 존경을 받음은 물론 우리말로 이집트의 파라오와 같은 존재를 나타내는 '해머스(모수)'나 사람이 살아가는 세상을 크게 밝혔다는 의미에서 '박혁거세(朴赫居世, 이두표기)' 같은 명칭으로 불린 것이다.

고대에 우리겨레는 해를 숭배했다. 그리고 문명이나 밝음을 상징하는 단어는 필연적으로 밝은 존재 즉 해와 무관할 수는 없다. 고대 이집트 최고 통치자는 '해 즉 태양의 아들'이란

---

36) '파라오'란 명칭의 의미는 '피라(많은 피)+오(감탄사)'로 생각된다. 문명탄생기의 인류언어는 큰 차이가 없었다. '라'의 언어는 복수를 나타내며, 우리말(나라)과 일본어(われら, 와레라)에서는 아직도 앞의 언어를 복수형으로 만들 때 사용된다. '오'는 감탄사로 인류의 공통언어이다. 따라서 파라오는 많은 피를 흘려 모두가 놀랄만한 무엇 즉 건축물이나 인류문명 등을 만든 사람을 가리키는 용어로 사용할 수 있다. 박영홍, 전게서, 67-68쪽.

37) '피라(많은 피)+미드(만들다)'는 많은 피를 흘려 만든 어떤 것을 가리킨다. 따라서 피리미드는 많은 희생을 바칠 만큼 가치가 있는 것으로 문명탄생과 직접적인 관련이 있는 건축물을 가리킨다.

뜻을 가진 '파라오'라고 불렸었고, 메소포타미아나 인더스 문명을 만든 사람도 비슷한 의미를 가진 명칭으로 불리어졌을 것이다.

인류문명의 발상지인 이들 지역에서는 최고 권력자나 통치자가 자신을 고대사회의 최고신인 태양신과 관련시켜 '태양의 아들'이라고 주장함으로써, 권력의 정당성을 내세우게 되었다. 당시 사회에서 태양신의 아들로 불리는 지위를 자기 자식에게 물려주기 위해서는 스스로 태양신의 아들임을 증명할 수밖에 없었다. 그리고 이들은 자기부족집단 모두의 생사와 직결된 농경을 위해 강의 범람에 대한 대비와 파종시기의 결정은 물론이고 수확에 대한 책임도 져야했다.

당시의 최고 권력자는 부족의 생사와 관련된 결정을 하고 또 이 결정에 대해 책임을 졌기 때문에 결국 파종 시기나 강의 범람 그리고 계절의 변화를 알기 위해 태양에 관한 정보 즉, 일 년의 날짜수와 한 달의 크기에 대해 반드시 알아야했다. 다시 말해 문명은 인류가 농경과 목축으로 살게 된 이후 해의 아들임을 주장하는 최고 권력자가 자신의 지위를 지키고 권위를 유지하기 위해 오랜 세월에 걸쳐 천체관측을 통해 만들어낸 땀의 산물이었던 것이다.

이집트 메소포타미아 인더스뿐만 아니라 고대 동북아지역의 문명 창조자도 당연히 태양신의 아들을 상징하는 명칭으로 불리었다. 다시 말해 어느 지역이건 초기 국가사회에서 독자적인 문명을 만든 사람은 태양신의 아들을 의미하는 명칭으로 불린 것이다. 우리말에는 태양신의 아들을 가리키는 용어가 있다. 바로 '해머스(모수)'[38]이다. 이것은 우리의 고대문명이 독자적으로 만들어진 것이라는 사실을 단적으로 보여준다.

　이외에도 우리 역사에는 이와 거의 비슷한 의미를 담고 있는 명칭이 또 있다. 그것은 신라의 초대 왕으로 알려진 '박혁거세(朴赫居世)'란 호칭이다. 박혁거세는 한자의 음을 이용하여 우리말을 기록한 이두나 향찰식 표기이므로, 당시의 발음을 정확히 알려주지는 못한다. 그러나 '인류문명을 밝힌 존재나 사람'을 우리말로 다시 표기하면 '밝혁'이나 '밝히시(셨)네' 또는 '박혁거세(사람이 사는 세상에 문명을 밝히다)'와 같은 말로 나타낼 수 있다.

　지금까지 우리는 박혁거세를 신라의 초대 왕으로만 알고 있었지만, 사실은 초대 신라왕이면서 1500년 이상 지속된 박달(倍達)시대 최고 통치자의 호칭이기도 하였다. 지금은 '新羅'를 국명으로 이해하지만 이와 같은 해석은 잘못이며, 新羅는 국명이기보다 피하지 못할 어떤 중대한 국가위기를 당하여 나라를 '새로(新) 짜다(羅)'이다. 이러한 시대가 바로 우리가 이두로 '배달(倍達)'이라 부르는 시대이며, 우리말로 표기하면 '밝달시대' 또는 '박달나라시대'이다. 이처럼 박혁거세는 박달시대의 통치자를 가리키는 호칭이었으나, 피치 못할 어떤 사정으로 통치자의 명칭이 변하면서 신라의 초대 왕으로 기록된 것이다.

　박달시대 국가최고 통치자는 '밝히시네'나 '박혁거세'라

---

38) 우리말로 태양신의 아들을 의미하는 낱말은 태양을 뜻하는 '해'와 아들을 의미하는 '머스'의 합성어인 '해머스'이다. '머스'는 '머슴아'와 같이 사내아이를 가리키는 말이며, '해' 합성된 낱말 '해머스'는 이집트의 파라오와 같은 의미를 담고 있다. 부여와 고구려 건국신화에 기록된 '해모수(解慕漱)'는 모두 해머스의 이두표기이다.

불리기도 하고, 동북아시아의 최고 권력자나 군대의 최고사령관을 지칭하는 '한(간)'으로 불리기도 하였다. 그러나 본래 '밝히시네'나 '박혁거세'는 문명 창조자를 의미하고, '한'은 한(韓)문명 그 자체를 가리키는 명칭이었다[39].

낱말 '한'은 많은 의미를 내포하고 있다. '첫 번째'와 '최고 높다' 그리고 '하나'와 '모두'가 바로 그것이다. 한에 대한 존칭이 '한님'이고, 한님에서 '하나님'이나 '하느님' 같은 파생어가 만들어졌다. '한'이자 '밝히시네(박혁거세)'가 다스리는 박달나라가 춘추 전국시대를 거치면서 강성해진 중국의 힘에 밀려 만주지역에서 한반도로 중심지를 이동해가는 과정에 국가조직을 다시 짜면서(新羅), '한'이자 '박혁거세'가 서서히 그 영향력을 잃게 됨으로써, 나중에는 형식상의 권위와 지위만을 가지게 된 것이다.

이후에는 실권을 가진 사람이 국가경영의 주역으로 등장하게 된다. 이들이 최고 권력자나 최고사령관을 의미하는 다른 명칭 즉, 이사검(尼師今), 마립간(麻立干), 거서간(居西干) 등으로 불리게 되자, 한이나 밝히시네(박혁거세)란 명칭은 현실 세계에서 그 권위를 서서히 잃게 되었으며, 나중에는 겨레의 마음속에서만 존재하는 용어가 되어, '한'은 '하느님' 또는 '한님'으로, '박혁거세'는 역사 속의 인물로 변하게 된 것이다.

우리 민족은 흔히 '배달(밝달)민족'이나 '한겨레'로 불린다. '배달'은 문명을 '밝힌 분이 다스리는 땅'[40]이란 의미이고, '한'은 동북아시아에서 최고 권력자 또는 군 최고사령

---

39) 박영홍, 「우리말과 한겨레」, 84쪽과 바둑과 한글의 장 참조.
40) 박영홍, 전게서, 76-77쪽.

관을 의미한다. 따라서 고대사회에서 우리 겨레의 통치자가 주변부족을 통합해 나가는 과정에 스스로 태양신의 아들 즉, '해머스'라 칭하고, 이후 태양신의 아들임을 증명하기 위해 오랜 세월에 걸쳐 해와 달의 운행주기를 연구하여 '한' 문명을 탄생시키게 되었으며, 이 결과 '한'이나 '박혁거세'로 불리게 된 것이다.

결론적으로 말해 '한'과 '해머스' 그리고 '박혁거세'는 각기 다른 사람이 아니라 한 사람을 일컫는 명칭이다. 국가 최고지도자로서의 명칭은 '한'이고, 혈통과 권위의 상징은 '해머스'이며, 문명의 창조자로서의 명칭은 '박혁거세(밝히시네)'이다. 박혁거세는 신라 초대 왕을 가리키는 명칭이지만, 이것은 1500년 정도 지속된 박달(倍達)시대의 잔영에 불과하며, 본래 박혁거세는 박달시대의 최고 권력자인 동시에 문명의 창조자였다.

초기 신라사회에서 박혁거세 이후 '이사검'이란 호칭이 등장한다. 이사검은 실권(검)을 넘겨받은 자(이사)를 의미한다. 따라서 최고 통치권자였던 박혁거세가 다른 사람에게 검(실권)을 넘겨주고 국가를 새로 짜야 할 만큼 당시 사회가 혼란스럽고 질서가 무너진 변혁기였음을 말해준다.

우리말로 '바둑'이나 '博奕(박혁)'을 만든 사람을 표현하면, 당연히 인류문명을 '밝혀준 사람'이나 '밝히다' 또는 밝힌 행위에 대한 존칭어인 '밝혀주시다'의 의미가 반드시 담겨야하므로, 바둑을 만든 사람은 당연히 '박혁거세'나 '밝히시(셨)네'라 불리게 된다. 이처럼 바둑을 만든 사람은 언어적으로 바둑과 분명한 연관이 있어야한다.

역사왜곡은 반드시 필요가 있을 때 일어난다. 고대에는 우리문명이 중국보다 앞섰으며, 바둑이 중국에 전해질 때는 본래 명칭인 '박혁'이란 천문연구도구로서 전해진 것이며, 춘추전국시대를 기점으로 박달나라가 시대변화에 적응하지 못하여 연(燕)나라 장수 진개의 침입과 한(漢)무제의 한사군설치 등으로 몰락기에 접어들게 되자, 중국이 바둑까지도 혁(奕)이나 박혁(博奕)이 아니라 새로운 한자 기(棋, 碁)로 표기하게 되었다. 이후 우리 겨레가 한자사용과 더불어 바둑을 棋와 碁로 이해하게 되자, 이후에는 바둑이 우리문화가 아니라 중국에서 만들어진 중국문화로 인식하게 된 것이다.

결국 바둑을 만든 분은 요, 순이 아니라, 바둑이란 명칭과 밀접한 관련이 있는 사람일 수밖에 없다. 따라서 '박혁거세'이자, '해머스'이며, 동시에 '한'으로 불리었던 분이 바둑을 만들었다고 하는 것이 역사적 진실에 가장 가깝다고 할 수 있다. 오늘날의 용어로 말하면 한님(하느님)이자, 해모수이며, 박혁거세라 불린 사람이 바로 바둑을 만든 사람인 것이다.

제2장 바둑판과 피라미드

1. 피라미드의 의미
2. 피라미드와 문명
3. 각도법과 황도의 탄생
4. 바둑판과 피라미드 건축의 원리

1. 피라미드의 의미

피라미드에 대해 이야기하면 누구나 세계7대 불가사의 중 하나인 이집트 쿠푸의 대 피라미드를 떠올리게 된다. 지금까지 대 피라미드는 언제, 누가, 무엇을 위해 만든 것인지 정확하게 알려져 있지 않다. 파라오를 위한 무덤이라는 설이 이제까지의 통설이지만, 고대인들이 아무리 파라오에 대한 숭배가 지극하였다고 해도 오랜 축조기간과 수많은 인력을 동원해 죽은 사람의 영생을 위해 피라미드를 만들었다는 주장은 사리에 맞지 않는 것으로 보인다.

이외에도 하늘에 떠 있는 태양인 '레(Re or Ra)' 숭배와 관련이 있는 것으로 보기도 한다. 이것은 태양신인 레가 당시 이집트의 주된 숭배 대상이었기 때문이다.

이처럼 고대 피라미드 건설에 대한 여러 가지의 학설과 주장이 있어 왔지만 아직까지도 그 정확한 이유와 피라미드의 건축원리를 알아내지 못한 것은 기존의 잘못된 기록이나 신앙 등 사람의 자유로운 사고를 속박하는 정보로부터 벗어나지 못하였기 때문이다. 어떤 사물을 바라볼 때 사물의 참 모습을 보기 위해서는 빈 마음으로 바라보아야 하는데, 사람은 누구든 빈 마음상태를 유지하기가 결코 쉽지 않다.

지금까지 알려진 모든 정보 즉 기존의 지식이나 상식은 어쩔 수 없이 다른 사람의 가치판단이나 편견 위에서 재해석되고 다시 만들어진 것이다. 그러므로 기존의 관념에서 비롯된 편견 즉 가치관이나 역사관은 물론이고 언어, 인종, 지역, 신앙 등 환경적 경험에 의해 자연스럽게 형성된 기존의 고정관념으로부터 완전히 자유로울 수는 없다. 따라서 지금까지의 역사와 인류의 가치판단이 개입된 모든 것을 버리고, 그것을 만든 당시로 돌아가 다시 만든다는 입장에서 바라보지 않으면, 어떤 것이든 그 본래의 의미는 물론 그것이 담고 있는 원리와 만드는 방법을 알기 어려운 일이다.

피라미드 건축과 건축의 목적이 아직까지 불가사의로 여겨지고 있는 이유도 기존의 역사관이나 가치관 등 문화적 편견이 빚어낸 착각 때문이라고 할 수 있다. 바꾸어 말하면 해를 해로, 달을 달로 그리고 땅과 물을 단순히 땅이나 물로 바라볼 수 있는 '빈 마음' 상태가 되지 않고는 이와 같은 모든 편견이나 착각으로부터 벗어나기는 어려운 일이다.

이와 같은 관점에서 바라보면 이제까지의 모든 주장과 학설은 편견이나 착각에 불과한 것일 수도 있다. 필자가 보기에 이집트 쿠푸의 대 피라미드는 무덤(tomb)이 아니며, 태양신인 '레'를 숭배하기 위해 만든 것도 아니다. 물론 많은 피라미드가 태양신 숭배와 관련이 있으며, 이후에 무덤으로서 이용된 것은 사실이다. 그러나 대 피라미드는 인류문명의 여명기에 역(易)의 영향력 변화와 우기 때마다 반복되는 홍수예방을 위해 오랜 세월동안 피나는 노력을 통해 만들어낸 인류역사상 가장 빛나는 정신문명의 탄생판이라 할 수 있는 건축물이다. 말하자면, 피라미드는 역법과 문자는 물론 각도법과 숫자 등 인류의 정신문명에 관련된 많은 것을 탄생시킨 모태와 같은 역할을 한 것이다.

흔히 인류의 4대 문명을 거론할 때 그 기준이 되는 것으로 역법과 문자, 숫자 등을 든다. 하지만 이들이 어떻게 탄생되고 현실생활에 이용될 수 있게 되었는지에 관해서는 아직도 미궁 속에 빠져있다. 그 중에서도 가장 오래된 이집트문명은 무엇을 위해 그리고 어떻게 만들어진 것인지 전혀 알 수 없다는 의미에서 불가사의(不可思議, mystery)라 불리어지고 있다.

현대문명과 과학이 탄생할 수 있게 되기까지 가장 핵심적인 역할을 한 것으로 역법과, 문자, 숫자, 기하학 등을 들 수 있다. 이들은 모두 고대 이집트에서 여명기에 피라미드 건설을 통해 그 기반이 만들어진 것들이다. 다시 말해 현대과학의 가장 기본이 되는 90°, 180°, 360°와 같이 도형이나 기하학의 각도를 재는 원리인 각도법과 수학의 기본원리가 고대 이집트에서 문명이 탄생할 때 당시 사람들의 피나는 노력에 의해 만들어졌기 때문에 가능할 수 있었다. 따라서 오늘날의 과학도 문명탄생 당시 함께 만들어진 문자, 숫자, 역법 그리고 기하학을 바탕으로 이들을 이용하여 그 활용범위가 조금 확대된 정도에 불과하다고 할 수 있다.

이들은 사실 피라미드의 산물이라 하여도 틀린 말이 아니다. 고대 이집트인들이 피라미드를 건축하여 역법과 문자, 숫자, 각도법 등을 만들어낼 수 있었기 때문에 인류는 비로소 문명사회로 진입할 수 있었다. 현대 과학문명도 따지고 보면 대피라미드라 불리는 인류문명 탄생판 위에서 만들어진 파생문명에 불과한 것이다.

이와 같은 생각을 가지고 필자와 함께 피라미드가 어떻게 조성되었으며, 인류문명에 어떤 영향을 끼쳤는지에 대해, 인류문명의 산물을 하나하나 다시 만든다는 생각으로 고대 이집트인들의 방식대로 피라미드를 만들어보자.

2. 피라미드와 문명

피라미드는 지금까지 알려진 바와 같이 파라오의 안식과 영혼불멸을 위해 무덤으로 만들어진 것이 결코 아니다. 피라미드는 인류문명을 동양과 서양으로 구분할 경우 그 한 축이 되는 서양과 중동문명의 모태역할을 한 건축물이다. 어떤 문명이 하나의 새로운 정신문명으로 인정받기 위해서는 독창적인 역법과 문자, 숫자 등이 만들어져야 한다. 인류 4대문명은 모두 이와 같은 조건을 충족시키고 있다. 이 중에서도 이집트문명은 가장 먼저 탄생된 문명이고, 다른 지역의 문명탄생에 지대한 영향을 미쳤으며, 오늘날까지도 그 영향력이 그대로 살아있는 문명41)이다.

인류사에서 문명탄생의 핵심적 역할을 한 것이 바로 대 피라미드라 불리는 쿠푸의 피라미드이다. 대 피라미드는 인류문명의 주춧돌 같은 역할을 하였으며, 인류역사를 통해 그 영향력을 잃어버린 적이 결코 없었다. 단지 언어단절에 의해 오늘날의 학자들이 피라미드를 문명을 탄생시킨 판이 아니라 무덤으로 잘못 이해하고 있을 뿐이다.

오늘날을 흔히 과학의 시대라고 말하지만, 정신문명이란 측면에서 바라볼 때 현대 과학시대도 피라미드를 건축한 고대 이집트시대에 비해 큰 변화와 발전을 이루었다고 말하기는 어렵다. 현대문명은 고대 이집트인들이 문명의 가장 핵심적

---

41) 이집트의 대 피라미드는 인류문명탄생의 모태역할을 하였다. 피라미드 건축으로 역법은 물론 숫자와 각도법 등이 만들어질 수 있었다. 이집트가 '나일 강의 선물'이라면, 역법과 숫자, 기하학 등은 '피라미드의 선물'이다. 그리고 이들은 여전히 현대 문명사회의 기반역할을 하고 있다. 따라서 피라미드는 여명기부터 지금에 이르기까지 여전히 그 영향력을 유지하고 있다고 할 수 있다.

요소인 역법과 문자, 숫자, 각도법 등을 만들고, 이들이 오늘날까지 전해졌기 때문에 가능하였다. 많은 사람들이 현대과학문명의 놀라운 발전에 대해 말하지만, 사실 정신문명이란 측면에서 보면 파라미드 건축시대와 그다지 큰 차이가 나지 않는다. 현대 과학자들은 아직도 피라미드의 의미와 건축원리를 정확하게 파악하지 못하고 있으며, 단지 그들의 사고능력 범위를 벗어난 것을 '불가사의(不可思議, mystery)'라 표현하는 수준에 머물고 있을 뿐이다. 따라서 사고수준이라는 측면에서 바라본다면 현대 과학자들이 피라미드를 건축한 고대 건축가들보다 더 뛰어나다고 말하기는 어렵다.

그리고 대 피라미드는 당시의 시대적 요청과 이집트 지역의 환경적 특성이 반영된 건축물이다. 매년 우기 때마다 범람하는 나일 강의 홍수관리와 사람의 의식주 해결을 위해 필수적인 파종이나 수확시기결정 등과 직접적인 관련이 있다. 나일 강이란 생태환경 속에서 홍수통제와 먹고 사는 문제해결을 위해 홍수가 발생하는 정확한 시기를 알아야 했다. 적절한 홍수관리와 파종으로 나일 유역 사람들의 식생활 문제해결이 그 지역 통치자와 지배집단의 가장 큰 고민이자 그들에게 주어진 책임이자 역할이었다.

이를 위해 가장 중요한 것이 일 년의 정확한 크기를 알아내는 일이었다. 일 년의 크기 즉 날짜수를 알고 나면 계절변화는 물론 일기변화를 시간별로 세분하여, 그 지역 사람들이 살아가는 데 있어 필수적인 강의 범람과 파종의 가장 적당한 시기를 알 수 있다. 강의 수량변화와 범람시기를 알 수 있게 되면 홍수관리와 범람을 피하기 위한 인력동원은 물론 파종시기 결정이 한결 수월하게 된다.

대 피라미드는 이와 같은 시대적, 지역적 환경 속에서 만들어졌다. 다시 말해 나일 강 유역에 살고 있던 주민의 생존을 위한 것으로, 지역주민 모두의 자발적이고 적극적인 협력에 의해 건축될 수 있었던 것이다.

어떤 지역에서 문명이 탄생하기 위해서는 모양은 다소 다를지라도 반드시 천체관측 표상인 바둑판이 필요하다. 즉 바둑판은 해가 뜨고 지는 것을 기록하여, 일 년의 크기와 역의 원리를 밝힌 문명탄생 판이다. 그러나 지구에 뜨고 지는 해는 하나이므로 지구상의 모든 역법은 어느 지역에서 만들든 그 방법과 원리는 비슷할 수밖에 없다. 다만 각 지역의 지정학적 특성에 의한 약간의 환경적 차이는 존재할 수 있다.

이집트의 대 피라미드는 바둑판을 설계도로 하여 나일 강 지역의 특성에 맞게 역의 원리를 보다 세밀하고 구체적으로 연구하기 위해 축조되었다. 이를 위해 '많은 피를 흘려 만들었다'는 의미에서 '피라(많은 피)미드(만들다)'[42]라 부르게 된 것이다.

이처럼 대 피라미드는 일 년의 크기가 365일 이라는 사실을 알고 있는 사람들이 역법연구의 기준일이 되는 춘·추분을 기점으로 삼아, 일 년 동안 해의 영향력 변화과정을 좀 더 깊이 연구하기 위해 만들어낸 문명탄생과 발달의 기념비적인 건축물이었던 것이다.

---

42) 지구촌에는 약 4000여 가지의 언어가 있지만 인류문명탄생 이전의 언어는 그다지 차이가 나지 않았다(언어일원설). 다만 문명탄생 후 부족이나 민족 또는 국가 사이의 생존경쟁으로 언어의 음가가 약간씩 변하고 의미단질도 일어나세 되었던 것이다. 따라서 문명탄생기의 언어를 우리말로 풀이해보는 것도 의미 있는 일이라고 할 수 있다. 박영홍, 「우리말과 한겨레」 참조.

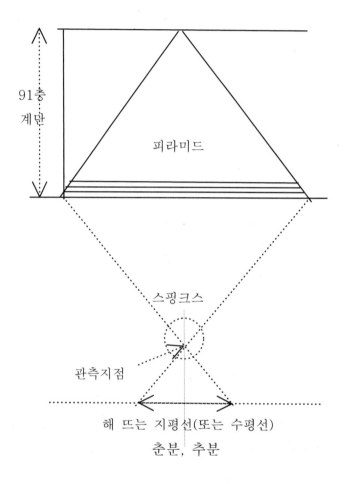

91층
계단

피라미드

스핑크스

관측지점

해 뜨는 지평선(또는 수평선)
춘분, 추분

그림(2-1) 피라미드와 스핑크스

필자는 이집트에 있는 대 피라미드를 직접 본 적은 없다. 하지만 다시 피라미드를 만든다는 생각으로 대 피라미드의 설계도를 만들어보았다. 그림(2-1)이 필자가 다시 그려 본 일 년을 상징하는 피라미드 설계도이다.

우선 앞에서 설명한 바 있는 바둑판의 원리를 이해하고 있다는 전제하에서 바둑판 위에 피라미드를 건설해보자. 피라미드는 91층으로 건축할 수도 있고, 10층으로 건축할 수도 있다. 91층으로 만들면 이집트의 대 피라미드와 같은 모양이 되고, 10층으로 만들면 바둑판과 같은 모양이나 집안(集安)에 있는 장군총[43]과 같은 모양이 된다. 하지만 둘 다 원리는 동일하다.

그림(2-1)과 같이 피라미드를 91층으로 그리면 피라미드는 4각형이므로 91×4 = 364가 된다. 여기에 마지막 층의 한가운데(바둑판의 천원)에 막대기를 하나 세워 피라미드의 네 모서리에서 선을 그어 네 개의 선이 만나는 지점까지 막대기를 세우면, '364 + 1' = 365가 되므로, 일 년의 크기인 365일의 날짜수가 만들어진다. 이를 통해 피라미드가 일 년 365일을 상장하는 건축물임을 알 수 있다.

피라미드는 지금까지 알려지지 않았지만 그 이전에 만들어져 있던 부정확한 역법과 태양운행의 원리를 건축물로 구현한 것이다. 태양력이 이집트에서 만들어졌다는 것은 모든 사

---

43) 장군총(將軍塚)은 무덤으로 알려져 있다. 그러나 필자가 보기에 장군총은 무덤이 아니다. 쿠푸의 대 피라미드와 북만주 지역의 많은 피라미드들과 같이 장군총은 역의 원리를 나타낸 건축물이다. 고대 인류문명이 탄생한 지역에서는 반드시 피라미드가 만들어졌다. 이것은 신대륙도 마찬가지이다. 하지만 오늘날 세계를 주도하고 있는 서구인들은 고대 문명을 탄생시킨 민족의 후예가 아니므로 그들의 언어 속에는 고대문명에 관한 정보가 담겨있지 않다. 이로 인해 피라미드가 인류문명과 관련이 있는 건축물임을 알지 못하고 있을 뿐이다.

람이 알고 있는 사실이다. 하지만 언제, 어떤 방법으로 만든 것인지에 대해서는 알지 못하고 있다. 분명한 것은 태양력이란 역법은 해의 변화와 일 년의 주기에 관한 것이므로, 어느 지역에서 만들어도 동일할 수밖에 없다는 사실이다.

역법, 문자, 숫자 그리고 각도법을 기반으로 한 서양과 중동문명은 고대 이집트문명에 그 기원을 두고 있으며, 문명탄생 시점은 피라미드건설이라고 할 수 있다. 바꾸어 말하면 한문명과 인더스문명을 제외한 대부분의 인류문명은 고대 이집트문명 그 중에서도 대 피라미드라 불리는 건축물 위에서 만들어진 파생문명일 수도 있는 것이다.

해를 관찰하여 일 년의 크기를 알아내고, 이후 해의 영향력 변화과정을 좀 더 구체적으로 알기 위해 역의 원리에 맞게 대 피라미드를 축조함으로써, 인류문명이 비로소 시작되었다고 하는 것이 가장 정확한 이해일 것이다. 필자가 다시 만들어 본 피라미드원리에 의하면 피라미드는 엄청난 크기의 바둑판 위에 91개 층을 가진 계단식의 사각형 건축물로 세운 것이며, 인간이 발견한 해의 순환법칙인 역의 원리를 건축물로 구현해 낸 것이다. 따라서 대 피라미드가 건축됨으로 인해 비로소 인류는 문명사회로 진입할 수 있었다고 할 수 있다.

피라미드는 일 년의 크기는 물론 사계절과 춘·추분 등 인간의 삶을 지배하는 절기의 변화과정과 그 시점까지도 모두 함축적으로 나타내고 있다. 따라서 인류문명사적으로 볼 때 가장 획기적이고 기념비적인 건축물이라 할 수 있다. 바둑판과 피라미드의 건축원리를 서로 비교해보면 바둑판은 역의 원리를 평면적으로 이해한 반면, 피라미드는 역의 원리를 입체적인 원의 형태로 이해한 차이가 있다.

지금까지 피라미드가 파라오의 영생과 영혼불멸을 위해 건축된 것으로 알려져 있지만 이는 오해일 뿐이다. 피라미드는 여명기에 당시의 지역 환경적 요구에 의해 사람의 안정된 삶과 재해예방을 위해 그 지역에 살고 있던 모든 사람들의 자발적이고 적극적인 참여로 건축되었다. 피라미드와 바둑판을 비교해보면 그림(2-2)과 같다. 이때 피라미드는 바둑판과 같이 일출선과 수평으로 만들 수도 있고 일출선과 대각으로 건설할 수도 있다.

　'파라오'의 권위도 국가성립기부터 자연스럽게 형성된 것이 아니라 피라미드 건축으로 매년 반복되는 강의 범람을 예측하고 이를 효과적으로 예방함으로써, 나일 강 유역 사람들의 삶을 보다 안정적으로 변화시키게 되자, 피라미드 건축자에 대한 존경과 믿음이 싹트기 시작하여, 나중에는 파라오라 불리는 절대 권력자가 탄생하게 된 것이다.

　'파라오'도 지금까지 알려진 '태양신의 아들'을 의미하는 것이 아니라, '많은(라) 피(피)를 흘려 위대한 건축물을 만든 사람(오)'을 가리키는 용어[44]이다. 오늘날과 같은 정상적인 국가가 탄생하기 이전인 초기국가 단계에서는 대부분의 민족이 해를 숭배하고, 부족의 지배자를 '해의 아들(예, 해모수)'이라 불렀다. 그 이유는 해가 사람을 포함한 모든 생명체의 생존에 가장 중요한 역할을 하기 때문이다.

---

44) '파라오'는 피라미드 건축자를 가리키는 말이다. '파라오는 피(우리말의 피와 같다)+라(우리말의 복수형 접미사)+오(감탄사, 인류공통의 언어)'의 합성어로 보인다. 원시적인 도구 밖에 없었던 당시의 문명수준을 생각할 때 피라미드 건축으로 얼마나 많은 희생이 따랐을지 쉽게 짐작이 간다.

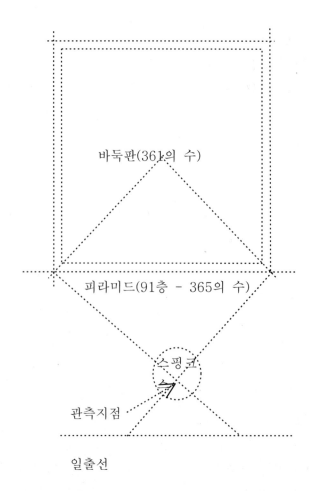

바둑판(361의 수)

피라미드(91층 - 365의 수)

스핑크스

관측지점

일출선

그림(2-2) 바둑판과 피라미드

대 피라미드를 설계하고 건축한 사람은 당시 이집트에서 '해의 아들'로 불리는 사람이었다. 해의 아들이라 불리던 사람이 대 피라미드를 건축함으로써 '많은 피를 흘려 피라미드를 만든 사람'이란 뜻으로 '파라오'라 칭하였다. 뿐만 아니라 피라미드 건축의 영향에 의해 인류문명의 산물인 역법, 숫자, 각도법 등도 발견하게 되었다. 이로 인해 인류는 이들을 활용하여 미래를 구체적이고 조직적으로 설계할 수 있게 됨으로써, 비로소 정상적인 국가사회의 시대로 접어들게 되었던 것이다.

이때부터 나일 강 유역은 '파라오' 시대가 시작되었다. '파라오'는 익히 알려진 바와 같이 '해의 아들'을 뜻하기는 하지만, 그 권위와 역할은 '해의 아들'이 지배하는 초기 국가와 전혀 달랐다. 초기국가의 통치자는 국가 속의 부족장과 같은 지위와 권위를 가지고 있었으나, 문명탄생으로 국가시대가 시작됨으로써 통치자는 '파라오'나 '한님'과 같이 절대적인 권위와 함께 숭배의 대상이 된 것이다. 따라서 '파라오'는 문명창조자를 가리키는 명칭이므로, '해의 아들'이 아니라 우리말 '한님'과 같은 의미로 이해하는 것이 바람직하다.

자연 상태에서 평등한 인간이 국가를 형성하고 권력자가 탄생할 수 있었던 배경에는 이와 같은 분명한 역사적 사실과 시대적 요청이 있어야 가능하다. 아무런 근거 없이 어떤 사람을 권력자로 인정하고 신과 같이 숭배할 수는 없다. 이집트의 파라오도 오랜 기간에 걸친 재해예방과 홍수조절 그리고 역법과 숫자는 물론 문자, 각도법 등 사람의 삶에 필수적인 인류문명을 탄생시킨 결과, 나일 유역 주민들로부터 존경과 신적인 숭배를 받게 된 것이다.

고대 이집트의 파라오와 같은 권위가 자연스럽게 형성되기 위해서는 오랜 세월이 필요하다. 수많은 사람을 관리하여 농경과 홍수예방을 하기 위해서는 역의 원리 즉, 해의 운행과 일 년의 크기를 알아야 한다. 그리고 피라미드를 건축하기 위해서는 피라미드를 건설할 수 있을 정도의 건축술과 수학적 계산법의 발달이 선행되어야 하며, 아울러 풍부한 인력은 물론 오늘날의 국가와 같은 치밀한 조직과 지배자의 권위가 어느 정도 형성되어 있어야만 가능한 일이다.

이런 조건이 구비되어 있는 상태에서도 처음 피리미드를 건축하면서 인명손실은 물론이고 건축기간이 너무 길어지면서 자재공급의 어려움과 주민들의 불만 그리고 성공 가능성에 대한 회의 등 수많은 난관에 봉착하면서 처음 예상보다 건축기간이 몇 배 혹은 몇 십 배 더 걸렸을 수도 있다. 모든 난관을 극복하고 피라미드를 건축하고 난 이후에도 건축에 의한 인적 물적 손실과 이로 인한 사회적 후유증을 극복하기가 쉽지 않았을 것이다. 다시 말해 많은 사람들의 희생과 오랜 건축기간으로 인한 내부의 불만과 부족 상호간의 갈등해소는 결코 쉽지 않은 과제였던 것이다.

피라미드는 이처럼 오랜 세월에 걸친 당시 사람들의 피땀과 정성이 어우러져 만들어질 수 있었다. 하지만 나일 유역에서 피라미드를 건축한 민족은 피라미드 건축의 후유증으로 이후 급격히 세력이 약화된 것으로 생각된다. 이로 인해 다른 부족의 침입을 받게 되었고, 이 결과 피라미드를 건축한 민족은 다른 민족에게 문명의 산물만 물려주고 역사의 무대에서 물러나게 되었을 가능성이 크다[45].

 이후 나일 유역을 정복한 다른 부족의 지배자들이 문명을 탄생시킨 민족의 지배자가 누렸던 권위와 존경을 탐닉하게 되었을 것임은 자명하다. 정복부족의 지배자들은 피라미드의 진정한 의미도 모른 체 피라미드를 건축한 사람과 그 후예들이 누렸던 권위를 탐닉(耽溺)하게 됨으로써, 자신들의 권위를 높이고 사후의 안식(安息)과 영혼불멸(靈魂不滅)의 수단으로 피라미드를 건설하였다. 이로 인해 피라미드시대가 열리게 되었던 것이다.

 피라미드시대의 피라미드들은 대부분 건축의 필요성이 전혀 없이 단지 파라오의 권위와 사후 안식을 위해 만들어진 것들이다. 따라서 이들의 축조는 주민들의 자발적인 참여가 아니라 무의미한 노동착취나 강제동원에 의한 건축에 불과하였다. 이 결과 피리미드시대의 피라미드는 대부분 정교하지 못한 건축물이 될 수밖에 없었다.

 지금 이집트에 남아 있는 많은 피라미드들은 이처럼 필요성이 전혀 없는 건축물들이고, 인류문명 발달사에도 아무런 기여를 하지 못하였다. 뿐만 아니라 이들 피라미드가 파라오의 안식이나 영혼불멸을 위해 축조됨으로 인해 피라미드가 무덤

---

45) 지금까지 '피라미드'가 어떤 의미의 용어이고, 또 '파라오'란 명칭이 어떤 의미를 갖고 있는지 전혀 알려지지 않았던 것은 피라미드를 건축하여 인류문명을 탄생시킨 민족이 피라미드 건축 후 급속히 몰락하여 역사의 무대에서 사라졌기 때문이다. 이로 인해 파라오도 피라미드 건축자 즉 문명창조자가 아니라 초기 국가의 통치자를 가리키는 '태양신의 아들'을 가리키는 용어로 잘못 이해하게 되었다. 반면, 우리민족은 문명창조 이후 지금까지 계속 동북아 정치질서의 중심에 남아있게 됨으로써 문명창조자를 가리키는 '한님'이란 용어가 어떤 의미를 담고 있는지 알 수 있는 것이다. '한'이란 용어와 언어 속에 담긴 역사, 문화에 관해서는 박영홍, 「우리말과 한겨레」, 표지와 71-72쪽 참조.

으로 잘못 알려지게 되어, 피라미드 건축의 참된 의미는 물론 건축목적과 건축원리를 연구하는데 방해만 되었던 것이다.

3. 각도법과 황도의 탄생

1) 각도법

피라미드 축조로 고대 이집트인들이 발명한 것으로는 오늘날 태양력이라 불리는 역법과 과학발전에 절대적인 영향을 끼친 각도법이 있다. 각을 계산할 때 사용하는 각도법은 언제, 누가, 어떻게 만들었는지 전혀 알려져 있지 않다. 누가 만든 것인지도 모른 체 어떤 물체의 각 즉 삼각이나 사각 또는 원의 각을 재는 도구로 사용하고 있다. 각의 계산에서 원은 왜 360도이며, 평면은 180도 그리고 직각은 90도라고 하는 것일까? 아울러 직각 삼각형의 기울기 계산은 어떻게 만들어지게 되었을까? 누구에게나 몹시 궁금할 수밖에 없는 것이 각도법의 탄생이다.

대다수 사람들은 수많은 언어 즉 단순히 듣거나 책을 통해 배운 것을 그와 같은 언어가 어떻게 그리고 왜 만들어지게 되었는지에 대한 생각 없이, 듣거나 배운 것을 기억하고 있다가 그와 같은 언어를 당연히 알고 있다는 듯이 말하며 살아간다. 하지만 어떤 용어에 대한 확인 없이 함부로 그 언어를 사용하는 것은 언어오용일 가능성이 크다. 분명하게 이해하지 못한 언어의 사용은 앵무새가 사람들이 가르친 언어를 지저귀는 것과 큰 차이가 없다. 어떤 언어일지라도 그것이 처음 만들어질 때는 철저하리만큼 경험적이고 사실적인 사람의 삶을 바탕으로 형성되고 발전해온 것이다. 따라서 어떤 언어를 사용하기 전에 그 말이 어떤 의미를 담고 있는지 가능한 한 도까지 확인해보는 것이 무엇보다 중요하다.[46)]

각도법도 이와 마찬가지이다. 어떤 물체의 기울기인 각을 재는 방법은 사람의 삶과 연관이 있는 어떤 분명한 근거 위에서 만들어졌다. 각도법은 피라미드에서 만들어진 것이 분명하다. 그렇다면, 각도법 계산에서 왜 직각은 90°이고, 직선은 180도이며, 원은 360°도가 된 것인지 알아보자.

앞의 피라미드 그림과 함께 이집트에 있는 피라미드 모형을 상상하면서 바둑판 한가운데에서 수직으로 직각삼각형 그림을 그려 보자. 이 때 일 년 365일을 표상하는 피라미드가 놓인 맨 밑층의 네 모퉁이와 꼭지점은 각의 계산에서 제외된다. 꼭지점은 나누어질 수 있는 것이 아니고, 또 피라미드가 서있는 맨 아래층은 각도상 0°이므로 각의 계산에서 제외하는 것이 바람직하다.

이와 같은 생각으로 피라미드를 다시 살펴보자. 일 년을 상징하는 피라미드를 건축하면 눈으로 분명히 확인할 수 있는 365개의 선이나 점이 존재해야 한다. 일 년을 표상하는 건물을 짓기 위해서는 사각형의 건축물을 91층으로 쌓으면 가능

---

46) 언어는 경험의 산물이다. 자연에서 들을 수 있는 소리와 동작에 의한 소리가 언어의 시작이었다. 관념적인 언어는 문명탄생 이후 문명에 대한 몰이해와 비문명인들이 문명의 산물을 사실과 다르게 해석하게 되면서 서서히 사람들의 사고가 관념화되었다. 이후 철학이 탄생하고 인문학이 발달하면서 관념어가 비약적으로 발달하였다. 하지만 필자가 보기에 대부분의 관념어는 단순한 언어의 유희에 불과한 것으로 생각된다. 관념어도 어원을 따져보면 사실적이고 검증이 가능한 언어를 어원으로 만들어진 것이라는 사실을 알 수 있다. 박영홍, 「우리말과 한겨레」, 도서출판 백암, 2010, 참조.

하다. 이 때 건물의 네 모퉁이 아래에서 위로 각 계단의 모서리를 잇는 선을 그으면 한 지점에서 만나게 되는데, 91층에서 이 지점까지 기둥을 세우면 일 년 365(91×4+1=365)일을 사실 그대로 나타낸 피라미드가 된다.

이렇게 세워진 피라미드의 맨 아래 층은 각을 가지지 않는다. 즉 각을 가질 수 없다. 피라미드는 계단의 총 수가 91개이고, 0각인 맨 밑의 계단을 빼면 (91-1)=90이 되므로, 직각은 90도가 된다. 따라서 직선은 180도가 되고, 원은 360°가 된다. 각도계산에서 원은 4의 배수로 나누어질 수 있어야하므로, 나누어질 수없는 피리미드 한 가운데 꼭지점은 당연히 각도 계산에 포함되지 않는다.

따라서 일 년을 나타내는 365의 수에서 각을 가지지 않는 맨 아래층과 한 가운데 꼭지점을 제외하면 360의 수가 탄생한다. 피라미드를 위에서 내려다보거나 아니면 바둑판을 위에서 바라보면 이해하기가 한결 수월하다.

일 년 365일에서 맨 밑층의 네 모퉁이를 나타내는 4의 수와 나누어질 수 없는 한가운데 지점의 수를 빼면 365-(4+1) = 360이 되므로, 결국 각도계산에서 원은 그림(2-3)과 같이 360도가 된다. 360도를 피라미드 모형과 같이 4의 수로 나누면 90이 된다. 결국 직각이 90도인 것은 일 년을 상징하는 피라미드란 기념비적인 건축물이 완성되고 난 이후 피라미드를 관찰한 결과 알게 된 경험적 이해의 산물이다.

지금까지 우리가 다른 사람에게 배워서 당연히 알고 있는 것처럼 사용하고 있는 각도 계산법도 피라미드 건축을 통해 철저하게 경험적으로 알게 된 것이다. 관념적인 언어나 상상의 산물로 알려진 것들도 처음부터 관념에서 비롯되고 시작

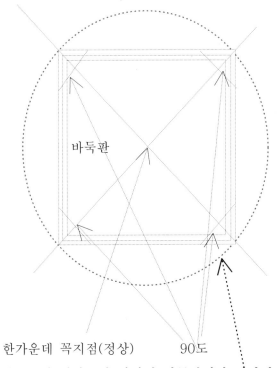

한가운데 꼭지점(정상)   90도

바둑판의 격자무늬 바깥의 나무판이나 피라미드 1층

(90×4=360)+ (피리미드 맨 밑층4)+ (꼭지점1)=365의 수가
되고, 일 년을 상징한다.

직각삼각형은 90도이므로, 피라미드를 91층으로 쌓으면
그림과 같은 건축물이 됨(1도는 하루를 의미)

그림(2-3) 피라미드 건축원리

된 것은 단 하나도 있을 수가 없다. 다만 어떤 경험적인 정보를 바탕으로 이들에 대한 인식과 이해의 폭이 역사의 부침 속에 약간 첨삭되기도 하고, 지역특성이나 문화 환경의 영향에 따른 경험과 이해의 차이로 인해 약간의 변화와 발전이 뒤따르기도 하는 것이다.

결국, 사람들이 사용하는 모든 언어와 숫자, 문자, 기하학적 원리들도 처음에는 철저한 관찰이나 경험적 인식과 이해를 바탕으로 형성된 것이며, 이후 오랜 세월을 거치면서 조금씩 변하고 발전한 것일 뿐이다.

이처럼 피라미드는 단순히 하나의 건축물에 그치는 것이 아니라 언어와 문자, 숫자, 기하학은 물론 이후의 인류문명이나 정신문화에 절대적인 영향을 끼친 인류문명의 상징과도 같은 존재이다. 따라서 피라미드에는 어떤 원리가 담겨 있으며, 또 어떤 사고를 바탕을 건축된 것인지 알아볼 필요가 있다. 그림을 그려서 살펴보면 이해하기 쉽다.

피라미드 그림을 위에서 바라보면 바둑판의 원리와 아주 비슷함을 알 수 있다. 원으로 나타낸 맨 밑층은 격자무늬가 그려진 바둑판과 같고, 나머지 361의 수를 나타낸 표상이나 모양은 서로 다르지만 의미나 상징은 동일하다. 다시 말해 피라미드는 바둑판과 동일한 원리로 만든 것이며, 피라미드는 대피라미드와 같이 91층으로 세울 수도 있고, 장군총과 같이 10층 높이로 만들 수도 있다. 10층의 그림으로 그리면 바둑판 바깥의 네모난 나무판 자체가 하나의 층을 이루게 된다. 바둑판 위에 격자무늬의 9층 건물을 그리면, 그것이 바로 피라미드이다.

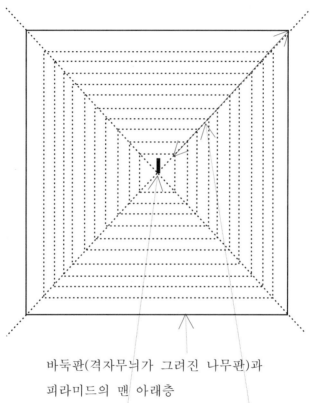

바둑판(격자무늬가 그려진 나무판)과
피라미드의 맨 아래층
한가운데 지점(천원)　　91층 또는 격자무늬 10층

그림(2-4) 위에서 바라본 바둑판과 피라미드

바둑판이나 피라미드는 둘 다 일 년 365일을 표상하고 있다. 하지만, 바둑판이 하나의 칸이나 하나의 선으로 하루를 나타내고 있는데 반해, 피라미드는 직사각형의 한 층으로 4일을 나타낸 차이가 있다. 바둑판이 그려진 나무판도 네 개의 모서리나 네 개의 선을 가지므로, 피라미드와 같이 4일을 나타낼 수 있다. 따라서 바둑판은 361로의 점이 일 년 365일 중 361일을 나타내고, 나머지 4일은 바둑판이 그려진 사각의 나무판이나 윷놀이 판으로 그것을 대신한 것이다.

이집트 이외의 다른 많은 지역에서도 피라미드가 건축되었는데, 이들은 모두 역의 원리와 일 년의 크기 즉 날짜수를 계산하기 위한 것이며, 피라미드 건축을 통해 해의 움직임과 그 영향을 보다 구체적으로 연구하기 위한 것이다.

역의 원리를 밝히기 위한 수단으로 피라미드를 건축하면, 91층으로 하든 10층으로 하던 사실 큰 차이가 없다. 다만 이집트의 피라미드는 제일 먼저 만들어진 관계로 당시 사람들의 지적 수준과 지역 환경적 특수성이 작용하여 어쩔 수 없이 오랜 세월에 걸쳐 많은 사람의 피와 땀이 투입된 거대한 건축물이 된 것이다. 역의 원리를 밝히기 위한 건축은 사실 바둑판의 모형과 같이 10층으로 하는 것이 가장 합리적이며 바람직하다.

이처럼 대 피라미드는 오랜 공사기간과 수많은 사람의 피를 흘리게 하여 '피라미드' 라 불린다. 하지만 결과적으로 각도법을 탄생시켜 이후 기하학과 수학이 발달할 수 있는 기반역할을 하였다. 당시 사람들의 피와 땀 덕분에 기하학의 발달은 물론 오늘날의 과학문명도 탄생할 수 있게 된 것이다.

2) 황도

‘황도(黃道, ecliptic)’의 사전적 의미는 ‘지구가 일 년 동안 태양을 도는 길이나 궤도’를 가리키는 것으로 햇빛이 땅 위에 비치는 각도[47]를 말한다. 그러나 사실 지상에서 살아가는 사람들이 느끼기에는 해가 지구 중심으로 도는 것으로 보인다. 피라미드 건축으로 각도법이 탄생하자 ‘황도’라 불리는 ‘해의 기울기’계산이 가능하게 되었다. 이로 인해 고대 이집트인들은 해의 각도 변화에 따른 지구의 기온과 계절변화 등 해가 인간의 삶에 끼치는 영향력의 변화와 해의 기울기변화와의 연관성에 대해 관심을 가지게 되었다.

황도는 이처럼 계절과 기온변화는 물론 해가 하늘에 떠있는 시간과의 상관관계를 연구하는 데 중요한 역할을 할 수 있다. 해의 기울기를 정확하게 알게 되면 막대기 하나를 가지고도 계절의 변화와 방위는 물론 시간의 변화까지도 상세하게 알 수 있다.

춘·추분점을 기점으로 거대한 건축물인 피라미드 위에서 해의 움직임을 관찰하면, 해의 기울기 변화와 일출과 일몰의 정확한 시간을 계산할 수 있다. 그리고 좌우 가장 바깥쪽인 하지와 동지에 해가 뜰 때의 최대 기울기도 알아낼 수 있다. 이처럼 각도법을 알면 하나의 막대기를 이용해도 황도계산이 가능하다.

해의 기울기를 가리키는 황도(黃道, ecliptic)관념도 피라미드를 건축한 이집트인들의 관찰과 경험적 이해를 바탕으로 탄생하였다. 따라서 이 황도관념 또한 피라미드 파생문화의

---

47) 햇빛이 지상에 빛을 비추는 각의 최대 크기는 23도 27분이다.

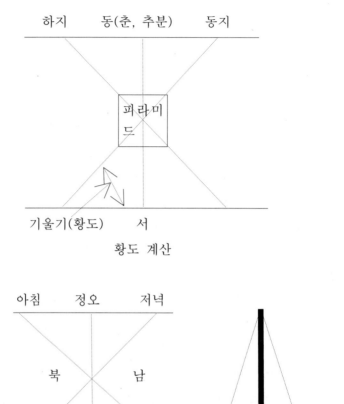

그림(2-5) 황도와 시간측정

하나인 셈이다.

그림(2-5)과 같이 피라미드는 물론이고 막대기를 이용하여 황도의 기울기를 알게 되면, 하루 중의 시간은 물론이고 계절의 변화와 자신이 지금 서 있는 곳의 방위도 알 수 있다. 피라미드 건축 후 역법과 그림자의 크기와 기울기 변화로 시간의 경과를 이해할 수 있게 됨으로써, 이집트문명은 이 때 거의 완성되었다고 할 수 있다. 다시 말해 하루의 시간변화와 황도의 기울기 변화에 따른 일기와 계절변화를 구체적이고 경험적으로 이해할 수 있게 됨으로써 비로소 이집트문명은 완성된 것이다.

이후의 피라미드시대는 피라미드의 건축원리와 목적을 잘 이해하지 못한 다른 부족 출신의 군왕들이 단순히 파라오의 권위와 영생을 위한 도구로 피라미드를 건설하였다. 이 시기의 피라미드 건축은 인력낭비와 함께 피지배계층의 반발을 사게 되었고, 이 결과 잦은 왕조교체와 함께 궁극에는 이집트인들이 역사의 전면에서 도태되는 결과를 초래하였다.

지금까지 많은 학자들이 고대 이집트의 피라미드 건축시기를 미개한 시대로 알고 있지만 이는 오해일 뿐이다. 필자가 보기에 고대 이집트에서 대 피라미드가 건축되고 난 직후부터 피라미드시대 이전까지의 이집트문명은 그 이후의 다른 이집트문명은 물론 근대 이전까지의 동양과 서양의 다른 어떤 문명과 비교하더라도 이들에 결코 뒤지지 않을 만큼 자연과학적인 사고와 철저한 경험적 인식이 지배한 시대[48]였다.

이집트문명은 최초로 피라미드를 건축한 민족이 다른 민족

---

48) 문명주준은 높지 않았지만 관념이 크게 발달되기 이전이므로 자연법칙에 맞는 사고와 경험적 인식이 지배하는 시대가 분명하였을 것으로 생각된다.

의 침략으로 몰락한 이후 부족과 부족, 민족과 민족 간의 오랜 투쟁과 전쟁의 결과 암흑기에 접어들게 되었다. 이후 이 지역을 지배하게 된 다른 민족 출신 지배자들은 문명에 대한 이해와 문명을 발달시키려 하기보다 오히려 인류문명을 만들어낸 사람(파라오)이 누렸던 권위에 더 많은 관심을 기울이게 되었다. 이들은 피라미드를 문명탄생 판으로 이해한 것이 아니라, 우상숭배와 사후 안식을 위한 도구 정도로 피라미드를 잘못 이해한 것이다.

이와 같은 과정을 거쳐 인류는 자연과학이 지배하던 문명시대에서 폭력과 거짓말을 이용해 다른 사람의 눈을 멀게 하는 우상숭배나 절대적인 믿음만을 강조하는 신앙지배의 암흑시대를 맞이하게 되었다. 그러나 이후 유럽에서 페스트로 많은 사람이 희생되자 신앙에 대한 회의가 일어나, 르네상스시대를 거치면서 절대 신앙으로부터 사람의 사고가 서서히 독립하기 시작함으로써 인류문명에 대해 다시 관심을 가지게 되었다.

따지고 보면 현대 과학문명도 피라미드시대의 문명과 그다지 큰 차이가 나지 않는다. 지금은 고대인들이 만들어 물려준 문명의 산물인 언어, 숫자, 문자, 각도법, 시간과 방위구분법 등을 보다 효율적으로 활용하고 있는 정도의 수준에 불과하다. 다시 말해 정신문명은 아직도 대 피라미드 건축 직후보다 크게 발전한 것이 아니며, 단지 물질문명만 조금 앞서 있는 것에 불과할 뿐이다.

4. 바둑판과 피라미드 건축의 원리

바둑판 위에 건축물을 세우면 9층 건물을 세울 수 있다. 격자무늬 바둑판 밑에 한 층이 더 있어야 10층의 건물이 된다. 다시 말해 바둑판 위에 일 년을 상징하는 건축물을 지으려면 한 층이 더 필요하다. 격자무늬가 그려져 있지 않은 한 층이 추가되면 바둑판에 4의 수가 늘어나게 된다. 이렇게 되면 바둑판 361개의 점과 합쳐져 일 년을 상징하는 365의 수가 만들어진다.

우리가 놀이도구로 사용하고 있는 바둑판은 놀이도구 그림이 그려져 있는 판 자체는 아무런 의미를 갖지 않는 것으로 생각해왔지만, 격자무늬 그림이 그려져 있는 판 자체도 사실은 중요한 의미를 담고 있다. 바로 놀이그림 바깥의 네 모퉁이나 네 개의 선으로 4일을 나타낼 수 있는 것이다.

바둑판과 같은 모양의 건축물을 지으면 건축물의 1층은 나무로 된 바둑판과 같이 아무런 칸을 가지지 않게 된다. 이 판 위에 격자무늬 놀이판과 같이 일정한 크기의 칸과 층을 가진 건물을 세우면 일 년 365일을 상징하는 건축물이 된다.

고구려시대의 유적인 집안(集安)의 장군총도 바둑판원리로 세워진 건축물로 보인다. 이외에 신대륙의 많은 피라미드 유적들도 대 피라미드의 축소판이거나 바둑판과 같은 원리로 건축되었을 가능성이 크다. 대 피라미드이건 바둑판이건 아니면 장군총(將軍塚)[49]이나 신대륙의 소규모 피라미드이건 어차

---

49) 장군총(將軍塚)은 명칭이 의미하는 바와 같이 무덤으로 알려져 있다. 독자적인 인류문명이 탄생한 지역은 어느 곳이나 피라미드가 발견된다. 따라서 장군총이나 최근에 발견된 만주지역의 피라미드들은 모두 문명탄생과 관계가 있는 피라

피 하나뿐인 해의 운행원리를 연구하여 만든 건축물들이기 때문에, 규모와 모양은 다를 수 있지만 그것이 상징하는 의미와 건축원리는 다를 수 없다.

바둑판에 361개의 점과 선이 있는 것은 바둑판이 본래 하루하루 해가 이동하는 것을 나타낸 표상이므로, 점은 하루의 시작과 끝을 의미하고, 선은 하루 동안 해가 이동하는 거리를 나타낸다. 피라미드 건축원리도 이와 동일하다. 다만, 하루를 상징하는 것을 축약시켜 칸으로 나타낸 것이 아니라, 하나의 층으로 표현하여 나무 바둑판과 같이 네 각과 네 개의 선을 가진 각 층이 4일을 나타내도록 하여, 91층에 달하는 거대한 건축물로 구현한 차이가 있을 뿐이다.

바둑판의 의미를 이제까지 잘못 이해한 것은 바둑판을 놀이도구로 바라본 것에도 원인이 있지만, 격자무늬 바둑판 바깥부분의 폭이 바둑판 눈금의 폭보다 약간 좁게 그려진 데에도 그 원인이 있다고 할 수 있다. 사실 오늘날 사용되고 있는 바둑놀이판의 그림은 잘못 그려진 것으로 보인다. 제대로 된 역법도구로서의 바둑판은 격자무늬 바둑판 바깥의 폭이 격자무늬의 한 칸 폭과 비교하여 같거나 오히려 조금 크게 그려져야 역법연구의 도구나 건축물의 설계도면으로서 안정적인 그림이 될 수 있다.

현재 사용되고 있는 바둑판의 교차점은 모두 361개이다. 여기에 4개의 점이 더해지면 365의 수가 된다. 제대로 된 역법연구도구로서의 바둑판 그림은 끊임없이 순환하는 해의 운행법칙을 나타낸 것이기 때문에 바둑판이 담고 있는 역의 원리

미드일 가능성이 크다.

를 건축물로 나타내면 이해하기가 한결 수월하다. 지금 바둑판 격자무늬에서 빠져있는 4일은 그림(1-1)과 같이 격자무늬에 연결된 네 개의 선으로 표시하거나 아니면 판의 네 모퉁이나 네 변으로 대체할 수도 있다[50].

이해의 편의를 위해 그림으로 나타내면 그림(2-6)과 같다.

바둑판 모양의 피라미드는 바둑판 위에 세워진 건축물로 바둑판과 피라미드에 대한 이해를 돕기 위해 그려본 것이다. 이 그림에서와 같이 10층 높이(1/10으로 축소)로 피라미드를 쌓으면 바둑판 모양의 피라미드 건축물이 된다. 이때 각 모서리에서 선을 그으면 그 교차점은 천원점을 제외하면 모두 360개이다. 따라서 바둑판 모형의 교차점(361)과 이 도형이 그려진 판(4)을 합치면, 361+4=365가 된다.

이와 같은 이유에서 바둑판에는 361개의 점이 그려져 있는 것이며, 이 격자무늬가 그려진 판 자체가 네 개의 눈금을 나타낸 것이므로, 그림 바깥부분의 폭도 정확히 한 칸이나 한 칸 이상의 폭을 가지게 그려야 안정적이며 진정한 역법연구 도구로서의 바둑판이 될 수 있다.

그림과 같이 바둑판 위에 피라미드를 세우면 바둑판도 일년 365일을 상징하고 있고, 360°인 원이 피라미드는 물론 바둑판과도 밀접한 관련이 있음을 쉽게 알 수 있다.

격자무늬 바둑판 위의 건축물은 맨 밑층을 제외하면 9층이므로 대 피라미드의 1/10의 크기이고, 천원점에서 수직으로 선을 그으면 직각이 만들어진다. 결국 9층으로 쌓아진 바둑판 모양의 건물 각은 90°를 나타내게 된다. 바둑판 모양의 건

---

50) 3장 바둑과 역법의 장 참조.

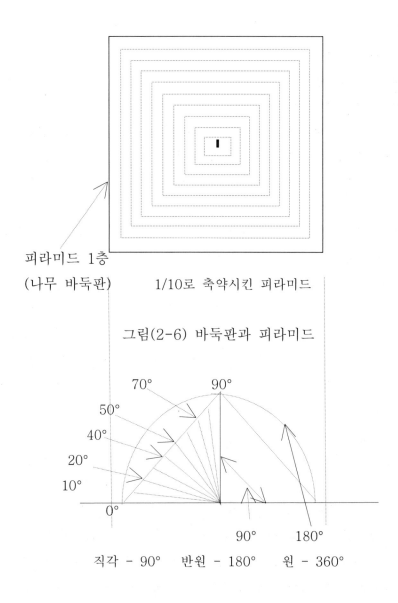

피라미드 1층
(나무 바둑판)   1/10로 축약시킨 피라미드

그림(2-6) 바둑판과 피라미드

직각 - 90°   반원 - 180°   원 - 360°

그림(2-7) 바둑판과 피라미드의 각도법 원리

축물은 90°의 각을 가진 네 개의 직각삼각형이 만들어질 수 있으므로, 결국 90×4 = 360°가 되어, 원과 직사격형이 360°인 각도법 원리가 발견된 것이다.

이집트의 대 피라미드가 만들어지기 전에도 당시 사람들은 역의 원리 즉 일 년이 365일이라는 것과 매년 계절의 변화와 함께 우기 때 찾아오는 강의 범람을 정확이 알고 있었기에 피라미드와 같은 건축물을 세울 수 있었다. 당시에도 오늘날의 바둑판과 같이 역의 원리를 표상한 판은 존재했을 것으로 생각된다. 설계도면 없이 건축을 시작할 수는 없는 일이다. 오늘날의 건축기술로도 세우기 어려운 대 피라미드와 같은 건물을 세우기 위해서는 역의 원리는 물론 역의 원리를 연구하면서 오랜 관찰과 경험으로 알게 된 바둑판과 같은 모형의 도형이 반드시 필요하다.

바둑판 도형 위에 역의 원리를 상징하는 건축물을 세우면, 비교적 간단하지만 10층 높이의 건물에 일일이 선을 그어 일 년이 365일임을 알 수 있게 표시해야 하고, 또 맨 밑에 위치하는 1층과 나머지 층을 누구나 쉽게 구분할 수 있게 쌓아야 하므로 역의 원리와 일 년의 크기를 정확하게 표현하기가 쉽지 않다.

이와 같은 이유로 고대 이집트인들은 처음부터 역의 원리를 누구나 분명하게 이해할 수 있게 일 년을 상징하는 거대한 크기의 피라미드를 건축하게 된 것으로 보인다. 바둑판과 달리 91층의 높이로 건축물을 세워 눈으로 보면서 역의 원리를 연구하면 이해하기가 한결 쉽기 때문이다.

그리고 춘·추분점을 기점으로 한 91층 높이의 건축물을 세우면 일년 의 크기는 물론 해가 일 년 동안 움직이면서 만들어내는 황도변화와 해의 기울기와 연관된 계절의 변화관계도 알 수 있다. 따라서 강의 범람과 같은 재해예방이나 농경을 위한 농지정리와 파종시기를 정확하게 결정할 수 있다. 이처럼 대 피라미드는 역의 원리는 물론 일 년의 크기와 해의 기울기변화를 알아내 그 지역 사람들의 삶과 밀접한 관련이 있는 나일 강의 홍수와 범람을 예방하기 위해 정밀하면서도 거대한 건축물로 지어진 것이다.

직각은 90°, 직선은 180도, 원은 360도인 각도법의 원리는 지구가 해를 한 번 공전할 동안 자전하는 횟수 즉 일 년의 크기(365일)를 바탕으로 만들어졌다. 이 때 1°는 하루를 의미한다. 바꾸어 말하면 원의 둘레가 360°인 각도법의 원리는 해와 지구와의 관계에서 지구가 해를 한 바퀴 도는 공전일수와 관계가 있다.

이처럼 각도법 원리는 철저한 경험적 이해의 산물이다. 고대 이집트인들이 태양신을 믿으면서 해가 지구에 미치는 영향력 즉, 일 년의 크기와 해의 기울기 변화 그리고 이에 따른 계절의 변화와 강의 범람시기 등을 정확하게 알기 위해 피라미드를 건축하게 됨으로써 발견할 수 있었다. 이와 같이 각도법 원리는 여명기에 수많은 사람들의 희생과 오랜 노력 끝에 발명된 것이다.

어떤 관념적인 것일지라도 처음부터 관념적이었던 것은 거의 존재하지 않는다. 관념적인 것들도 처음에는 자연계 속에 존재하는 어떤 사물이나 분명한 사실을 전제로 만들어진 것이다. 단지 세월의 흐름 속에서 사람의 사고과정을 통해 의미가 조금씩 첨삭되면서 관념적으로 변하였을 뿐이다.

피라미드나 바둑판은 어떤 사물이나 사실에 대한 오랜 기간의 관찰과 연구를 통해서만 만들어질 수 있다. 고대 이집트에서 피라미드가 건축됨으로써 각도법만이 아니라 각도법 활용에 반드시 필요한 숫자와 문자도 만들어지게 되었다. 이로 인해 숫자, 문자, 역법을 기반으로 한 인류 최초의 국가가 나일강 유역에서 탄생될 수 있었다.

바둑판이나 피라미드는 둘 다 일 년 365일을 상징한다. 그러나 바둑판이 하나의 교차점이나 선으로 하루를 나타내는데 반해, 피라미드는 직사각형 건물 한 층으로 4일을 나타낸 표현상의 차이가 있다. 바둑판 격자무늬가 그려진 나무판도 네 개의 모서리나 네 개의 선을 가지고 있으므로, 피라미드의 한 층과 같이 4일을 나타낼 수는 있다. 하지만 나머지 4일을 상징하는 바둑무늬가 그려진 사각의 나무판이 바둑판의 361개 교차점과 완전히 같은 것이라고 말하기는 어려우며, 사각의 바둑판 자체는 약간의 건축성이 가미된 것으로 이해하는 것이 바람직하다.

이집트 이외의 다른 많은 지역에서도 피라미드가 건축되었는데, 이들은 모두 역의 원리 즉 일 년의 크기를 상징한다. 이들 피라미드는 해가 지구에 미치는 영향력을 계산하여 계절의 변화는 물론 역의 변화에 따른 자연재해를 예방하고, 파종과 수확의 시기를 결정하기 위해 반드시 필요한 것이었다. 피라미드는 91층으로 건축할 수도 있고 10층으로 건축할 수도 있다. 다만 이집트의 대 피라미드는 제일 먼저 만들어진 관계로 당시 사람들의 지적 수준과 지역 환경적 특수성이 작용하여 어쩔 수없이 오랜 세월에 걸쳐 많은 사람의 피와 땀을 요하는 거대한 건축물이 된 것이다.

고대 이집트인들은 오랜 기간에 걸쳐 많은 사람의 피땀을 흘려 대 피라미드를 건축하였다. 그래서 이 건축물을 '피라미드'라 불렀다. 그러나 역의 원리를 밝히기 위한 건축은 사실 바둑판의 모형과 같이 10층으로 하는 것이 가장 바람직하고 합리적이다. 하지만 고대 이집트인들의 희생 덕분에 각도법이 탄생하였고, 이후 숫자와 문자는 물론 수학과 오늘날의 과학 문명도 탄생할 수 있었다. 말하자면 현대 과학문명은 피라미드와 이집트의 선물이라 할 수 있는 것이다.

이와 같이 세월이 흐르면서 처음 어떤 용어를 만든 사람의 관찰이나 경험을 이해하지 못한 사람들에게 그 용어가 전해지면 용어는 조금씩 관념적인 의미를 가지게 된다. 이와 같은 과정이 반복되면 오랜 세월이 지난 뒤에는 의미가 변하여 그 용어가 만들어질 때와 전혀 다른 의미의 용어로 사용될 수도 있고, 또 그 의미를 전혀 이해할 수 없게 되기도 한다. 이로 인해 '불가사의(不可思議)'란 표현처럼 어떤 사물의 의미와 당시 사람들의 삶을 후손들이 전혀 이해하지 못하게 될 수도 있다. 이와 같은 역사적 사실을 단적으로 보여주는 것이 바로 피라미드에 대한 지금까지의 이해와 주장이 아닐까 생각된다. 사람은 지역의 차이를 떠나 모두다 하나의 해와 그 영향력에 의해 살아가므로, 역의 원리는 사실 동일하다. 다만 역의 원리를 밝히기 위한 방법과 역의 원리를 나타낸 표상이 약간 다를 뿐이다.

그리고 바둑판은 피라미드의 설계도라고 할 수도 있다. 바둑판의 원리를 10배로 확대하면 대 피라미드가 된다. 우리 한(韓)문명에서도 바둑판의 원리에 부합하는 피라미드51)를 만들어 냈으며, 이를 통해 일 년의 크기와 그 영향력을 연구하였다. 하지만 수학이나 각도법이 발달하지 못한 이유는 같은 피라미드를 만들어 냈으나 축소형으로 만들게 됨으로써, 각도법과 이에 기초한 기하학이 발전하지 못한 것이다.

이것이 바로 동서양문명의 차이이다. 동서양 문명의 차이란 다른 것이 아니라 바로 문명탄생의 판이 바둑판인가 아니면 피라미드인가의 차이이다. 그리고 그 차이는 사고관념의 차이가 아니라 경험과 경험적 이해의 판이 약간 다른 정도의 차이에 불과하다.

사람은 흔히 언어의 동물로 불린다. 사람은 언어로 생각하고, 말하고, 생각을 언어로 다른 사람에게 전달한다. 하지만 사고는 어떤 분명한 근거와 확인할 수 있는 어떤 존재를 전제로 가능하다. 이것을 우리말로 '생각(생기다+가다의 명사형)52)'이라 한다. 눈으로 확인가능하거나 경험으로 체득하지 못한 생각은 사실 그것이 어떤 것에 관한 것일지라도 공상이나 환상 또는 잘못된 착각에 불과할 뿐이다. 그것이 철학이건 아니면 신앙이나 이데올로기이건 모두 마찬가지이다.

인류의 문명과 이에 기초한 사람의 사고도 이와 동일하다. 각을 재는 방법인 각도법도 피라미드 건축을 통해 경험으로

---

51) 만주 집안에 있는 장군총만이 아니라 최근에는 동북아에 수많은 피라미드가 발견되었다. 이들은 모두 바둑판을 설계도로 건축된 피라미드로 보인다.

52) '생각'이란 낱말은 '생기다'와 '가다'의 합성어이다. '생각'의 의미는 식물의 싹이 터서(생) 커가(가다)는 것과 같이 철저하게 자연의 이치에 맞게 사고하는 것을 가리킨다. 자연의 이치에 맞지 않는 사고는 착각이나 환상 또는 망상이라 부른다. 필자가 보기에 우리말은 지금까지 제대로 된 연구가 이루어지지 않았다. 이로 인해 우리말이 어떻게 조성된 것인지 전혀 밝혀지지 않고 있다. 우리말이 어떻게 형성되고 조성된 것인지에 관해서는 박영홍, 「우리말과 한겨레」참조.

알게 된 것이며, 피라미드를 오랜 기간 눈으로 보고 확인하면서 각의 원리를 이해한 결과 만들어낼 수 있었다.

우리 문명의 숫자와 문자 그리고 태극원리와 음양오행의 원리도 이와 같은 방법으로 만들어진 것들이다. 해에 대한 오랜 관찰과 그 영향력을 연구하여 역의 원리를 이해하고, 그 바탕 위에서 해의 운행법칙을 표상으로 만들어낸 것이 바둑판이며, 이후 다시 바둑판을 연구하여 만들어낸 것들이 바로 문자, 숫자, 태극원리 그리고 음양오행의 법칙이다.

사람들이 사용하고 있는 역법, 문자, 숫자, 기하학 등도 이처럼 철저한 경험의 산물이다. 지역과 인종에 따라 문명탄생의 시점과 내용이 조금씩 다른 이유는 당시 사람들의 지역적 특성이나 환경차이로 인해 생활방식이나 경험적 이해가 달랐기 때문이다. 이와 같은 이유로 숫자, 각도법, 기하학 그리고 건축 중심의 동적인 서양문명과 문자, 숫자, 그리고 태극원리와 음양오행 중심의 정적인 동양문명으로 나누어지게 되었다.

사고관념은 이처럼 철저하게 경험법칙에 의해 지배된다. 경험적으로 이해가 되지 않는 사상이나 관념적인 모든 이데올로기들은 결국 허황된 공상이나 망상 또는 착각에 불과할 뿐이다. 따라서 이제까지 쌓아온 동서양의 언어와 문화 그리고 학문에 대한 모든 사고관념도 바둑판과 피라미드에 대한 연구와 경험적 이해의 토대 위에 세워진 바둑판과 피라미드의 파생관념이자 파생문화라 할 수 있을 것이다.

앞에서 세계 7대 불가사의 중 하나인 이집트 기자에 있는 대 피라미드의 건축원리와 현대문명의 핵심이라 할 수 있는 각도법 원리를 다시 만든다는 생각으로 필자가 만들어 보았다.

지금까지 대 피라미드는 인류문명의 불가사의 중에서 그 첫 번째로 꼽혀왔다. 피라미드가 그 목적이나 의미를 알 수 없다는 뜻에서 '불가사의'로 불리어져왔다는 것은, 현대 정신문명이 피라미드 건축의 목적이나 의미를 알 수 있을 만큼 발달하지 못하였거나, 피라미드 건축의 의미가 왜곡되어 있다는 사실을 역설적으로 말해주고 있다.

현대의 과학자들이 피라미드의 참된 의미를 알아내지 못한 이유는 피라미드를 건축하여 인류문명을 밝힌 당시의 자연과학적이고 합리적인 사고가 지배하던 밝은 문명의 시대가 이민족의 침입으로 몰락하고, 이후 민족과 국가 간의 투쟁 속에서 인류문명이 퇴조하였기 때문이다. 역사시대가 시작되면서 각 민족이나 국가는 생존과 권력유지를 위해 자신들의 조상을 신(神)으로 받들어 모시고 숭배하게 되었다. 이로 인해 인류사회는 서서히 문명 중심의 밝은 시대에서 우상에 대한 절대적 믿음을 강조하고 거짓과 맹목적인 복종을 요구하는 신앙중심의 암흑시대로 변하게 되었다.

고등종교라 불리는 유교, 불교, 기독교, 회교 등도 따지고 보면 사람의 자유로운 사고보다 절대적인 믿음과 복종을 요구하는 것으로 암흑시대의 산물이라 할 수 있다. 종교의 탄생은 사람을 정신적으로 지배하고 지배집단이 자신들의 지배를 정당화하기 위한 수단으로 신앙을 이용하게 된 역사적 사실에 그 바탕을 두고 있다. 역사학자들이 중세 신앙사회를 암흑시대라고 부르고 있는 바와 같이 오늘날 신앙의 대부분은 지배이데올로기로서의 신앙으로 출발한 것[53]이다.

사람은 누구나 기존의 가치관이나 신앙으로부터 정신적으로 자유롭지 못하다. 신앙은 물론 태생적으로 배우게 되는 고유 언어와 문화 등에 의해 세뇌된 편견으로부터 자유롭다는 것은 지극히 어렵다. 이로 인해 사람들의 사고관념은 자신도 알지 못하는 사이에 신앙이나 민족주의 또는 학습한 문화의 지배를 받게 된다. 쉽게 말해 어항 속의 물고기와 같이 사람의 사고관념은 자신을 속박하는 신앙이나 민족주의 또는 시대의 정신문화란 어항에 갇혀 있는 것이다.

이와 같은 까닭으로 '불가사의'란 표현이 사용되고 있는 것이다. 불가사의란 용어가 사용되고 있다는 것은 오늘날의 학자들 또한 자신들의 신앙이나 언어, 인종, 지역, 문화 등 살아가면서 자연스럽게 형성된 가치관과 이로 인한 우상숭배나 편견으로부터 완전히 자유롭지 못하다는 사실[54]을 역설적으로 말해준다.

이제까지 피라미드 연구가 진척되지 못한 이유는 사물을 사물 그대로 바라보지 못하고 기존의 우상숭배나 편견에 얽매여 사물을 바라보았기 때문이다. 학자들도 피라미드가 파라오의 무덤이란 기존의 잘못된 생각이나 편견으로부터 벗어나서 피라미드를 바라보지 못하였다. 결국 피라미드에 대한 잘못된 세뇌교육이나 편견이 피라미드 연구를 가로막고 있었다고 할

---

53) 종교의 기원에 대해서는 여러 가지 견해가 있다. 하지만 오늘날의 고등종교는 대부분 문명탄생지 부근에서 생겨났다. 유태교와 크리스트교는 이집트문명의 그늘에서, 힌두교와 불교는 인더스문명을 기반으로, 그리고 회교는 메소포타미아 문명의 그늘에서 탄생되었다. 따라서 종교는 문명의 빛에 의해 생긴 마음의 그늘(열등의식, 민족단결, 생존수단 강구 등)에서 시작되었다고 하는 것이 가장 올바른 견해가 아닐까 생각된다.

54) 필자가 보기에 고대 그리스인들이 말한 불가사의는 물론 오늘날 우리들이 사용하고 있는 숫자와 낱말 하나하나에 이르기까지 제대로 규명된 것이 사실 하나도 없다. 다시 말해 지금 우리들이 사용하고 있는 대부분의 것들도 여전히 불가사의로 남아있다고 할 수 있다.

수 있다.

지금까지 피라미드 건설의 목적이나 원리를 알아내지 못한
이유를 간단히 살펴보면,
첫째 무덤이라는 고정관념.
둘째 고대사회가 미개했을 것이라는 막연한 추측.
셋째 인류문명은 언제나 발전하고 있다는 착각.
넷째 언어적 문화적 인종적 편견.
다섯째 고대 이집트문명과 한(韓)문명 주역들의 몰락으로 인
한 언어단절.
여섯째 사학자들의 편견과 무능.
일곱째 학자들의 출세주의와 조급성 등을 들 수 있다.
이와 같은 원인들이 복합적으로 작용하여 동서양문명이 어
떻게 탄생하고 문명의 산물들이 어떤 의미를 담고 있는지 전
혀 알 수 없었던 것이다.

언어일원설에 의하면 현 인류는 하나의 집단에서 분화되었
으며, 언어 또한 하나의 언어에서 분화되어 수많은 방언이 탄
생하였고, 결국 오늘날과 같이 많은 수의 언어와 민족이 형성
되었다고 한다. 그러므로 인류문명은 지역 환경에 따른 경험
의 상이로 인해 지역마다 약간의 차이는 있을 수 있다. 서양
문명의 시발점이 된 피라미드와 동양문명의 시발점이 된 바
둑판은 그 표상에 있어 매우 큰 차이가 있지만 그 상징과 내
용은 동일하거나 비슷하다. 따라서 동서양 문명의 차이란 내
용의 차이가 아니라 표상이나 표상의 차이에 의한 사고관념
과 이해의 차이라 할 수 있다.

3장 바둑과 역법

1. 역법(曆法)의 의미
2. 역법탄생의 시대적 배경
3. 역법(曆法) 만들기
4. 역(易)의 원리와 음양오행(陰陽五行)
5. 일 년과 윤(閏)달의 발견
6. 한역(韓易, 韓曆)의 존재

1. 역법(曆法)의 의미

'역법(曆法)'은 무엇을 가리키는 말일까? 지금까지 살아오면서 역법에 대해 많은 말을 들었지만, 필자는 역법이 정확하게 무엇이고 어떻게 탄생된 것인지 잘 모르고 있었다. 역법에 대해 당연히 알고 있다는 듯이 말하면서 달력에 적힌 음력과 양력의 역법에 맞추어 살아왔을 뿐이다. 사람들은 누구나 올해가 몇 년도인지, 지금은 어떤 계절이고 몇 월 달인지, 매일 달력을 살펴보고 참 세월이 빨리 흐르는구나 생각하면서 하루를 시작하고 또 다시 내일을 기약하면서 살아간다.

이처럼 사람의 삶에 중요한 역할을 하는 역법은 누가, 언제, 어디서, 어떻게 만든 것인지 몹시 궁금하지 않을 수 없다.

'역'은 흔히 한자 '易'으로 이해한다. 易의 의미는 해(日)가 땅위에 빛을 내리쬐는 것(勿)[55]을 가리킨다. 쉽게 말해 역(易)은 모든 생명체가 살아갈 수 있게 해가 태양에너지를 공급해주는 것을 나타낸 것이다. 지구가 해를 중심으로 한 바퀴 공전하는 기간이 일 년이다. 그리고 해가 일으키는 일 년 365일 간의 영향력 변화과정(易)을 사계절과 12달 그리고 낮과 밤이 교차하는 하루 단위로 조정해 놓은 것을 우리는 흔히 역법(曆法)이라 부른다.

오늘날 우리가 사용하는 역법으로는 '태양력'과 '태음력'이 있다. 태양력은 고대 이집트에서 처음 만들어져 그리스 로마를 거쳐 완성된 역법을 말하고, 태음력은 고대 동북아시아

---

55) 박영홍, 「우리말과 한겨레」, 도서출판 백암, 2010, 46, 256쪽.

에서 만들어져 지금까지 사용되고 있는 역법을 말한다.

하지만 양력이나 음력 모두 하나뿐인 해와 달을 연구하여 그 변화주기와 변화과정을 연구하여 만들어낸 역법이므로 큰 차이는 없다. 다만 당시의 역법연구방법과 연구수준은 각각 다를 수 있으므로, 약간의 차이는 있을 수 있지만 근본적인 차이는 없다.

양력은 해의 변화주기 즉, 일 년의 크기(날짜수)를 12개의 달로 나누어 한 달의 날짜수를 임의로 나눈 것이다. 따라서 한 달의 크기는 달(月)의 변화주기와 관계가 없으며, 정확하지도 않다. 반면, 음력은 해와 달의 변화주기를 정확하게 계산하여 만든 역법으로 양력에 비해 달의 변화주기가 정확하다. 이런 까닭으로 '음력(陰易 또는 月曆)'이라 부른다.

하지만 인류문명이 탄생하지 않은 상태에서 이와 같은 정보를 알아내는 것은 쉽지 않은 일이다. 역법을 만들기 위해 고대 이집트인들은 오랫동안 피나는 노력과 정성을 들여 피라미드와 스핑크스를 만들었다. 이 결과 '태양력'이라 불리는 역법을 만들어낼 수 있었다.

이와 달리 동양에서는 피라미드 대신 해와 달의 변화주기와 계절의 변화과정을 연구하여, 자그마한 크기의 판 위에 역의 원리를 이해하기 쉽게 표상으로 그려냈다. 이것이 바로 바둑판이다. 바둑행위를 통해 우리 조상들은 정교한 역법을 만들었다. 이로 인해 '태음력'이라 불리는 우리 고유의 '한역(韓曆 또는 桓曆)'이 탄생할 수 있었다.

바둑을 피라미드와 비교하면, 천체관찰행위인 바둑은 피라미드와 스핑크스의 설계도면을 그리는 것과 같으며, 바둑판과 윷놀이 판은 완성된 피라미드와 스핑크스에 해당한다. 여명기에 인류의 조상들이 일 년의 크기와 달의 모양변화를 연구하여 농작물의 파종과 강의 범람시기를 알아내고 이에 대비하는 것은 당시 사람들의 생사에 직결되는 중요한 문제였다. 이러한 시대적 요청에 의해 엄청난 노동력과 오랜 기간 정성을 들여 만들어낸 것이 바로 '역법(曆法)'이다.

지금까지 사람들의 삶의 잣대 역할을 하고 있는 역법은 매일 해가 뜨고 지는 것을 기준으로 일기와 계절의 변화는 물론 한 달과 일 년의 크기를 밝혀낸 것을 말한다. 오늘날 우리들이 아무런 생각 없이 사용하고 있는 음력과 양력이라 불리는 역법은 이처럼 고대 조상들이 오랜 세월동안 피땀 흘려 만들어낸 연구결과물이다.

역법과 달리 '역(易)'은 아침에 해가 떠서 환한 대낮이 되고, 저녁에 해가 져서 어두운 밤이 되는 방위와 시간의 경과과정은 물론 밝기와 기온의 변화과정을 가리키는 단어이다. 처음에 역(易)은 동녘, 서녘, 남녘, 북녘이란 낱말과 같이 방위를 나타내는 용어였으며 우리말 '녘'이 그 어원이다[56]. 그리고 동·서·남·북 이란 표현처럼 역(녘)은 해가 뜨고 지는 방위를 가리키지만, 동시에 해가 지구에 미치는 영향력의 변화와 시간이나 세월의 경과과정을 의미하기도 한다.

이처럼 역(易)은 사람이나 생명체의 삶에 미치는 해와 달의 영향력 변화과정을 말하고, 역법은 하루를 단위로 한 달과 일 년의 크기는 물론 해와 달이 몇 년을 단위로 주기가 일치하는지를 밝혀, 사람이 해와 달의 변화주기에 맞추어 살 수 있게 윤달을 삽입하여 일 년과 한 달의 크기를 자연의 변화법

---

56) 박영홍, 상게서, 46, 256쪽.

칙에 맞게 '역어놓은 것'을 말한다. 그러므로 여명기에 사람을 사람답게 살 수 있게 한 역법이 어떻게 만들어진 것인지 알아보는 것도 의미 있는 일이 아닐까 생각된다.

현재 우리가 일반적으로 쓰고 있는 역법은 고대 이집트인들이 피라미드와 스핑크스 건설을 통해 만든 이집트력을 근간으로 하는 역법 즉, 태양력이다. 이후 로마시대를 거치면서 약간 변하기는 하였지만 역법체계상 큰 차이는 없다. 역법이 탄생함으로써 인류사회는 비로소 국가문명시대가 시작되었다. 역법으로 인해 인류는 미래를 예측하고 앞으로의 계획을 구체적으로 실현할 수 있게 된 것이다. 따라서 이집트에서 역법이 완성될 무렵에는 초기 국가사회에서 정상적인 국가문명사회로 전환된 시기였다고 할 수 있다.

나일 강 유역의 고대 이집트인들은 역법을 만들어내기 위해 오랜 세월에 걸쳐 엄청난 노력을 한 것으로 보인다. 아직까지 이집트인들이 어떤 과정을 거쳐 역법을 만들어내게 되었는지 분명하게 밝혀지지 않았지만, 고대 이집트문명의 대표적인 유적인 대 피라미드와 스핑크스는 역법연구와 관련이 있을 가능성이 농후하다. 이에 대해 아직까지 의견이 분분하지만 스핑크스가 춘분과 추분 시 정동을 향하고 있다는 것과 고대 이집트에서 역법과 문자를 만들었다는 사실을 상기해볼 때 대 피라미드와 스핑크스는 역법을 완성하기 위해 세워진 건축물임이 분명하다.

이것은 한(韓)문명을 만들어낸 바둑과 바둑판이 한역과 한글 그리고 동양숫자까지도 만들어냈다는 사실[57]과 비교해 볼 때 더욱 분명해진다. 고대 사회에서 역법을 만드는 일은 그 만큼 오랜 세월과 많은 사람의 피와 땀을 요하는 일이고, 또 이처럼 어려운 역사(役事)를 해야 할 만큼 인류문명의 탄생과 발전에 미치는 영향이 크기 때문이다.

또 하나는 '피라미드'와 '파라오'란 명칭이다. 언어일원설의 관점에서 이 두 용어를 우리말로 풀이하면, '피라미드'는 '많은 피(피라)를 흘려 만들었다(미드)'는 뜻이고, '파라오'는 '많은 피(피라→파라)를 흘려 놀랄만한 건축물(오→감탄사 또는 놀람)을 만든 사람'을 가리킨다.

인류역사를 이야기하면서 많은 문명과 문화를 거론하지만 중동과 유럽을 통틀어 이집트를 제외하고는 어떤 민족과 국가도 완벽한 역법을 독자적으로 만들어 오늘날까지 전해주지 못했다. 말하자면, 고대 이집트 이후 중동과 유럽지역의 모든 문명은 이집트문명을 토대로 하여 이루어진 것이며, 이집트문명을 모방하거나 수용하여 이루어진 이집트문명의 파생문명이나 모방문명에 불과하다.

그 이유는 역법과 문자가 없는 인류문명을 논하기 어렵기 때문이다. 문명을 논할 때 가장 중요한 구별기준이 되는 것이 역법과 문자인데, 독자적인 역법과 문자를 만들어낸 문명은 이집트가 최초이다. 따라서 중동과 유럽의 모든 문명은 이집트의 역법과 문자, 각도법 그리고 메소포타미아 지역의 숫자와 기하학58)을 기반으로 형성되었다고 할 수 있다.

반면, 아시아 특히 동북아시아 국가문명은 우리의 옛 조상들

---

57) 4장부터 바둑판에서 탄생한 문명의 산물에 대해 설명한다.
58) 메소포타미아 지역의 기하학은 이집트문명의 산물로 보인다. 각도법 없이 기하학이 발달할 수는 없으며, 기하학이 발달하였다는 것은 이집트문명을 전수받거나 아니면, 고대 메소포타미아 지역의 기하학을 발달시킨 민족이 피라미드를 건축한 민족의 후예일 가능성이 크다.

이 역법체계를 완성하여 문명과 문화의 기틀을 만들어냈기 때문에 가능하였다. 이것을 한마디로 말하면 '한(韓)문명'이나 '바둑판문명'이라고 말할 수 있다. 우리 한문명은 바둑행위를 통해 만들어진 바둑판에서 형성된 것이며, 이 바둑판문명이 다른 지역이나 민족에게 전파됨으로써 동북아지역에 국가문명이 활짝 꽃필 수 있었다.

당시에 성립된 우리나라 최초의 문명국가가 '한'이 지배하는 '한(韓)나라'이자 '박달(倍達)나라'이다. 한나라의 최고 통치권자는 '하늘처럼 높다'와 '첫 번째'또는 '문명창조자'란 의미에서 '한'이라 불리기도 했다. 따라서 '한'이 다스리는 나라는 당연히 '한나라'이며, 한나라에서 만든 역법은 당연히 '한역'이라 불리었을 것이다. 우리민족을 '한민족'이나 '한겨레'라 칭하는 이유도 우리겨레가 한문명을 탄생시킨 민족이기 때문이다. 그리고 '한'은 문명 그 자체(바둑판문명)를 가리키는 용어이기도 하기 때문에, 인류문명을 탄생시킨 분을 '인류에게 문명을 밝혀주신 분'이라는 뜻으로 '한님'이나 '박혁거세'라 부르기도 하였다[59].

이집트에서 피리미드를 건축하여 역법과 문자를 만들어낸 사람을 '파라오'라고 칭한 것과 같이 한(韓)문명권에서는 인류문명을 밝힌 사람을 '한님'이나 '박혁거세'라 불렀다. 지금까지 우리가 '박혁거세'로 알고 있는 분은 '한님'이자, 한문명을 밝혀주신 분이며, 동시에 해의 아들을 뜻하는 '해머스(해모수)'이기도 하다. 우리의 고대신화에 '해모수신화'와 '박혁거세신화'가 있고, 지금도 우리민족을 '한민족'이

---

59) 박영홍, 상게서, 71-72쪽.

나 '한겨레' 라 부르는 것을 볼 때 이와 같은 사실을 확인할
수 있다.

이처럼 고대 이집트에서 해의 변화주기를 중심으로 만들어
진 태양력과 우리 조상들이 박달시대에 해와 달의 변화주기
를 관찰하여 만든 태양·태음력이자 '음력(陰曆)' 이라 불리
는 역법〔月曆〕60)이 현재 사용되고 있는 동서양의 역법체계
이다.

이집트인들이 피라미드와 스핑크스를 건축하여 만든 양력은
일 년의 크기를 365일로 확정하고, 일 년을 12개의 달로 나
누어, 달의 크기 조정을 통해 365일을 배치한다. 일 년을 12
개의 달로 정해놓은 것은 일 년 동안 달이 만월에서 다시 만
월로 변하는 횟수가 정확하지는 않지만 12번 정도이기 때문
이다. 한 달 30일을 기준으로 일 년을 12개의 달로 나누고,
남는 일수를 큰 달과 작은 달로 구분하여 큰 달에 하루를 추
가하는 방법으로 각 달의 크기를 임의로 조정한다. 그리고 이
집트력은 각 달의 명칭에서 보듯이 로마시대를 거치면서 역
대 황제들이 마음대로 달의 순서와 크기 그리고 달의 명칭을
다시 짜 맞추어 오늘에 이르게 되었다.

우주천문학적인 관점에서 볼 때 '양력' 은 '음력' 에 비해
정확성이 떨어지는 역법이다. '음력' 은 해뿐만 아니라 달의
움직임이나 변화까지도 정확하게 관측하여 만든 것으로 양력
보다 사실적일 뿐만 아니라 자연과학적인 역법이기도 하다.

---

60) 음역(陰曆)은 달의 주기변화를 중심으로 한 역법이므로 '달력(月曆)' 이라 부
   르는 것이 올바른 표기이다. 고대부터 우리 조상들은 해의 운행원리는 '역(녁)
   ' 이라 하고, 달의 운행주기는 '달력' 이라 부른 것 같다. 그래서 해와 달의 운
   해주기가 적힌 책자를 '달력' 이라고 한 것이다.

양력은 태양관측을 중심으로 일 년 365일을 12개의 달로 쪼개고, 나머지 일수는 임의로 홀수나 짝수의 달에 하루를 빼 거나 추가하여 만든 역법인 반면, 음력은 해와 달의 주기변화 를 오랫동안 관찰하여 만든 것으로, 비교적 정확할 뿐만 아니 라 달의 운행주기에 거의 합치하는 역법이라 할 수 있다.

지금까지 우리는 음력이 우리 고유의 것이 아니라, 고대 중 국에서 만들어져 우리나라에 전해진 것으로 잘못 알아왔다. 그리고 음력의 본래 명칭도 '달력'이나 '한역'이며, 한이 지배하던 박달시대에 해와 달의 운행주기를 연구하여 만들어 낸 경험적이며 과학적인 역법이었다.

흔히 세계사를 동·서 두 문명으로 구분하는데, 이런 시각에 서 본다면 서양문명인 이집트의 문명과 역법을 그 하나로 하 고, 다른 하나는 우리의 고대문명과 역법체계를 또 다른 하나 의 축으로 하여 형성된 문명이 바로 현대문명이라고 말할 수 있다.

2. 역법탄생의 시대적 배경

고대 조상들은 역법을 어떻게 만든 것이며, 왜 만들게 된 것 일까? 즉, 역법은 사람의 삶과 어떤 관계가 있으며, 동시에 국가탄생과 역법은 어떤 관계가 있는지 궁금하지 않을 수 없 다. 말하자면, 역법이 없다면 일 년 단위로 미래를 예측하고 장래의 계획을 구체적으로 수립해나가는 오늘날과 같은 정상 적인 국가가 탄생될 수 있었을까 하는 것이다.

고대 이집트나 우리나라에서의 역법탄생은 자세히 알 수는 없지만 아마 비슷한 원인과 시대적 요청에 의한 것으로 보인다. 초기국가는 대부분 정복이나 물질문명전파에 의한 카스트나 골품제도 같은 계급사회로 이루어졌을 가능성이 크다. 국가형성에는 여러 가지 요인이 있을 수 있지만 이집트나 만주지역의 초기국가는 단국신화(檀君神話)의 내용과 같이 상층부는 태양신을 믿고, 하부계층은 지신 즉 땅 신이나 물 신 아니면 샤머니즘을 주된 신앙으로 하고 있었던 것으로 보인다. 문화적으로 우위에 있던 민족을 중심으로 약탈이나 정복 또는 문명전파를 통해 여러 민족이 통합됨으로써 국가의 수장은 초기국가 수준의 문명을 가지고 있던 민족의 수장이 차지한 것이다.

고대 이집트에서 국가가 형성될 때 지배민족은 자신들의 지배를 정당화하기 위해 자신들이 당시 주된 숭배대상이었던 해(태양)신의 후손이며 자기 부족장을 해(태양)신의 아들이라고 주장하였던 것이다61). 반면, 우리나라는 단군신화에 나오는 바와 같이 해(日)숭배는 물론 주변부족과의 현격한 문화적 수준차이(天符印)62)에 의해 우수한 문명전파의 과정을 통해 형성되었다.

어느 지역이나 마찬가지이지만 정복에 의해 다수의 부족을 통합한 국가성립기에는 물리적 수단에 의한 힘의 지배를 하지만, 세월이 지나면서 보다 더 효율적인 지배수단을 찾기 마련이다. 정복민족이 소수집단일 때는 선주 부족출신의 장로들을 지배계층으로 흡수하지만, 지배집단이 강력한 힘을 가진 다수집단일 경우에는 문화적 군사적 힘에 의한 지배를 하게

---

61) 고대 문명탄생지는 모두 해(태양)신을 주신으로 하고 있었다.
62) 3개의 천부인은 기마, 청동기, 농경문명을 가리킨다. 박영홍, 상게서, 294쪽.

된다.

 피지배계층의 장로그룹을 지배계층으로 편입하거나 혼인을 통해 피지배 부족의 수장을 지배계층의 일부로 받아들이는 방법은 하부집단의 불만을 달래고 국가를 영속적으로 유지하기 위한 불가피한 조치이다. 상부의 지배계층과 하부의 피지배 계층이 서로의 존재를 상호 인정하고 화합할 수 있는 여건을 갖추게 됨으로써 비로소 초기국가문명이 활짝 꽃피게 되었다. 피지배 부족이 세금과 노역을 제공하는 대신 지배계층은 피지배계층의 생명과 재산을 보호하고, 피지배 집단이 알고자 하는 정보 즉 해의 영향에 의한 기온과 계절의 변화는 물론 강의 범람이나 일기의 변화 등 사람이 살아가는데 필수적인 정보를 제공해 주어야 한다.

 국가의 규모가 커지면 커질수록 개인이나 조직은 물론이고 계층 상호간에 발생할 수 있는 갈등이나 알력이 많아지게 된다. 국가 내부에서 발생할 수 있는 이와 같은 모든 문제는 결국 국가 최고통치자와 지배집단이 해결해야 한다. 반면 곡식의 파종이나 수확기에는 서로 돕고, 다른 국가나 민족의 침략과 같이 국가 전체의 생존에 관계된 일에는 모든 사람이 힘을 합쳐 함께 적을 물리치게 됨으로써, 국가체제의 안정과 함께 새로운 하나의 민족국가가 형성되고 이와 함께 문화도 발전하게 되는 것이다.

 초기 국가의 단계를 지나 안정된 국가체제가 성립되면 국민들은 어렵거나 힘겨운 일은 물론 즐겁고 좋은 일도 함께 해나가면서 하나의 운명공동체로서 발전되고 언어와 문화도 함께 발전하게 된다. 언어와 문화까지도 하나로 통합되면 비로소 국가체제는 완성되고 오늘날과 같은 국가나 민족국가가 성립하게 된다. 이때부터 국가 통치자는 최소 일 년 단위로 국가의 중대사를 미리 정하고 장래의 계획을 구체적으로 수립해나가게 된다. 이 때 반드시 필요한 것이 바로 역법이다.

국가를 효율적으로 경영하기 위해서는 일 년의 날짜수는 물론 계절의 변화와 기후의 변화까지도 정확하게 알아야 한다. 즉, 국가의 경영과 장래의 계획수립을 위해 역법이 반드시 필요하며, 역법 없이는 모든 국민들의 삶을 일률적으로 규율하고 통제할 수 있는 언어와 문화공동체로서의 삶이 불가능하다.

지역에 따라 약간의 차이는 있을 수 있지만 사막지역이나 온대지역은 우기의 홍수를 그리고 한대(寒帶)와 온대(溫帶)지역에서는 추위에 대한 대비를 미리 하게 함은 물론 파종이나 수확까지도 일정한 날짜를 정하여 함께 씨 뿌리고 수확함으로써 한 지역(地域)이나 하나의 지배질서 속에서 살아가는 모든 사람들에게 공동체 의식을 함양하게 된다.

이와 같은 삶이 반복되면 상호간의 유대와 결속을 강화시켜 주는 새로운 정신문화가 싹트게 되고, 나아가 한 지역 속의 모든 사람들을 하나로 인식하는 관념 즉, 우리 모두 하나의 민족이며 삶과 죽음을 함께 해 나가는 운명공동체란 동일체 의식이 점차 강화되어 간다.

이처럼 언어와 문화를 하나로 통합하여 하나의 민족이나 국가를 완성시켜 나가는 데 있어 가장 중요한 것이 역법이다. 국가를 경영하기 위해서는 최소한 일 년 전에 어떤 일을 계획하여 사람들에게 알려주어야 한다. 축제일, 파종일, 수확일은 물론 우기와 계절의 변화 등에 대해 미리 알려주어 이에 대비하게 해야 한다. 역법 없이 미래의 일을 계획하거나 국민 모두를 하나의 민족이나 운명공동체로서 결속시켜 나가기란 여간 어려운 일이 아니다.

초기국가가 성립되고 난 이후 이집트를 비롯한 메소포타미아 와 인더스 강 유역 그리고 북만주지역에서 문명이 탄생하게 된 것은 이와 같은 시대적 요청에 의해 태양력이나 태양태음력(달력)이 만들어졌기 때문에 가능하였다.

그렇다면 역법이 어떻게, 어떤 과정을 거쳐 만들어지게 된 것인지 궁금하지 않을 수 없다. 이집트와 동북아 지역은 시대는 다르지만 역법탄생의 사회적 환경은 비슷하였을 것이고, 또 동서양 문명의 기원이자 출발점이 된 문명의 탄생지[63]이므로, 이들 지역에서 만들어진 역법을 연구하면 당시 사람들의 문화수준은 물론 사고관념까지도 어느 정도 알 수 있을 것으로 보인다.

3. 역법(曆法) 만들기

1) 역법의 이해

역법은 역(易)의 변화과정이나 변화법칙을 밝혀놓은 것을 말한다. '역(易)'의 어원은 우리말 '녘'으로, 해가 동녘에서 떠서 서녘으로 지는 천체운행을 가리키는 방위언어이다. 그러므로 역(易)은 자연이 변해가는 모습에 대한 관찰을 전제로 성립할 수 있는 개념이다. 그리고 음력이나 양력이라 불리는 역법은 고대인들이 역(해와 달의 운행)의 변화과정을 연구하

---

63) 기존의 이해와 다르지만 본문에서 이 사실을 확인해 나간다.

여 주기적인 변화법칙을 밝혀 놓은 것을 가리킨다.

매년 새해가 시작되면 어느 가정이나 음력이나 양력이라 불리는 달력에 맞추어 새로운 한해의 계획을 수립해나간다. 개인은 물론이고 국가와 모든 사회단체도 이와 같다. 달력에 의해 올해가 몇 년도이고 이번 달은 몇 월 달인지 그리고 오늘은 무슨 요일이고 며칠인지 등을 알게 되며, 달력에 적힌 월이나 주일 또는 날짜에 맞추어 삶을 설계하고 준비한다.

하루는 낮과 밤으로 크게 나누거나, 12시간이나 24시간으로 나누어 시간별로 세분할 수도 있다. 그리고 낮은 오전이나 오후로 나누거나 아침, 점심, 저녁으로 나누기도 한다. 밤은 초저녁, 한밤, 새벽으로 구별한다. 이보다 더 세밀하게는 시, 분, 초 단위로 나눈다.

이처럼 역은 년, 달, 날, 하루, 낮, 밤, 시, 분, 초와 같은 시간의 흐름을 구분한 것을 가리킨다. 그리고 한자 역(易)의 의미와 같이 해(日)가 빛을 내리쬐는(勿) 시간과 날짜 그리고 계절과 일 년 단위의 자연변화과정으로 이해하기도 한다. 고대사회는 하루를 단위로 동양에서는 12시간, 서양에서는 24시간[64]으로 역을 이해하였으나, 복잡한 현대사회에서는 분이나 초 단위로 시간을 쪼개어 치밀하고 기계적인 삶을 영위해가고 있다.

지금도 시골 어른들은 어떤 약속을 하거나 일을 시작할 때 아침 때, 점심 때 혹은 저녁 때 무엇을 하자고 약속을 하곤 한다. 마찬가지로 고대 조상들도 이와 비슷한 사회문화시스템

---

64) 이집트나 메소포타미아 등도 처음에는 하루를 12시간으로 나눈 것으로 보인다. 이후 시간을 좀 더 세분할 필요성을 느껴 낮과 밤을 각각 12시간으로 하여 하루를 24시간으로 구분하였을 가능성이 크다.

이나 시간관념 속에서 살았다.

이보다 좀 더 사회가 조직화되고 체계화되면 하루를 시간단위로 쪼개어 사용한다. 하루를 12시간으로 나누거나 24시간으로 나누는 방법이 바로 그것이다. 국가의 규모와 인구수가 증가하면 효율적인 인사관리와 능률향상을 위해 세밀한 시간구분은 반드시 필요하다.

따라서 자연계 속에서 분명하게 구별되는 역법상의 최소단위인 하루를 단위로 하루를 낮과 밤으로 구분하고, 낮을 아침, 점심, 저녁 그리고 밤을 초저녁, 한밤, 새벽으로 구분하는 것까지는 역이라 할 수 있다. 이것이 고대인들의 삶의 잣대이자 시간을 나누고 구분하는 단위였다.

반면, 인구가 증가하여 사회가 좀 더 조직화되면 하루를 시간단위로 나누어 좀 더 세밀하게 시간 관리를 한다. 이것이 12시간과 24시간의 시간 구분법이다. 큰 조직이나 집단의 관리를 위해 하루를 시간단위로 구분하지 않고는 효율적인 시간관리가 이루어질 수 없다.

우리사회는 근대화 이전까지 역을 중심으로 한 시간관념 속에서 살아 왔다. 하루[65]를 낮과 밤으로 구분하며, 낮은 아침, 점심, 저녁으로 3등분하고, 밤은 초저녁, 한밤, 새벽으로 3등분하여, 하루를 6등분하는 것이 바로 그것이다. 이 역에 의한 하루의 구분은 누구나 눈으로 쉽게 확인할 수 있다. 이후 하루를 12시간으로 나누어 시와 역을 함께 사용하기도 하였는데, 12개의 시간단위로 나누는 방법까지는 역의 개념에 포함시킬 수 있다. 하지만 오늘날과 같이 역 즉, 천체인 해와 달

---

65) 낱말 '하루'에는 태극문양의 색깔과 같이 '일하고 누워서 자는' 노동과 휴식 (낮과 밤)의 의미가 담겨 있다. 박영홍, 전게서, 269쪽.

의 변화주기에 대한 인식이 거의 사라지고 시, 분, 초 단위의 시간관념이 삶을 철저하게 지배하는 현대의 시간구분은 역의 개념에 포함시키기 어렵다.

다시 말해 서양의 과학과 기술을 받아들여 사람들의 삶이 근본적으로 변하기 이전까지 사람들은 역 즉, 해와 달의 변화주기와 자연법칙에 맞추어 생활하였고, 시간관념 또한 자연의 변화과정과 큰 차이가 없었다. 이와 같은 시대를 한마디로 표현하면 '역(易)의 시대'라 할 수 있다.

반면, 현대사회는 분, 초 단위로 시간을 쪼개어 사용한다. 차나 비행기를 타거나 출퇴근은 물론 약속을 할 경우에도 분 단위로 시간을 정한다. 시간과 분, 초 단위도 역과 무관한 것은 아니지만 눈으로 분명하게 구분되는 것이 아니다. 따라서 역의 단위로 보기는 어렵다. 그래서 현대사회를 우리는 '과학의 시대'라고 부른다.

따라서 오늘날과 같이 역에 대한 관념이 거의 사라진 시대를 '과학의 시대'라고 한다면, 사람들이 해와 달의 운행주기에 의존하거나 해와 달의 운행주기와 자연변화과정을 인식하며 살았던 시대는 '역의 시대'라 부를 수 있는 것이다.

하지만 과학의 시대도 결코 역을 떠나서 존재할 수 있는 것이 아니며, 고대는 물론 현재와 미래의 삶까지도 지배하고 또 지배할 수밖에 없는 것이 바로 역의 관념이다. 역(녁, 易)은 처음에는 방위를 가리키는 언어였지만, 이후에 문명과 태극원리가 탄생하면서 밤낮이 바뀌면서 일어나는 자연변화와 세월의 흐름을 가리키는 용어[66]로도 사용되었다. 그리고 국가가

---

66) 박영홍, 전게서, 46, 256쪽.

탄생하고 문화와 학문이 발전하면서 역은 사람의 삶과 직접 관련이 있는 시간의 경과는 물론 자연의 변화과정 모두를 포괄하는 용어로 사용하게 된 것이다.

따라서 역의 변화법칙을 밝혀 놓은 '역법'은 세월과 시간의 흐름뿐만 아니라, 세월이나 시간에 대한 각 국가나 민족의 역사적 문화적 이해와 인식까지 모두 포괄한다고 정의할 수 있다.

2)역과 태극원리

가) 태극과 괘의 의미 : 우리나라를 대표하는 태극기는 국가의 상징이다. 하지만 이 태극기가 어떤 원리로 만들어지고 또 어떤 상징과 의미를 담고 있는지 알고 있는 사람이 있을까? 태극기를 처음 만들어 사용한 박영효는 물론 오늘날 태극기를 사용하고 있는 사람들 중에서 태극기가 담고 있는 태극원리의 의미를 올바르게 이해하고 있는 사람이 있는지 의문이 들기도 한다.

태극기는 중국문명의 산물인 주역의 괘(卦)와 태극(太極)문양이 합쳐져 만들어진 것으로 알려져 있다. 그렇지만 아직까지 태극이 상징하는 것이 무엇이고, 또 주역 괘는 어떤 의미를 담고 있는지 분명하게 밝혀진 것이 없다.

사실, '태극'은 '생명체가 태어나는 그곳'의 준말로 우리가 살고 있는 '지구를 가리키는 우리말'[67]이다. 우리 조상들은 지구가 둥글다고 생각했으며, 해가 뜨고 짐에 따라 바뀌는 낮과 밤의 변화와 밝음과 어둠의 크기를 아날로그 형태로 나

---

67) 박영홍, 전게서, 131, 258쪽.

타낸 것이 바로 붉고 푸른색의 태극문양이다. 다시 말해 태극
문양은 태극(지구)에 비치는 햇빛의 강약과 그 변화과정을 이
해하기 쉽게 사실적으로 표상한 것이다.

그리고 괘(卦)는 해와 문명의 빛을 나타내며, 동시에 우리의
조상신인 삼신을 상징한다. 괘는 해와 문명의 빛을 상징하므
로, 태극기는 본래 붉은색과 빛이 없는 검은색 그리고 우주를
상징하는 파란색으로 그려진다. 다만 태극기의 괘는 해와 햇
볕의 강약을 삼신숭배사상[68]과 연관시켜 이해하였기 때문에
세 줄이 된 것이다.

따라서 태극기의 괘와 태극은 모양은 서로 다르지만 상징하
는 의미는 같다. 지금 우리가 사용하고 있는 태극기의 태극과
괘의 모양 그리고 이들의 크기와 위치표시는 모두 잘못 되어
있다. 태극과 괘는 모양은 다르지만 상징이나 의미는 같으므
로, 괘는 태극문양이 나타내고자 하는 상징과 일치하게 그려
져야 한다. 괘와 태극이 나타내고자 하는 의미나 상징이 서로
다르다는 것은 괘나 태극이 잘못 그려져 있거나, 아니면 둘
다 잘못 그려져 있다는 것을 뜻한다.

이처럼 우리가 알고 있는 태극기는 잘못 그려진 것이며, 괘
의 의미와 상징을 설명한 주역(周易) 또한 잘못된 역으로, 주
역 괘는 모두 자연법칙과 양립할 수 없는 모양을 하고 있다.
역은 해와 달이 지구에 미치는 영향력을 사실 그대로 나타내
어야 하는데, 주역 괘는 해나 달의 영향력 변화과정을 사실대
로 그려낸 표상이 아니며, 역의 의미가 왜곡된 단순한 괘의
조합에 불과하다. 따라서 주역원리는 우주와 자연의 이치를

---

68) 삼신사상에는 인류문명인 물질문명(해머스)과 정신문명(박혁거세)의 빛을 햇빛
   과 같이 생각하는 관념이 담겨있다.

잘못 이해한 것이라 할 수 있다.

 태극 또한 마찬가지다. 태극은 지구를 표상한 것으로, 태극의 붉은 면은 햇빛이 비치는 아침부터 저녁까지를 나타내고, 파란 부분은 해가 저문 저녁부터 아침까지를 표상한다. 태극문양이 나선형으로 그려져 있는 것은 아침에 해가 떠서 날이 점점 더 밝아지고 기온이 올라갔다가 다시 내려가는 과정을 붉고 파란 태극문양의 폭의 크기로 나타낸 것이다. 따라서 햇볕이 가장 강하고 뜨거운 한낮에는 붉은 색의 폭이 가장 크고 깊다. 밤을 나타내는 파란색 부분도 마찬가지이다.

 사실 태극원리나 역법은 중국문명과 무관한 것으로 보인다[69]. 은(殷)이나 주(周)시대의 중국은 역법을 만들만큼 문명이 발달하지도 않았을 뿐만 아니라, 지신(地神)이나 물신(龍)을 믿고 있던 지역에서는 만들어지기 어렵다. 태극원리는 해가 지구에 미치는 영향력의 변화과정을 밝힌 것으로, 태양신을 숭배한 민족의 오랜 연구와 노력 없이는 결코 만들어질 수 없는 정신문명의 산물이다.

 오늘날 우리가 중국에서 기원이 된 것으로 알고 있는 역과 문명에 관한 대부분의 것들은 사실 우리문명이나 문화를 기반으로 한 것이다. 즉 박달시대에 우리조상들이 바둑행위를 통해 만든 바둑판의 파생문명이나 문화에 불과하다. 우리가 태극원리와 역법을 중국문명으로 잘못 알게 된 것은 익히 아는 바와 같이 지난 역사와 관계가 있다.

---

69) 사람은 언어의 동물이므로 언어를 중심으로 풀이하면 이와 같은 사실을 잘 알 수 있다. 그리고 태극문양의 출토지역이 이 같은 사실을 뒷받침하고 있다. 정연종, 「한글은 단군이 만들었다」, 도서출판 죠이정 인터네셔날, 1996, 128-199쪽.

필자가 태극원리와 역법을 연구하게 된 것도 모화사관이나 식민사관에 매몰된 민족의식을 일깨우고, 우리나라를 사람이 살만한 아름다운 사회로 만들고자 하는 간절한 염원이 있기 때문이다. 이와 같은 마음가짐과 필자와 함께 다시 역법을 만들어본다는 생각으로 역법과 태극원리가 담고 있는 참된 의미를 알아보자.

나) 태극원리의 탄생 : 우리나라의 상징인 태극기는 어떻게 탄생하게 된 것이며, 태극원리에는 어떤 의미가 담겨 있을까?
태극원리가 탄생하게 된 원인은 여러 가지가 있겠지만 그중 하나는 시대적 요청 즉, 필요에 의하여 만들어졌다는 것이다. 수요는 공급을 창출한다는 경제 원리와 마찬가지로 당시의 시대적 요청이 결국 인류문명을 탄생시키게 되었다. 따라서 태극원리를 연구하면 당시의 시대적 요구가 무엇이었는지는 물론 태극원리에 담겨있는 당시 사람들의 관찰과 경험적 이해도 알 수 있다.
우리민족은 오랫동안 해(日)신을 믿었고, 북만주지역에 이주한 이후 주변의 다른 부족들보다 훨씬 뛰어난 문명을 보유하고 있었다. 이로 인해 다른 민족들은 우리민족을 해신의 후손 즉 '천손(天孫)민족'이라 불렀다. 단군신화의 내용(天符印)과 같이 우리민족은 우수한 문명전파를 통해 주변부족을 흡수통합하여 고대국가를 형성하였다. 이런 과정을 통해 탄생된 국가가 바로 '나라(초기국가)'와 '배달(박달)나라'이다.
당시의 주된 신앙은 해신이었던 관계로, 통치자는 고대 이집트 같이 해의 아들을 의미하는 '해머스70)'라 불리었다. 국가 최고 권력자를 상징하는 명칭인 '한'은 동시에 혈통과 신앙의 의미가 담긴 해머스로 불리기도 하였다. 말하자면 한과 해머스는 각각 다른 사람을 가리키는 것이 아니라, 한 사람을 나타내는 두 개의 호칭이다. 신앙과 혈통을 상징하는 용어는 '해머스'이고, 국가의 최고통치자를 가리키는 용어는 바로 '한'이다.

단군신화에는 한님의 아들인 환웅이 곰 부족의 여성과 혼인한 내용이 나온다. 혼인은 혈통의 연결을 의미하므로, 곰 부족의 여성과 혼인한 사람은 당연히 환웅으로 기록된 해머스이다. 따라서 신화의 내용과 같이 해모수와 웅녀(熊女)의 혼인으로 탄생한 박혁거세(단군)가 한 위(位)에 즉위하게 되자, 주변부족을 정치적으로는 물론 혈통적으로도 통합하게 됨으로써 사실상 박달나라의 온 백성이 모두 반기는 새로운 의미의 나라가 탄생하게 된 것이다.

이전의 국가가 힘으로 주변부족을 다스리는 정치적 통합체로서의 나라였다면, 박달나라는 정치적으로는 물론 신앙적, 혈통적 통합까지 이루게 됨으로써, 이전과 전혀 다른 의미의 나라가 탄생한 것이다. 이때 건국된 나라가 단군신화에 '조선(朝鮮)71)'으로 기록된 '박달나라'이고, 이전과 동일한 국가이지만 상징과 의미는 전혀 달랐으며, 지배민족과 피지배부족이 다 함께 기뻐하는 새로운 형태의 나라 탄생이었다. 이로

---

70) '머스'는 '전통신앙(천지신명과 한님)을 믿는 사람 즉 겨레의 얼과 전통문화를 지키려는 건강한 사람을 가리키는 용어'로 사용되다가 이후 고려시대에 불교의 영향에 의해 천민인 '머슴(揚水尺)'을 가리키는 용어로 변질되었다. 이로 인해 삼국유사에는 경멸적인 의미가 담긴 해머스(解慕漱) 대신 또 다른 이두표기인 환웅(桓雄)으로 기록된 것이다. 박영홍, 상게서, 284-291쪽.

71) 조선(朝鮮, 한자표기)은 지금까지의 해석과 달리 '문명의 빛을 비추다' 즉 인류문명을 밝힌 국가를 가리킨다. 국가 또한 문명의 산물이므로 국가탄생은 반드시 새로운 문명탄생과 관련시켜 이해해야 된다.

인해 새로운 문명도 탄생될 수 있게 되었다. 이와 같은 역사적 사실을 전하는 기록이 바로「삼국유사」가 전하는 단군신화(檀君神話)이다.

박혁거세가 한 위(位)에 즉위하여 한민족 중심으로 곰 족(예)과 범 족(맥)까지 통합한 박달나라가 탄생하자, 예·맥 족의 중심 집단도 한민족과 함께 생활하였다. 이로 인해 인구가 증가하게 되자, 이전 한민족의 중심지인 신시(神市)[72]를 벗어나 새로운 수도인 아사달(阿斯達)[73]로 천도하였다.

이와 같은 국가통합은 필연적으로 새로운 문명을 발생시키게 된다. 한(韓)민족을 중심으로 한 지역에 세 부족이 모여 살게 되자 다른 문화에 대한 상호 이해는 물론 이해하려는 노력도 커지게 된다. 특히 문화적으로 뒤떨어진 예(濊)·맥(貊)족은 한민족에게 천문정보에 관해 많은 질문을 하지 않았을까?

낮과 밤은 왜 바뀌는가? 계절은 왜 매년 순환하는가? 일 년은 며칠인가? 등 당시 문화적으로 뒤떨어진 예·맥족은 천문정보에 대해 많은 질문을 한 것으로 보인다.

단군신화는 한민족이 북만주에 처음 들어왔을 때 천부인 즉, 뛰어난 문명을 보유하고 있었음을 전하고 있다. 그래서 주변에 살고 있던 예·맥족은 한민족을 하늘에서 내려온 천손민족으로 생각하였다. 이와 같은 상황에서 해머스는 일 년이 며칠인지와 계절과 낮과 밤이 왜 바뀌는지에 대한 이들의 질문

---

72) 신시(神市)는 이두표기이며, 한(韓)문명을 창조하신 분들이 '시드신(神, 신-시 들다) 곳(市, 시-시든 곳)'을 가리키는 우리말이다.
73) 아사달(阿斯達)은 이두표기로, 아사(아침-사물이 아름다움을 드러내는 시점)와 달(크고 넓은 땅)의 합성어로 '새로운 문명을 밝힌 큰 나라'라는 의미의 용어이다. 박영홍, 상게서, 68, 125, 267쪽.

에 납득할 수 있는 설명을 해줄 필요가 있었다.

태극원리는 이와 같은 시대적 요청이나 필요에 의해 탄생하였을 것이다. 한민족과 예·맥족의 수장들이 함께 모여 살게 되면서 예·맥족이 한 민족에게 던진 첫 번째 질문은 낮과 밤의 변화에 대한 것이 아니었을까? 즉 해가 뜨면 왜 날이 밝아지면서 따뜻한 낮이 되고, 해가 저물면 왜 어두워지면서 추운 밤이 되는지 알고 싶었을 것이다.

고대인들은 매일 반복되는 낮과 밤의 변화가 몹시 궁금하였을 것이다. 이와 같은 질문에 대해 당시 한민족의 지배자들은 민족 신앙이란 관점에서 낮과 밤의 변화를 이해하고 또 그렇게 설명한 것으로 보인다. 낮과 밤의 교차와 기온 변화를 신앙적 관점에서 이해한 당시 사람들의 사고관념을 보여주는 표상이 바로 태극원리이다.

태극원리는 삼신사상의 관점에서 낮과 밤이나 기온의 변화 등 하루의 일기와 일 년의 계절변화를 이해하고 설명한 것이다. 태극원리 상의 삼신(三神)은 전통신앙에서 숭배 대상인 세분의 신을 말한다. 즉 세 개의 괘는 당시 사람들의 주신이며 하늘의 주재자인 해와 해의 아들인 해머스 그리고 당시 사회의 통치자이며 현인신(現人神)인 한이자 인류문명을 밝힌 박혁거세를 가리킨다.

태극원리가 탄생할 당시 우리 조상들은 지구가 둥글다는 사실을 인식하고 있었던 것으로 보인다[74]. 이것을 알려주는 것이 태극문양이다. 지금까지 우리가 태극으로 알고 있는 문양의 붉고 파란원은 지구를 표상한 것이다. 붉은 부분은 낮과

---

74) 이와 같은 사실은 태극원리를 통해 잘 알 수 있다. 우리 조상들은 지구가 둥글다고 생각한 반면 중국인들은 지구가 네모꼴(方)이라고 생각했다.

낮의 열기를 나타내고, 파란 부분은 밤과 빛이 없는 밤의 어둠과 추위를 상징한다. 그림(3-1)이 올바른 태극이다. 태극기 속의 태극문양은 위치와 색깔이 잘못 그려져 있다. 태극이 무엇을 상징하는지 전혀 알지 못한 사람이 태극 깃발을 그리다 보니 비슷하게 흉내만 낸 것으로, 태극원리를 발견한 사람들의 경험적 이해와 전혀 일치하지 않는 모양이다.

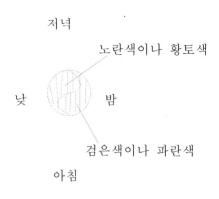

그림(3-1) 태극의 낮과 밤

괘(卦) - 태극원리는 지구가 둥글다는 것과 해의 영향에 의해 매일 밤과 낮이 교차하는 법칙을 설명하고 있다. 이 때 태극 바깥에 위치하는 괘는 해를 상징하며, 괘의 선이나 색깔은 햇빛의 강도와 어둠의 강약을 사실 그대로 표상(表象)한 것이다.

괘의 색깔은 해와 밝음을 상징하는 붉은색과 빛이 없는 어둠을 상징하는 검은색이 사용될 수 있다. 그리고 괘는 어떤 경우에도 구멍이 뚫리거나 선(효, 爻)의 단절은 있을 수 없다.

아침에 해가 뜨면 날이 밝아오고, 한낮에 따뜻해졌다가 오후에 기온이 떨어지면서 밝기가 약해진다. 저녁이 되면 해가 지고 어두워지기 시작한다. 밤이 찾아오면 별이 뜨고 어둠은 점점 깊어진다. 별이 가장 밝게 빛나는 한밤을 기점으로 다시 새벽을 향해간다. 새벽이 되면 별빛이 점점 빛을 잃어가면서 날이 조금씩 밝아온다. 닭 우는 소리가 해 뜨는 아침이 왔음을 알려주면서 날이 밝기 시작하고, 밤이 완전히 물러가면 사람들은 일어나 또 다시 하루를 시작한다.

이처럼 괘는 하루의 밝기변화와 어둠의 농담을 사실 그대로 나타내고 있다. 따라서 하나의 선으로 그려질 수도 있다. 단지 물질문명과 정신문명을 탄생시킨 조상신을 해신과 동격으로 바라보는 삼신사상에 의해 이것을 세 줄로 표상한 것일 뿐이다. 따라서 하루의 일기변화를 하나의 선으로 표상하거나 세 줄로 나타내더라도 괘의 모양과 색깔의 변화(건, 곤, 감, 리)는 자연의 변화와 완벽하게 일치해야 한다.

태극 - 태극원리에서 태극은 사람들이 살아가는 땅 즉, 둥근 지구를 가리킨다. 그리고 세 줄의 괘는 해와 해모수 그리고 박혁거세를 상징한 것으로 하루의 일기변화를 나타낸 태극문양과 의미가 일치해야 한다. 괘는 해가 뜨고 지면서 밤낮이 교차되는 과정을 빛과 어둠을 상징하는 붉은색과 검은색의 선으로 하루의 밝음과 어둠 그리고 따뜻함과 추위의 변화과정을 색의 농담을 이용해 사실대로 나타낸 것이다.

따라서 괘의 선은 하나의 선으로 그려진 동그라미로 나타낼 수도 있다. 하나의 선으로 표현할 수도 있는 것을 삼신사상에 의해 세 선으로 나타낸 것에 불과하다. 쉽게 말해 태극원리는 하루 동안 지상에서 일어나는 밤낮의 밝기와 어둠의 농담변화를 사실 그대로 표상하고 있다. 태극원리는 당시 사람들의 일기변화에 대한 관찰과 이해를 조금도 꾸밈없이 사실 그대로 그려낸 것이며, 밤낮의 교차와 하루의 일기변화에 대한 관찰과 이해를 설명하고 있다.

박달시대의 우리조상들은 삼신신앙을 믿고 있었고, 낮과 밤의 교차를 삼신의 영향에 의해 일어나는 자연현상으로 이해하려고 하였다. 오늘날의 관점에서 살펴보더라도 이것은 과학적인 사고였다고 할 수 있다. 다만 해 뿐만이 아니라 해머스와 박혁거세가 포함된 것은 사람을 사람답게 살 수 있게 한 문명창조자에 대한 숭배의 마음이 담긴 당시 사람들의 사고관념이나 문명탄생에 대한 경외감이었을 것이다.

고대 조상들은 국가체제를 유지하고 국민을 통합하기 위해 낮과 밤 즉, 밝음과 어둠을 문명탄생과 결부시켜 이해하려고 노력하였다. 태극원리에는 당시 사람들의 사고관념이 잘 나타나 있으며, 당시의 정신문화를 왜곡시키지 않고 사실 그대로 전해주는 관념의 표상이기도 한 것이다.

다) 초기 삼신기(태극기) : 태극기는 우리나라와 한겨레를 상징하는 깃발이다. 하지만 지금의 태극기는 태극원리를 올바르게 표상한 모양이 아니다. 지구를 상징하는 태극의 청색과 붉은색의 구분선은 거꾸로 되어 있으며, 시작점도 잘못 되어 있다. 그리고 태극 바깥에 배치된 괘는 본래 햇빛의 밝기강도를 나타낸 것으로, 태극문양과 완벽하게 일치해야 함에도 불구하고 모두 검은색으로 잘못 그려져 있다.

바르게 그려보면 그림(3-2)과 같다. 검게 그려진 선(爻, 효)은 본래 밝음과 따뜻함의 상징인 해를 표상한 것으로 붉은색이다. 그리고 구멍 뚫린 음의 괘는 존재할 수가 없다. 초기 태극원리에서 음의 괘는 빛이 없는 어둠을 나타낸 것이므로, 검은색이나 파란색이며 어둠의 강도에 따라 색깔의 농도가 다를 뿐이다.

아침에 해가 뜨면 하나의 붉은 선이 그려지고, 아침식사 후 날이 점점 더워지면 두 개가 되며, 점심식사 후 가장 더운 시간은 세 개로 표시된다. 오후 늦게 따가운 햇볕의 강도가 줄어들면 하나의 검은 선과 붉은 선 두개가 된다. 해가 지기 시작하면 검은 선 둘과 하나의 붉은 선으로 표시하고, 저녁이 깊어져 캄캄한 밤이 되면 검은 선 3개가 된다. 새벽이 되어 별빛이 잦아들고 다시 여명의 빛이 비치면 두 줄의 검은 선과 하나의 붉은 선으로 표시된다.

이것은 삼신사상을 표상한 것이므로, 삼신관념을 떠나 하나의 선으로 표시하더라도 무방하다. 다시 말해 해의 영향에 의해 하루의 일기변화를 나타내는 것이므로, 밝음과 어둠 그리고 기온변화를 사실 그대로 표시하면 된다. 밝음과 따뜻함의 강도는 붉은 색깔의 농담으로, 어둠과 추위는 검은 색의 농담

오후(1)　　　늦은 오후(2)　　　해질녘(3)

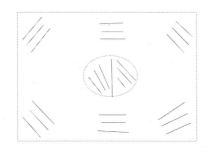

오전(6)　　　새벽(5)　　　캄캄한 밤(4)

그림 (3-2) 태극원리와 삼신기

으로 표시하면, 하루의 일기변화를 사실 그대로 쉽게 그릴
수 있다.

지금의 태극기는 중국문명의 산물로 알려진 주역의 태극과
괘를 모방한 것이다. 19세기 말 박영효가 일본에 수신사로
갈 때 당시 선진제국의 관행에 따라 우리나라를 상징하기 위
해 만든 하나의 깃발에 불과하며, 올바른 태극원리나 삼신원
리와 일치하지 않는 모양을 하고 있다. 태극원리는 우리의 고
유문화이지만 태극기를 만든 사람이나 이것을 민족의 상징으
로 받아들이고 있는 일반 국민들 모두 이런 사실을 전혀 알

지 못하고 있다. 단지 외래문화를 빌려 나라를 상징하는 표상으로 사용하고 있을 뿐이다.

앞의 그림과 같이 우리가 태극기라 부르는 깃발은 정확하게 말하면 '삼신기'이다. 삼신인 해와 해모수 그리고 박혁거세가 지구를 돌면서 낮과 밤 그리고 문명의 빛을 주관한다는 사고관념을 담고 있다. 이것은 해가 빛을 비추는 자연이치에 비추어보면 비과학적이고 비현실적이지만, 당시 사람들의 사고관념이나 인류문명사적인 측면에서 바라보면 합리적인 이해일 수도 있다.

쉽게 말해 문명과 문화라는 관점에서 바라보면 문명을 창조하여 사람을 사람답게 살 수 있게 한 해머스와 박혁거세는 해와 같이 인류에게 문명의 빛을 밝힌 존재이다. 인류문명을 밝힌 사람들은 대부분 태양신 즉, 해의 아들로 불리어진 사실로 미루어 짐작해볼 때, 이와 같은 관념은 바람직한 사고 판단일 수도 있다. 이런 사고관념을 바탕으로 만들어진 것이 바로 태극원리이다.

그림(3-2)에서 좌상의 (1)은 붉은 선 3개로 표시되며, 삼신이 열심히 일할 때(건, 乾)로, 햇볕과 문명의 빛이 가장 빛나는 따뜻하고 밝은 대낮을 가리킨다.

(2)는 삼신 중 한 분이 피곤하여 잠자리에 들면 햇빛의 밝기와 기온이 서서히 떨어진다는 것을 나타낸다.

(3)은 햇빛의 강도가 현저히 떨어진 상태로 삼신 중 두 분이 피곤에 지쳐 쉬고 있다는 것(감, 坎)을 나타낸 것이다. 저녁에 해가 서산에 걸리면 서서히 찬바람이 불어오고 노을이 지기 시작하는데, 이때부터 해가 완전히 지고 캄캄한 밤이 오기 전까지의 시간을 가리킨다.

(4)는 세분 모두 곤하여 잠자리(곤, 坤)에 든 시간이며, 세분 모두 쉬고 있는 시간으로 밝음은 물론 따뜻한 온기마저 느껴지지 않는 칠흑같이 어둡고 깊은 밤을 가리킨다.

모두가 잠든 시간에 삼신 중 한 분이 일어나 하루의 일을 시작하면서 새벽이 오고 날이 환하게 밝아진다. (5)는 동녘에 해가 떠서 모든 사람들이 일어나 하루의 일과를 시작하는 시간을 나타낸 것이다.

해가 떠서 날씨가 따뜻해지면 사람들은 아침식사를 마치고 일터로 나가게 되는데, 이 때쯤이면 삼신 중 또 한 분이 일어나 일(리, 離)을 하기 시작한다. 그러면 날씨는 점점 더워지고 식물은 왕성한 성장활동은 시작한다. 그림(3-2)의 (6)은 하루 중 아침부터 가장 무더운 오후가 되기 전까지의 시간을 나타낸 것이다.

정오를 기점으로 삼신 중 마지막 한 분도 일어나 일을 시작하면 날씨가 가장 무더운 오후가 된다. 이때 사람들은 더위를 피해 그늘을 찾게 되고 잠시 휴식을 취한다.

하루를 6등분하여 설명하면 위와 같으며, 삼신기에 그려진 여섯 개의 괘는 하루의 밝기와 기온변화를 사실 그대로 나타내고 있다. 이처럼 눈에 보이고 피부로 느껴지는 자연변화를 조금도 꾸밈없이 사실 그대로 그려낸 그 시대 사람들의 관찰과 이해의 산물이 바로 태극원리이다.

지금도 사용되고 있는 역법이나 문자, 숫자 그리고 언어도 당시 사람들이 관찰과 체험을 바탕으로 자연법칙에 맞게 합리적으로 만든 것이다. 당시 사람들의 사고관념에는 꾸밈이나 수식은 물론 거짓이나 조금의 형용도 발견되지 않는다. 인류문명이 태동될 당시 천체관찰자들의 사고관념은 이처럼 철저하리만치 경험적이고 사실적이었다.

당시의 천체관측자들은 과학이 지배하는 오늘날의 사람보다 오히려 더 과학적인 사고를 하였던 것으로 보인다. 이와 같은 과학적인 사고와 사실적인 경험축적에 의해 문명사회의 기반이 된 역법, 문자, 숫자 그리고 태극원리를 만들어내게 됨으로써 인류문명이 비로소 활짝 꽃필 수 있었다.

우리나라를 상징하는 깃발을 우리는 '태극기(太極旗)'라 부른다. 이것을 지금까지 한자어표기로 알아왔지만, 이는 사실이 아니며 '태극기(太極旗)'는 이두표기[75]이다. 따라서 '태극기'보다 '삼신기(三神旗)'나 '세신기'로 부르는 것이 이해하기 쉬운 올바른 표현이라 할 수 있다. 그리고 현재의 태극기는 태극과 괘가 잘못 그려진 깃발이다. 태극 바깥에 위치한 괘는 색깔과 모양 그리고 위치가 전혀 맞지 않다. 건(乾), 곤(坤), 감(坎), 리(離)로 불리는 지금의 괘는 밝음과 어둠을 표상한 본래의 상징과 전혀 무관하게 되어 있다.

괘의 색상은 해가 뜬 낮은 붉은색이며, 밤은 어두우므로 검은색이 맞다. 해가 지고 어둠이 오기 전이나 날이 밝았으나 해가 뜨지 않은 새벽은 흰색이나 어두운 색을 혼합하여 밝음과 어둠의 농담을 사실 그대로 나타내야 한다. 그리고 낮과 밤의 교차를 사실 그대로 나타낸 태극 또한 괘의 색깔이나 농담은 물론 밝음과 어둠의 크기와 정확하게 일치해야 한다.

이처럼 태극원리와 태극기는 삼신이 지구를 돌면서 낮과 밤

---

75) 한자어의 상당부분은 우리말의 축약이다. '태극기'는 이두표기로 '생명체가 태어나는 그곳을 표상한 깃발'이란 뜻이며, 이것을 축약한 것이다. 박영홍, 상게서 참조.

을 주관한다는 당시 사람들의 생각을 담고 있다. 그리고 어둠과 밝음을 주관하는 삼신에 대한 숭배를 담아낸 관념의 표상이기도 한 것이다.

결론적으로 말해 삼신기는 우리민족의 상징일 뿐만 아니라, 민족통합의 상징이며, 전통사상의 상징이기도 하다. 그리고 민족의 유구한 역사와 문화는 물론 고유의 역법과 언어, 문자, 숫자탄생의 관념적 토대인 동시에 당시 사람들의 자연변화와 문명에 대한 이해를 전해주는 우리민족의 소중한 문화유산이라 할 수 있다.

3) 역법(曆法)의 발견

가) 역법발견의 시대적 배경 : 역법이 최초로 연구된 것은 해머스시대이다. 이 때 일 년과 한 달의 정확한 크기 즉, 날짜수에 대한 연구가 시작되었다. 오늘날은 누구나 일 년이 며칠인지 알고 있지만, 이와 같은 상식도 여명기의 조상들이 오랜 기간 피나는 노력 끝에 밝혀낸 것이며, 오늘날을 살고 있는 사람들은 그들의 연구와 노력의 혜택을 아무런 대가없이 누리며 살고 있다. 문명이 발달되지 않았던 고대에 일 년의 크기를 알아내는 것은 쉽지 않은 일이었으며, 이것을 밝히기 위해서는 엄청난 노력이 필요했다.

앞에서 이집트의 스핑크스와 대 피라미드 그리고 우리문명의 산물인 바둑이 역법연구를 위한 도구였음을 밝힌 바 있다. 이를 통해 고대인들이 역법을 만들기 위해 어느 정도 노력을 기울였는지 잘 알 수 있다. 그렇다면 역법은 어떤 시대적 배경과 필요에 의해 만들어진 것일까?

고대사회에서 초기국가가 탄생한 이후 국가경영을 위해 반드시 필요했던 것은 일 년의 크기 즉 역법을 만드는 일이었다. 일 년의 크기와 한 달의 크기를 알아야 미래에 대한 계획을 구체적으로 수립하고 국가를 효율적으로 관리할 수 있다. 하지만 문명탄생 이전의 고대인들이 일 년의 정확한 크기와 역의 원리를 알아내는 것은 쉽지 않은 일이었다.

이집트인들은 나일 강 유역에 인류 최초의 국가를 건설하고 이를 유지하기 위해 스핑크스와 대 피라미드를 만들었다. 이를 위해 엄청난 노동력과 오랜 세월이 걸렸으며, 이러한 노력의 결과 만들어진 것이 바로 태양력이라 불리는 역법이다[76].

동북아지역도 역법이 탄생하게 된 이유는 이집트와 마찬가지였을 것이다. 우리의 건국신화인 단군신화가 이와 같은 사실을 잘 전해주고 있다. 우리민족은 신화의 내용과 같이 '나라' 시대에 예·맥족을 통합하여 초기국가를 건국하였다. 하지만 얼마 지나지 않아 예·맥족의 반발로 국가경영이 쉽지 않았던 것으로 보인다.

한민족은 저항하는 예·맥족을 무력으로 진압하게 되었으며, 이 결과 예(호랑이)족의 일부집단은 요하 서쪽으로 도주하여 11번 정도의 이주[77] 끝에 중원으로 진출하게 되었다. 반면, 맥(곰)족은 장백산맥에 의지해 오랜 기간(삼칠일, 3×7=21년) 저항하였고, 이 결과 삼칠일(세-이레)[78]이란 금지문화가 탄생

---

76) 바둑과 피라미드 장 참조.
77) 은(殷)과 주(周)의 건국주역은 우리민족에게 쫓겨 만주에서 중원으로 진출한 부족(단군신화의 범 부족)으로 보인다.
78) 얼마 전까지만 해도 시골에서는 아기가 태어나면 삼칠일동안 그 집 출입을 금지하곤 했다. 이것은 단군신화에 나오는 곰과 범 이야기에서 비롯된 것으로 보인다. 한민족이 예·맥족을 정복할 때 예(범)족은 달아나고 맥(곰)족은 장백산에 의지해 삼칠일 즉 21년간 쑥과 마늘을 먹으면서 저항(인고의 세월)을 한 것이

한 것으로 보인다.

곰부족은 마늘과 쑥으로 연명하며 힘겨운 저항 끝에 한민족과 하나의 국가로 통합되었다. 즉 혼인을 통해 한민족을 중심으로 맥족과 일부 예족으로 구성된 나라가 성립된 것이다. 이때가 해머스시대이다. 이와 같은 사실을 전해주는 것이 바로 단군신화 속의 곰과 범 이야기이다.

이후 한민족의 지배자들이 효율적인 국가경영을 위해 천체관측을 하여 만들어낸 것이 바로 '달력'이라 불리는 한역이다. 다수 부족으로 구성된 국가사회에서 하나의 부족을 중심으로 효율적인 인사관리와 지배집단의 영속적인 지배권확보를 위해 반드시 필요했던 것이 바로 역법이다. 한역은 박혁거세 즉위 후 범부족과 곰부족의 천문에 대한 질문은 물론 나라의 유지와 발전을 위한 필요에 의해 만들어진 것이다.

미래를 예측하여 일 년과 한 달 그리고 하루단위로 조직적이고 체계적으로 국가를 경영하기 위해 역법은 반드시 필요하다. 즉 역법은 나일강유역이나 동북아지역 모두 초기국가 단계에서 국가를 효율적이고 안정적으로 경영하기 위한 필요에 의해 탄생되었다. 이 당시 이집트는 태양신의 아들이 그리고 동북아지역은 해머스(해의 아들, 이두표기로는 桓雄이나 解慕漱)가 통치하던 초기국가시대였다.

나) 역법연구 방법 : 고대인들은 인류의 여명기에 어떤 방법으로 역법을 만들어 내게 된 것일까? 그리고 일 년의 크기와 일 년 동안 사계절이 순환하는 음양오행의 원리는 어떻게 이

다. 이후 해모수와 웅녀의 혼인으로 두 부족이 통합됨으로써 삼칠일을 금지기간으로 하는 문화가 생성된 것으로 보인다.

해한 것일까?

해는 매일 조금씩 위치변화를 하며, 계절이 바뀔 때는 눈으로 확인할 수 있을 정도로 해 뜨는 위치가 바뀐다. 고대인들도 일 년의 크기와 변화과정을 알아내기 위해 처음에는 관찰에 의해 계절이 바뀌는 어떤 날을 기점으로 막대기와 같은 연구도구를 이용해 해의 위치변화와 그림자의 방향과 크기를 알아내고, 해가 바뀌어 다시 그림자의 방향이나 그 크기가 동일하거나 비슷해지는 날까지의 날짜수를 계산하기 시작하였을 것이다. 이와 같은 방법으로 몇 년 동안 계속 관찰하면 결국 일 년의 정확한 크기를 알아낼 수 있다.

지금도 가능한 방법으로 하루(日)를 상징하는 자그마한 돌이나 나무 조각 등을 이용해 하루에 한 개씩 놓아보면 일 년 동안 몇 개가 쌓이는지 알 수 있다. 고대인들이 처음 일 년의 크기를 알아내기 위해 사용한 방법도 이와 같았을 것이다.

이런 방법은 계절변화를 관찰할 때도 이용될 수 있다. 일 년을 크게 4등분하여 식물의 성장이나 자연의 변화모습을 기준으로 봄, 여름, 가을, 겨울로 나눌 수 있다. 날씨가 따뜻해지고 만물이 약동하는 때를 기준으로, 기온변화와 살아있는 생명체의 모습변화를 상호 연관시켜 일 년의 크기를 사(4)계절로 구분하는 것이 그것이다.

필자도 어린 시절 이른 아침에 해가 뜨는 일출광경을 자주 목격하곤 했다. 계절변화에 따라 해가 뜨는 시간과 위치변화는 물론 하늘에 해가 떠있는 시간의 크기변화와 함께 처마 밑으로 다가오는 그림자의 기울기 변화를 신기하게 지켜보곤 했다.

대 피라미드와 스핑크스는 정동을 향하고 있다. 춘분과 추분

시 해가 정 한가운데에 오도록 설계되어 있다. 다시 말해 일 년의 크기를 계산할 때 춘분이나 추분을 기점으로 측정하였 다는 것을 의미한다. 춘분이나 추분을 역법계산의 기점으로 삼아, 해가 좌측이나 우측으로 갔다가 돌아오고, 다시 다른 쪽으로 이동했다가 돌아오기까지 날짜수를 관측해 나간 것이 다. 오랫동안 관찰하면 결국 일 년의 크기와 일출의 시간변화 까지도 정확하게 알아낼 수 있다.

물론 대 피라미드와 스핑크스가 만들어지기 전에도 일 년이 365일이라는 사실은 경험적으로 알고 있었을 것이다. 이와 같은 이해를 토대로 피라미드를 건설하였고, 피라미드 건설을 통해 보다 정밀하게 역의 원리를 이해하게 된 것이다.

마찬가지로 동북아지역에서도 이와 같은 원리로 역법을 만 들었다. 역법은 자연현상의 변화를 관찰한 결과물이다. 따라 서 해가 뜨는 동쪽 산 능선이나 평원에서 어느 한 지점을 기 점으로 매일 관찰해 나가면 일출지점은 왼쪽이나 오른쪽으로 갔다가 다시 그 반대 방향으로 이동한다. 해의 이동을 오랫동 안 관측하면 결국 일출의 제일 왼쪽과 오른쪽 끝 지점을 알 수 있고, 이 양끝을 연결하면 그 한가운데 지점이 바로 낮과 밤의 길이가 일치하는 춘분과 추분점이다. 사계절의 변화와 함께 다시 최초의 지점으로 돌아오기까지의 기간이 바로 일 년이다. 이와 같은 방법으로 일 년의 정확한 크기를 알게 됨 으로써 역법을 발견하게 되었다.

비록 역사적 시점과 장소는 다르지만 이집트문명이나 한문 명은 해의 이동과 이에 따른 계절과 기온의 변화를 관찰하고 연구한 결과 탄생된 것이므로, 동일한 태극원리를 바탕으로 만들어진 것이라 할 수 있다.

다) 양력(陽曆)과 음력(陰曆) : 피라미드와 스핑크스가 어떤 원리로 만들어졌는지 아직까지 누구도 명확하게 규명하지 못했다. 결국 세계 7대 불가사의 중 하나로 불리지만, 이는 학자들의 고정관념이나 편견에 의한 것이며, 인류문명탄생을 문자와 역법 중심으로 살펴보지 못했기 때문이다.

이집트인들의 피와 땀으로 만들어진 태양력은 오늘날에도 세계의 주된 역법으로 사용되고 있지만, 우리문명에서 만든 태음력79)(태양태음력)보다는 정밀하지 못하다. 양력은 일 년 365일을 열 두 개의 달로 나누지만, 달의 운행주기와 정확하게 일치하지는 않는다. 오히려 음력이 해와 달의 천체운동에 기초하여 만들어진 역법이다.

다시 말해 양력은 해의 운행주기인 일 년의 크기만 정확할 뿐 12개의 달로 나누어진 달의 크기는 천체인 달의 운행주기와 관계가 없다. 반면 음력은 해의 운행주기는 물론 달의 운행주기까지 정확하게 반영하고 있다.

사실, 음력(韓曆 또는 月曆)은 우리 조상들이 박달시대에 만든 역법으로 천체운행과 거의 일치하는 자연과학적인 역법이다. 양력은 일 년 12달의 크기를 임의로 조정하여 만든 임의력(任意曆)의 성격이 강한데 반해, 음역은 일 년 365일 동안 달의 움직임을 관측하여 달의 운행주기와 기간을 사실 그대

---

79) 음력(陰曆)은 달의 운행주기 중심으로 밝혀놓은 역법체계를 가리키며, 우리말 달력(月曆)이 바른 말이다. 그리고 태양력을 바탕으로 하지 않은 태음력은 성립할 수 없다. 지금의 음력은 서양의 마테오리치가 전래의 음력을 서양의 양력에 맞추어 다시 조정한 것이다. 그리고 우리의 전통역법인 한역은 처음에는 태양력이었다. 이후 태양력을 중심으로 달의 천체운행을 연구하여 달력 즉 태음력을 발견하게 되었다. 따라서 지금의 음력은 태양력을 바탕으로 한 것이므로 태양태음력이이라 부르는 것이 올바르다.

로 정밀하게 계산하여 만들었다. 고대 이집트인들과 달리 우리조상들은 천체운행을 관찰하여 역의 원리를 알기 쉽고 이해하기 편한 도형으로 그려내는데 성공함으로써, 누구나 쉽게 이해할 수 있는 달력(月曆)을 만들어낸 것이다.

고대 조상들은 자연의 변화주기를 알기 위해 오랫동안 천체관측을 하고, 천체관측과 함께 천체를 상징하는 밝은 것을 일정한 크기의 땅이나 돌이나 나무로 만든 판 위에 놓아보았다. 그리고 이와 같은 천체연구행위를 '바둑'이라 불렀다. 따라서 대 피라미드와 스핑크스 건설 또한 인류문명을 밝힌 행위로 또 다른 바둑행위라 할 수 있다.

요약하면, 서양은 양력의 문명이고, 동양은 음력 즉 한역의 문명이다. 양력은 이집트인들이 피라미드와 스핑크스를 건설하여 만든 것이고, 음역은 우리조상들이 천문관측행위인 바둑행위를 통해 만들었다. 이결과 중동은 피라미드에서 각도법을 발견한 반면, 동양은 바둑판에서 문자, 숫자, 10천간 12지지, 음양오행의 원리 등을 발견하게 되었다.

한마디로 말해 동서양의 문화와 문명의 차이란 다른 것이 아니라 문명창조의 판이 바둑판인가 아니면 피라미드인가이다. 문명탄생 판의 차이로 인해 역법도 자연히 태양력과 태양태음력이 된 것이며, 이후 문명탄생의 판에 의해 문화 또한 상당부분 결정되었다. 이와 같은 차이로 인해 중동과 서양에서는 기하학과 수학 그리고 건축술이 발달하였고, 동양에서는 문자와 음양오행사상이 발달하게 되었다.

따라서 동서양의 모든 문명은 바둑판과 대 피라미드를 모태로 하여 태어난 파생문명에 불과하며, 지금도 이와 같은 문명의 태생적 차이를 여전히 가지고 있다. 말하자면, 일 년의 정확한 크기를 알아내기 위한 방법상의 차이가 사람들의 사고관념은 물론 언어, 문자, 숫자 그리고 정신문화에까지 지대한 영향을 미친 것이다.

문화와 문명을 이야기하면서 문자와 역법이 없는 문화나 문명을 논할 수는 없다. 이집트문명은 중동과 유럽문화의 모태와 같은 역할을 담당하였으며, 이집트문명 없는 유럽과 중동의 문명을 논하기는 어렵다. 바꾸어 말하면 유럽과 중동의 모든 문명과 문화는 이집트의 선물이고, 이집트문명은 피라미드와 스핑크스의 선물이라고 말할 수 있다.

그리고 최초의 동양문명은 우리문명으로, 동양문명의 중심역할을 한 것은 한역(韓曆, 桓曆)이었다. 한역을 탄생시켜 동양문명을 싹트게 한 문명의 모태가 바로 바둑판이다. 이 바둑판에서 태동된 역에 대한 이해가 바로 태극원리이며, 이외에도 바둑판에서는 동양의 숫자, 문자, 시간과 방위구분법, 음양오행의 원리 등이 만들어졌다. 따라서 동양문명은 '바둑판의 선물'이라고 정의할 수 있다.

하지만 오늘날 우리들이 사용하는 역법은 양력 위주로 되어 있다. 그리고 음력(陰曆)도 사용하지만 지금의 음력(陰曆)은 동양 고유의 역법이 아니라 서양의 양력을 중심으로 다시 조정된 것이다. 음력은 한 달에 29일과 30일을 번갈아서 두며, 29일간의 간격은 흔히 작은달(小月)이라 하고, 30일간의 간격은 큰달(大月)이라 한다.

음력은 달의 위상(位象)변화를 기준으로 결정된다. 음력 한 달의 간격은 약 29.53일이므로, 음력상의 일 년은 $12 \times 29.53 = 354.36$일로 태양년 365.25일보다 약 11일이나 주기가 모자란다. 따라서 지구의 공전주기와 어긋나게 된다. 이것을 조정하기 위해 19년마다 일곱 번씩 윤달을 둔다. 19년마다 일곱 번 윤달을 두는 방법을 장법(章法)80)이라고 한다.

이처럼 우리들이 동양의 역법으로 알고 있는 지금의 음력은 서양의 양력에 맞추기 위해 평균 3년마다 한 달을 더 넣고 있는데, 이것이 윤달(閏月)이다. 따라서 음력은 사실상 태양태음력이다.

지금의 음력은 마테오리치가 음력과 양력의 불일치와 동양 고유의 역법이 계절변화와 잘 부합하지 않는다는 문제점을 해결하기 위해 24절기(12절기+12중기, 태양력에 따름)를 도입하여 전래의 동양역법을 서양의 양력에 맞추어 다시 조정한 것이다. 24절기(節氣)는 태양의 황경(黃經)에 맞추어 1년을 15일 간격으로 24등분해서 계절을 구분한 것으로, 1년을 12절기와 12중기로 나눈다. 절기는 한 달 중 월초(月初)에 해당하며, 중기(中氣)는 월중(月中)에 해당한다. 이처럼 지금 사용하는 음력은 동양 고유의 역법이 아니라 서양인이 동양 역법의 문제점을 해결하기 위해 서양의 태양력에 맞게 다시 조정한 역법이다.

지구가 한 번 공전하는 기간은 365.256일이다. 즉 양역 상의 일 년은 365일을 초과한다. 이 문제를 해결하기 위해 2월달에는 보통 29일을 둔다. 하지만 일 년이 정확하게 365일이 아니므로 이 차이를 해결하기 위해 100으로 나누어지는 해에는 28일을 두어 역법상의 불이치 문제를 해결한다(양력의 윤달). 이것이 오늘날의 양력체계이다.

---

80) 동양의 음역을 서양의 양력에 맞추기 위해 윤달(閏月)을 추가하는 방법.

그리고 음력의 일 년은 354(30×6+ 29×6)일이다. 따라서 양력과 음력은 약 11일 정도의 차이가 있다. 이 결과 평균 3년에 윤달이 한 번 더 발생한다. 그래서 한 달의 크기가 작아 중기가 없는 어떤 달을 윤달로 설정하여 자연의 변화법칙과 역법상의 절기가 일치하도록 조정하고 있다. 이것을 무중치윤법(無中治閏法)[81]이라 한다. 그리고 윤달도 가능하면 사람의 삶에 큰 영향을 미칠 수 있는 겨울에는 두지 않음으로써 윤달에 의한 삶의 불편을 최소화하고 있다.

4) 바둑판과 바둑돌

가) 바둑판의 탄생 : 인류문명의 탄생판인 바둑판은 어떤 방법과 과정을 통해 만든 것이고 또 바둑돌은 무엇을 표상하고 있는 것일까? 앞에서 살펴본 바와 같이 바둑은 인류문명의 탄생행위를 가리킨다. 바둑은 천체인 해와 달의 운행을 관찰하고 연구한 행위로, 이를 통해 비로소 역법체계를 완성시킬 수 있었다. 그리고 이 바둑행위를 통해 만든 것이 바로 바둑판이다. 이하에서 천체연구행위인 바둑을 통해 바둑판이 어떻게 만들어진 것인지 그 과정을 살펴보자.

인류문명이 탄생한 지역에서는 어디서나 비슷한 과정을 통해 역법이 만들어졌다. 고대인들이 역의 원리를 알기 위해 해를 상징하는 밝은 것을 돌 판이나 아니면 일정한 크기의 땅 위에 두어 가면서 춘분이나 추분 또는 해가 떠오르는 어떤 한 지점을 기점으로, 해가 좌측이나 우측으로 갔다가 돌아오고, 다시 반대방향으로 갔다가 돌아오기까지의 날짜수, 다시

---

81) 음역에서 윤달을 배치하는 방법. 윤달은 모두 중기(中氣)가 없는 짧은 달에 둔다.

말해 일 년의 크기를 알기 위해, 해를 상징하는 밝고 둥근 것을 매일 매일 두어본 것이다.

역법이 없던 시대에 역의 원리를 발견하기 위해서는 힘들지만 관측에 의존할 수밖에 없다. 번거롭고 오랜 시일이 걸리지만 가장 좋은 방법이기도 하다. 하루에 하나씩 매일 두어 나가면 몇 년 만에 일 년의 크기를 알 수 있다.

일 년의 크기를 알면 해가 뜨는 좌우측 가장자리 지점과 한가운데의 춘·추분점까지 알아낼 수 있다. 이 춘·추분점을 기점으로 다시 해의 움직임을 계속 관찰해나가면 역의 원리 즉 해가 뜨는 지점의 위치와 계절의 변화는 물론 기온과 날씨 그리고 자연환경의 변화과정까지 알 수 있게 된다. 이것이 고대인들의 역법연구 방법이었다.

그리고 춘·추분점을 기점으로 해가 뜨는 수평선 좌우 마지막까지를 10진법으로 나눌 수 있다. 이때 기점을 0으로 표시하면 중심에서 양쪽 끝까지의 선 위에 1에서 9의 수가 위치하게 된다. 이렇게 탄생한 것이 바로 바둑판 위의 가로 19줄이다.

아침에 해가 뜨는 위치를 오래 관찰하면 그림(3-3)과 같다. 그림에서처럼 일출을 관측하는 기점은 처음에는 어느 곳에서나 가능하며, 계속 관찰하면 몇 년 뒤에는 춘·추분의 정확한 위치를 알아낼 수 있다. 이후 춘·추분을 기점으로 10진법에 따라 양쪽으로 0에서 9까지 각각의 위치를 나눌 수 있다. 동양인들의 사고 속에는 아직도 이와 같은 공간구분의 관념이 남아있다. 이것이 바로 '10천간(天干)'이란 용어이며, 이 용어에는 하늘공간을 나누었다는 뜻이 담겨 있다.

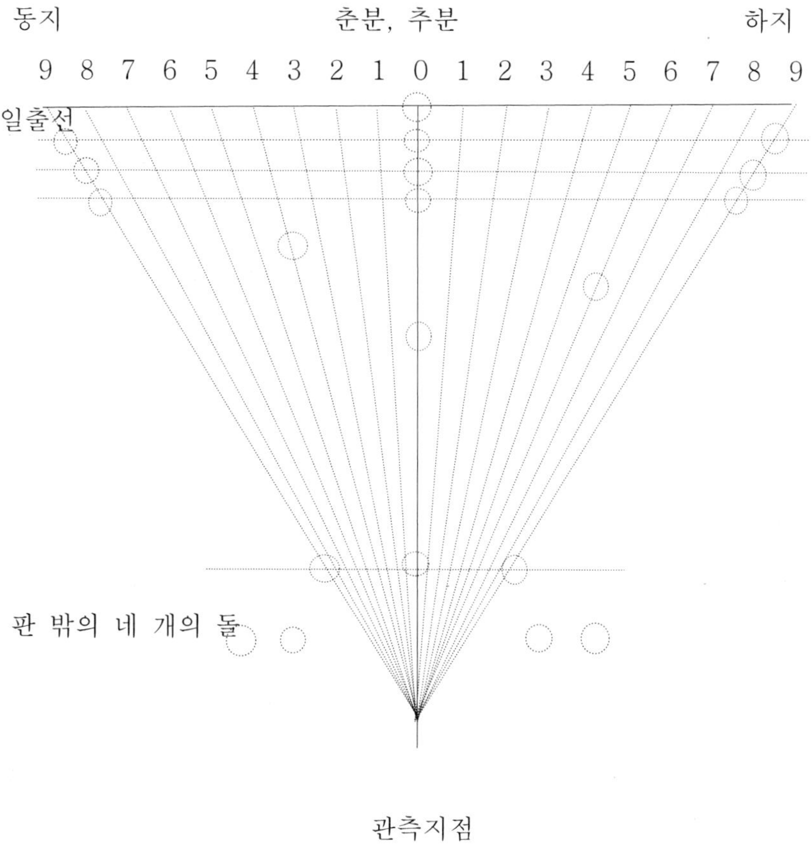

동지   춘분, 추분   하지

9 8 7 6 5 4 3 2 1 0 1 2 3 4 5 6 7 8 9

일출선

판 밖의 네 개의 돌

관측지점

그림(3-3) 바둑판 만들기

10진법에서 9는 마지막 수이다. 고대인들은 일출을 연구하면서 0(또는 十)을 기점(시작점)으로 양쪽으로 10등분하여, 하루에 한 개씩 해를 상징하는 밝은 것을 일출을 표시한 선 위에 놓아보기 시작한 것이다.

처음 바둑을 두어가면서 일 년 동안 해가 뜨는 지점을 확인해 나갈 때는 기점인 0을 중심으로 양쪽 끝의 9까지 19개의 점을 나타내는 가로줄만이 있었을 것이다. 이 19개의 점 위에 해를 상징하는 둥근 모양의 붉거나 흰 돌을 포개거나 늘어놓게 된다. 그러나 포개어 놓으면 개수 즉 날짜수를 확인하기가 쉽지 않으므로, 개수를 쉽게 확인할 수 있게 각각 따로 떼어 늘어놓을 수 있다. 이렇게 하면 그림(3-4)의 A나 B와 같이 된다.

춘·추분점을 기점으로 물건을 포개어 늘어놓은 것이 그림 A이고, 여기서 더 발전하여 포개지 않고 아래로 늘어놓게 되면, 그림 B처럼 아래쪽으로 19개나 20개의 줄이 만들어진다.

가로줄이 10진법의 원리에 따라 총 19개의 칸으로 이루어진 관계로 아래쪽도 19줄과 나머지 4개의 점으로 표시할 수 있다. 이렇게 하면 아래쪽으로 19번째 줄을 벗어난 20번째 줄에 바둑돌 4개가 위치하게 된다.

천문관측을 통해 만들어진 최초의 바둑판은 그림(3-3)과 같다. 이 바둑판은 야만사회를 문명사회로 탈바꿈시킨 도구로, 문명의 탄생은 물론 인류의 삶을 근본적으로 바꿔놓는 문명의 주춧돌과 같은 역할을 하였다.

다시 말해 인류문명은 해의 운행을 관찰하여 만들어진 바둑판(피라미드 포함)문명이라 할 수 있고, 오늘날 놀이도구로서 이용되고 있는 바둑판이 동양문명의 시발점이 된 반면, 이집

A

9 8 7 6 5 4 3 2 1 0 1 2 3 4 5 6 7 8 9

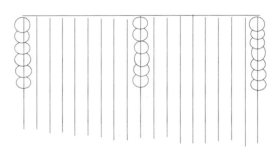

B

그림(3-4) 바둑행위와 초기 바둑판

트의 대 피라미드와 스핑크스는 서양문명의 기원이 된 서양 문명의 바둑판이라 할 수 있다.

다음으로 연구되기 시작한 것은 달의 주기이다. 일 년 365일을 기준으로 365개의 점이 표시된 바둑판에서 해의 운행과 그 영향력의 변화과정을 연구하고, 다른 바둑판에서는 달의 모습변화를 사실 그대로 본떠 흑백의 돌을 이용하여 달의 모양변화를 관측하고 기록하기 시작하였다. 해와 함께 다른 바둑판에서 그림(3-4)과 같이 매일 밤 달의 모양변화를 관측하며 기록해 나간 것이다.

그림(3-5)은 일 년 365일 동안 달의 모양변화를 관측하여 밤하늘에 나타난 달의 모양변화를 바둑판에 사실대로 기록한 것이다. 이 그림은 편의상 반으로 축소한 것이지만 관측된 달의 모습을 365개의 점을 가진 바둑판에 그리면 일 년 365일 동안 매일 떠오르는 달 모양을 사실 그대로 나타낼 수 있다. 이런 연구과정을 통해 발견하게 된 것이 바로 태음력(月曆, 달력)이다.

태음력은 태양력과 달리 해의 움직임은 물론 달의 움직임과 모양변화까지도 정확하게 반영하고 있다. 달이 초승달에서 만월이 되었다가 하현달이 되고 다시 초승달이 되기까지 며칠이 걸리는지, 또 일 년 동안 달의 변화주기는 몇 번인지를 달을 상징하는 밝은 색(희거나 노란색) 돌을 바둑판 위에 두어가며 관측한 것이다.

그러나 일 년 동안 달을 관측하여 바둑판에 달 모양을 사실대로 두어본 결과 일 년 동안 최초기록일과 마지막 기록일은 물론 다음 해(年)의 달 모양이 전혀 다르다는 것을 알게 되었다. 다시 말해 해는 일 년 동안 모양변화가 거의 없는 반면, 달은 해와 달리 기점이 되는 날의 모양이 매년 다르다는 사실이다.

결국 천체관측을 통해 고대 조상들은 달의 변화주기가 일 년 단위로 일어나지 않는다는 사실을 알게 되었으며, 이후 달의 변화주기가 왜 해의 주기와 다른지 알기 위해 달의 모양 변화를 계속 관찰하게 되었다. 이 결과 달은 4년을 주기로 비슷하게 모양이 바뀌지만, 이 또한 완벽하게 일치하지는 않는다는 사실을 밝혀내고, 그 원인을 알기 위해 바둑판 위에 달을 상징하는 바둑돌을 계속 두어가며 관찰한 것이다.

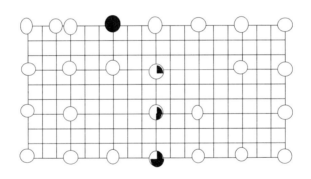

그림(3-5)축소된 달 관측 판

결국 오랜 연구결과 달은 15년 단위로 운행주기가 거의 일치하는 것을 알게 되었다. 즉 해와 달의 운행주기가 15년을 단위로 일치한다는 사실[82]을 밝혀낸 것이다. 이것이 바로 1년

365일을 단위로 하는 태양력에 달의 운행주기를 맞춰 만들어 낸 최초의 태음력(太陰曆-바둑판에서 발견한 달력)이었다.

태음력은 일 년을 12개의 달로 임의로 나누어 짜 맞추어 놓은 태양력에 비해 훨씬 과학적이며, 오랜 기간 정밀한 관측을 통해 해와 달의 운행법칙과 그 영향력을 달의 변화과정을 중심으로 이해한 것이다. 최초로 만들어진 태음력(달역)은 4년을 단위로 한 번 더 달이 모양변화를 일으킨다는 사실을 전제로 4년(지금의 음력으로는 3년) 마다 한 달이 추가된다. 이 13번째 달을 우리는 윤달(閏月)이라 부른다.

그러나 바둑판에서 해와 달의 운행주기는 15년마다 일치하므로, 15년 마다 일치되는 해와 달의 운행주기를 4의 배수에 맞출 필요가 있다. 이를 위해 4의 배수인 16년을 기준으로 그 차이를 네 개의 윤달에 나누어 윤달의 크기를 조정하는 방법으로 문제를 해결하였다.

다) 바둑돌의 색깔과 상징 : 오늘날 우리가 바둑놀이를 할 때 사용하는 돌은 모두 흑백이다. '바둑' 이란 용어는 천체연구행위를 가리키는 우리말이다. 그런데 왜 바둑돌이 흑백색의 돌로 이루어져 있는 것일까? 다른 색깔의 바둑돌은 없는지 궁금하지 않을 수 없다. 따라서 여기서 바둑돌이 왜 둥근 모양이고, 흑백의 색깔이 된 것인지 그 원인을 밝혀보자.

처음 천문관측 즉, 바둑행위를 할 때 바둑돌은 해를 표상한 것이므로 밝거나 붉은 돌을 사용했을 것이다. 해가 뜬 날은 나무나 짐승의 뿔 또는 조개껍질이나 돌 등을 얇게 쪼개거나

---

82) 지금의 음력이 아니라 바둑판 위에서 발견한 역의 원리.

갈아 붉은 색을 칠한 돌을 두어 표시하고, 날씨가 흐려 비나 눈이 오는 날에는 파란색(하늘색)을 칠한 돌이나 비나 눈을 상징하는 무늬를 그린 돌로 그날의 날씨관계를 사실 그대로 기록하지 않았을까?

하루 중 아침에 해가 뜨고 오후에 흐리거나 비나 눈이 내리는 경우에는 그림(3-6)과 같이 바둑돌을 반으로 나누어 눈과 비가 내린 사실을 그대로 표시하여 기록하였을 것이다. 해가 뜨지 않거나 하루 종일 흐린 날에는 점선을 이용하여 일출여부와 비나 눈이 내렸는지를 기록해나가면 된다. 이와 같은 방법은 오늘 날에도 사용되고 있는 일기와 날씨의 기록방법이기도 하다.

그리고 달은 해와 같이 달이 뜬 날은 밝은 돌을 두어 표시하고, 달이 뜨지 않은 밤은 까만색의 돌로 달이 뜨지 않았음을 표시한 것으로 보인다. 즉 흑백의 돌로 월출 여부는 물론 달의 모양변화를 사실 그대로 기록한 것이다.

이와 같은 기록방법은 우리겨레의 민족정신이 살아있던 삼국시대에 백제가 일본에 보낸 목화자단기국(바둑판)과 네 종류의 바둑돌(홍아, 감아 그리고 흑백의 돌)을 보면 잘 알 수 있다. 이 당시의 바둑판인 순장바둑판은 천문관측도구로서의 의미를 사실 그대로 간직하고 있다. 바둑판 위에 화점이 새겨진 목화자단기국과 네 종류의 바둑돌이 이 같은 사실을 말해준다.

이를 통해 천문관측 도구로서의 바둑돌은 흑백의 돌만이 아니라 붉고 푸른 돌을 이용하여 천문을 관측하고 기록하였다는 것을 알 수 있다. 처음 천문관측을 할 때, 일출여부는 붉

밝은 날   흐린 날   비오는 날 밝다가 비온 날 눈 내린 날

A

낮의 날씨변화

달이 없는 밤 달 밝은 밤   반달   비오는 밤   눈 내리는 밤

B

밤의 날씨변화

그림(3-6) 바둑돌의 색깔과 상징

은색과 파란색의 돌로 기록하고, 월출여부는 흑백의 돌로 기록한 것이다.

하지만 지금은 바둑을 둘 때 흑백의 돌만을 이용한다. 바둑판과 돌이 천체연구가 아니라 놀이도구로 이용되면서 붉은색과 파란색의 돌은 사라지고 흑백의 돌만이 이용되고 있다. 놀이수단으로서의 바둑에 왜 흑백의 돌만이 사용되는지 그 정확한 이유는 알 수 없다, 하지만 바둑이 놀이도구로 이용되면서 많은 사람이 바둑을 즐기게 되자, 자연스럽게 만들기 쉬운 흑백의 돌이 주로 사용된 것으로 보인다.

5) 삼신과 삼모신

앞에서 살펴본 바와 같이 해가 지구를 돌면서 밤낮의 교차와 기온의 변화 등 지구에 미치는 영향력의 변화과정을 바둑판에서 보다 심화 발전시킨 것이 바로 태극원리이다. 말하자면, 해가 태극에 미치는 영향력을 바둑판이란 표상으로 단순화시켜 태극원리의 의미를 재해석하기 시작한 것이다.

천체원리를 도형화한 표상이 바둑판이고, 바둑판에서 일 년의 주기변화와 순환법칙을 일목요연하게 살펴볼 수 있기 때문에, 해의 주기변화가 태극에 미치는 영향력과 밤낮의 변화법칙을 아주 쉽게 이해하게 되었다. 이 태극원리는 동북아문명 탄생 판으로서의 역할을 하였다. 따라서 태극원리가 어떻게 만들어진 것인지 자세히 알아볼 필요가 있다.

태극원리는 우리의 조상신인 삼신 즉, 해(태양, 환인)와 해머스(해의 아들, 환웅) 그리고 박혁거세(한 ,단군)가 태극에 미치는 영향력을 나타낸 것으로, 해에 의한 밤낮의 교차와 계절의 변화는 물론 물질문명과 정신문명의 탄생을 표상한 것이다. 해는 태극에 빛을 비추고, 해모수는 물질문명(농경, 철기, 기마와 목축)을 만들었으며, 박혁거세는 정신문명(역법, 문자, 숫자)을 밝히신 분으로, 이들 세분을 일컫는 호칭이 삼신이다. 따라서 삼신이 일을 하고 휴식을 취하면서 낮과 밤 그리고 계절의 변화를 주관한다는 사고관념을 바둑판의 도형으로 설명한 것이 바로 태극원리이다.

그러나 바둑판에서 연구가 계속되면서 태극원리연구 판은 초기의 바둑판과 약간 다른 모습으로 변하였다.

그림(3-7)에서 보는 바와 같이 바둑판 위의 괘와 태극문양은 삼신을 의미하는 三 즉, 우리 겨레의 가장 성스러운 수인 三의 순환원리로 구성되어 있다. 바둑판의 가장 바깥 선은 해가 순환하는 선이고, 화점이 있는 그 세 칸 안쪽 선은 달선이다. 태극(지구)은 달선보다 세 칸 안쪽으로 세 칸을 반지름으로 하는 원의 모양이다.

삼신이 태극에 미치는 영향력을 표상한 괘(卦)는 해와 달의 운행선 사이 즉 해와 달이 서로 교차하지 않는다는 전제하에 달선 바깥에 위치하게 된다. 그리고 해가 지구를 돈다는 천동설의 관점에서 해운행선 상의 네 모퉁이는 원의 형태로 나타내기 위해 세 칸 크기의 대각선을 그어 괘를 표시한다. 이렇게 하면 이 괘는 바둑판의 구조상 그 크기가 일정하게 된다. 즉, 괘는 삼신이 태극을 돌면서 햇빛과 문명의 빛을 주관하고 있다는 사실을 상징적으로 나타낸 것이므로, 태극과 괘의 크기가 자연스럽게 결정되는 것이다.

삼신기(태극기)는 三의 순환원리에 따라 18칸인 바둑판을 6칸씩 3등분하여 삼신이 교대로 자신의 일을 수행하는 것을 나타낸다. 그림(3-2)의 제일 좌측 위에서 세분이 함께 열심

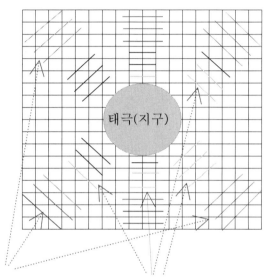

해(빛)의 괘(3칸 크기)   달(빛)의 괘(2칸 크기)

음(달)양(해)오행 원리의 이해 표상

그림(3-7) 삼신(해, 양) 삼모(달, 음)신기

히 일하시다가 한 분씩 차례로 휴식을 취하는 과정을 그림으로 나타낸 것이 바로 괘의 모양변화이다. 이것은 삼신사상의 탄생을 설명한 것인 동시에 태극기가 표상하고 있는 민족정신의 상징이기도 한 것이다.

바둑판에서 삼신사상이 보다 구체적으로 연구되기 시작하면서 삼신의 짝인 삼모신(웅녀, 가시네)도 함께 숭배하기 시작하였다. 해신의 배우자로 달을 상정하고, 해머스는 달(月)신의 딸인 웅녀와 그리고 박혁거세는 가시네(각시)와 짝을 지어 삼신 숭배사상과 함께 삼모신도 숭배의 대상이 된 것이다.

이와 같은 사실은 '연오랑 세오녀(延烏郎細烏女)' 설화[83]에서 달을 모신으로 여기고 있었던 조상들의 신앙관을 잘 알 수 있다. 연오랑이 일본으로 건너가고 잇따라 세오녀도 건너가자, 신라 하늘에 "해와 달도 뜨지 않았다"는 연오랑 세오녀 설화는 신라 초기에 해처럼 숭배한 박혁거세와 달처럼 떠받든 웅녀나 가시네(각시)의 도일을 은유적으로 말해주고 있다.

태극원리가 어떻게 만들어졌는지 전혀 모르는 주(周)대 이후의 중국인들이 음역(陰曆)이 본래 우리 '한역(韓曆)'이었다는 사실과 정확한 역의 원리를 알지 못하면서 태극원리를 다시 짜 맞추다보니 괘는 물론 태극원리 또한 자연이치와 전혀 맞지 않게 그려졌다. 이 결과 주역의 태극문양과 괘가 역의 원리와 도저히 부합할 수 없는 모양을 하게 되었다.

---

83) '연오랑 세오녀(延烏郎細烏女)' 설화는 단군신화와 그 이후의 연속된 신화 즉 박혁거세신화의 일부이며, 우리 역사 속의 신화는 대부분이 단군(박혁거세)신화의 시대적 변화모습을 담고 있다. 아울러 그 시대의 정치질서변화까지도 사실 그대로 기록하여 전해준다.

다시 말해, 주역은 성립할 수 없는 것으로 단순히 괘를 짜맞추어 놓은 것에 불과할 뿐이다. 그리고 우리의 국기인 태극기도 본래 명칭은 삼신기이며, 삼신인 해와 해머스 그리고 박혁거세(단군)가 태극을 돌면서 일으키는 밤낮과 계절의 변화를 사실 그대로 표상하고 있다. 이처럼 태극원리는 우리 한겨레와 한(韓)문명을 상징하고 있는 것이다.

삼신과 삼모신의 역할을 통합적으로 이해하면 그림(3-7)과 같이 나타낼 수 있다. 달은 햇빛이 약한 어두운 밤일 수록 밝게 빛나므로 삼신원리와 정반대의 원리가 적용된다.

그림(3-2)에서 달은 (4)의 곳이 하루 중 가장 밝은 시점이다. 이때 삼모신 모두 열심히 자신의 역할을 충실히 수행한다.

(5)의 시점에서부터 한 분씩 피곤에 지쳐 서서히 힘이 떨어지며, (6)의 앞 시점에서 또 다른 한 분도 서서히 지쳐 (6)이 끝나는 시점에 두 번째 분이 잠든다는 것을 나타낸다. 따라서 (1)의 시점은 햇빛이 가장 강한 한낮이 된다.

그리고 이와 반대로 (2)의 시점에서 한 분이 일어나 일을 하기 시작하면서 달빛이 밝아오고, 이어서 해가 지면 또 한 분이 하루의 일과를 시작한다.

(3)의 시점에서 두 번째 분이 일어나 자신의 일을 시작하면서 초저녁이 되고, 마지막으로 (4)의 시점에서 세 번째 분도 일어나 자신의 일을 하면서 하루 중 달빛이 가장 밝은 한밤이 된다는 것을 순환원리로 설명한 것이 삼모신원리(陰)이다.

해의 운행을 나타낸 태극원리(陽)에 달의 운행원리(陰)를 나타낸 표상이 추가된 것은 세월이 좀 더 흐른 뒤 정치질서의 변화와 함께 모계(母系)의 존재가 부각되면서이다. 즉, 한(韓)

민족이 타민족을 통합하여 혼인을 통해 나라의 규모를 키우고 문명을 전파하게 되자, 달을 상징하는 삼모신(陰)관념이 태동되었다. 이 결과 삼신과 삼모신의 영향력을 하나의 표상 즉, 음양오행(陰陽五行)의 원리로 이해하게 되었으며, 역의 변화를 삼신과 삼모신의 조화로 설명하는 음양오행사상이 태동할 수 있게 되었던 것이다. 이로 인해 초기의 삼신기는 삼모신까지 포함하게 되어 삼신 삼모신기(陰陽觀念)로 변하게 되었다.

바둑판에서 해의 운행공간은 18칸이고 달의 운행공간은 12칸이므로, 하나의 태양 패가 6칸의 공간을 가지는데 반해 달의 패는 4칸을 가지게 된다. 이 때 그림(3-7)에서 보는 것과 같이 음의 패를 세 칸 크기로 하기엔 공간이 너무 좁다는 것을 알 수 있다. 따라서 음(달)양(해)패를 함께 표상할 때는 음의 패를 두 칸의 길이로 나타내는 것이 바람직하다.

이처럼 바둑판 위의 패는 태양 패는 3칸, 달의 패는 2칸의 공간을 가지게 된다. 앞의 그림이 이것을 잘 나타내고 있다. 달의 패는 그림 속의 노란 선으로 그려진 패를 의미하며 역의 원리에 따라 해와 동일한 방향으로 움직인다.

쉽게 말해 해에 의한 낮과 밤의 변화를 삼신사상과 연관시켜 설명한 것이 바로 태극원리이다. 여기서 발전하여 해와 달이 지구 즉 태극에 미치는 영향력변화를 삼신사상과 삼모신사상을 결부시켜 함께 설명한 것이 바로 삼신 삼모신 원리(陰陽五行)인 것이다.

6)음양오행의 원리

앞의 삼신 삼모신기 문양에서 해를 양(陽)으로 달을 음(陰)

으로 하여, 해와 달의 영향력변화과정을 설명한 것이 바로 음양오행의 원리이다. 음양오행의 원리는 태극원리의 파생관념으로서, 해(양, 낮)와 달(음, 밤)의 주기적 변화에 의해 하루, 한 달, 일 년이 변해가는 과정을 순차적이고 과정적으로 살펴본 것이다.

그림(3-7)과 같이 시간의 경과와 함께 양(해)와 음(달)이 위치변화를 일으키면서 땅위에 미치는 음양의 조화를 음양의 법칙 또는 음양과 오행의 원리라 부른다. 쉽게 말해 음양오행의 원리는 해(日)과 달(月)의 영향에 의해 땅 즉 태극(土)이 봄(水), 여름(火), 가을(木), 겨울(金)이나 오전, 오후, 저녁, 새벽으로 변해가는 계절과 일기의 변화과정 또는 생명체의 생로병사나 국가나 민족의 흥망성쇠 등을 설명한다.

이때 음양의 괘는 세 칸 단위로 나누어서 음양의 변화에 의한 영향력의 감소와 증가를 나타낸다. 양 즉 해의 영향력 증감은 18칸을 3으로 나누어 6칸으로 표현할 수 있고, 달의 운행공간은 12칸이므로, 3으로 나누어 4칸 단위로 나누어 설명할 수 있다[84].

태극원리 속의 괘는 고정된 것이 아니라 해의 움직임에 따라 햇빛이 점차 강해졌다가 다시 점점 약화되는 과정상의 괘에 불과하다. 따라서 하나의 효(爻)도 동일한 색깔을 가지는 것이 아니라 강약이 변해가는 과정을 사실 그대로 표상하기 때문에 괘의 처음과 마지막의 색깔은 다를 수밖에 없다.

이것을 그림으로 정확하게 표현하기는 어렵지만 앞의 그림

---

84) 중국의 이해는 이와 다르다. 중국은 음양오행의 기원이 각기 다른 것으로 보고 있다. 그리고 음양의 괘는 6개로 나타내는 것이 올바른데, 중국은 음양의 변화를 음과 양 각각 팔괘로 이해하고 있다. 씨에송링, 「음양오행이란 무엇인가?」, 연암출판사, 1995, 57-66쪽.

이나 우리가 태극기로 알고 있는 모양과 같이 그려질 수는 없다. 그리고 태극원리 속의 음과 양의 괘는 어떤 경우에도 틈이 있거나 구멍이 있을 수는 없다.

삼신 삼모신 원리는 해와 달이 태극(지구)에 미치는 영향력과 그 변화과정을 알아내기 위해 만든 표상이며, 삼신 삼모신 원리 속의 괘는 인류의 물질문명과 정신문명까지도 해와 달이 지상에 비추는 빛과 동일하게 생각하여 괘를 세 줄(효)로 나타낸 것일 뿐이다.

이후 우리의 태극원리나 삼신 삼모신 원리가 중국에 전해져 음양오행원리와 음양오행사상으로 발전하였다. 하지만, 이것을 잘못 이해한 중국인들은 음양이 지구에 미치는 영향만으로 이해함으로써 인류문명탄생에 관한 이해가 사라지게 되었다. 이 결과 주역 괘는 삼신사상을 내포한 괘의 표상을 단순히 음양의 변화과정만을 나타낸 것으로 오해하게 되었던 것이다.

지금 우리가 알고 있는 태극기의 음양 괘는 주역 괘를 본뜬 것이다. 하지만, 주역의 음양 괘는 자연법칙과 양립할 수 없는 모양이다. 어떤 경우에도 태극원리나 음양오행원리 상의 괘는 자연법칙이나 시간변화와 무관하게 그려질 수는 없다. 따라서 기존의 음양오행원리는 잘못된 음양표상을 토대로 형성된 사고관념임을 알 수 있다.

4. 역(易)의 원리와 음양오행(陰陽五行)

1) 음양오행관념의 탄생

역(易)에 관한 초기의 연구는 바둑판에서와 같이 수평선 왼쪽에서 오른쪽 그리고 오른쪽에서 왼쪽으로 움직이는 일출지점을 관찰하면서 시작되었다. 이후 계속적인 연구와 관찰을 통해 해의 운행을 원의 형태로 이해하고, 이것을 표상으로 그려냈다. 이것이 바로 태극원리(太極原理)이다.

 말하자면, 하루나 일 년을 좌우관념이 아니라 해와 달이 원의 형태로 지구를 도는 것으로 이해한 것이다. 바둑판 위에 원형의 도형을 그리면 이것을 쉽게 이해할 수 있다.

 이후 태극을 도는 해의 운행선과 함께 달의 운행선도 그려, 해와 달이 태극에 미치는 영향력의 변화과정을 탐구하기 시작하였다. 해와 달이 태극에 미치는 영향력을 음양(陰陽)이라 하고, 음양의 영향력이 하루와 일 년 단위로 변해가는 것을

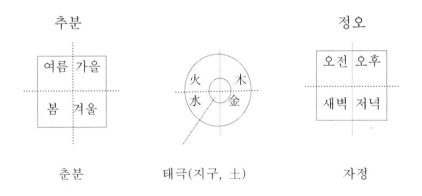

음(달)양(해)오행(사행)의 원리 이해

그림(3-8) 일 년과 하루의 변화

오행(五行)이라 한다.

일 년이나 하루는 크게 4단계로 나눌 수 있다. 일 년은 봄, 여름, 가을, 겨울의 사(4)계절로 구분되고, 하루는 오전, 오후, 저녁, 새벽으로 나누어진다.

하루의 일기변화와 일 년의 계절변화는 태극이라 불리는 땅을 중심으로 일어나는 변화이므로, 4단계의 일기나 계절의 변화와 이들 변화가 영향을 미치는 땅 즉 태극(土)을 합쳐 다섯 가지 요소를 관찰의 대상으로 삼는 것이다. 이것이 바로 오행관념이다. 하지만 엄밀히 말하면 오행이 아니라, 사행(四行)이라 부르는 것이 자연이치에 맞다[85].

그림(3-8)은 해가 일 년 동안 태극에 미치는 영향력을 크게 봄, 여름, 가을, 겨울로 나누어 이해하고, 하루는 오전, 오후, 저녁, 새벽으로 나누어 땅위에 미치는 영향력의 변화과정을 구분하고 있다. 그리고 해와 달의 영향력인 음양이 미치는 곳은 태극이므로, 태극을 토(土)라 하고, 새벽이나 봄은 수(水), 오전이나 여름은 화(火), 오후나 가을은 목(木), 저녁이나 겨울은 금(金)으로 나타낸 것이다. 이것이 음양오행원리에 대한 이해이다.

2) 계절의 변화

태극원리가 탄생된 이후 가장 큰 문제는 계절이 왜 그리고 어떻게 바뀌는가를 설명하는 것이었다. 앞의 그림에서와 같이 바둑판의 칸수를 1/3으로 줄이면 음양과 오행의 원리를 보다

---

85) 태극에서 음양이 변해가는 것을 오행이라 한다. 하지만 태극(토)을 중심으로 봄, 여름, 가을, 겨울이나 水, 火, 木, 金으로 변하는 원리이므로 사행(四行)이라 하는 것이 자연이치에 맞다.

쉽게 이해할 수 있다. 태극원리는 처음에 해의 움직임을 수평적으로 관찰하고 이해하였지만, 시간이 지나면서 하루와 계절의 변화를 원의 형태로 이해하게 되었다. 이것이 오행 관념

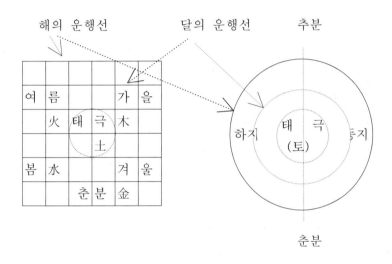

그림(3-9) 음양오행법칙

이며, 그림으로 나타내면 그림(3-9)과 같다. 해와 달이 해수면이나 평원에 떠오를 때 왼쪽 끝에서 오른쪽 끝까지가 반원이고, 오른쪽 끝에서 다시 왼쪽 끝까지를 반원으로 하여, 일년 동안 해와 달의 주기변화를 도형으로 그린 것이다.

이것은 음양오행의 원리에 대한 경험적 이해의 표상이다. 이

표상에 의하면 해가 왼쪽 위에 있을 때는 하지를 기점으로 햇살이 뜨겁고 강렬해지므로 여름이 되고, 오른쪽 위에 해가 오면 가을이 된다. 다시 동지를 기점으로 오른쪽 아래로 해가 내려가면 겨울이고, 왼쪽 아래로 가면 봄이 된다.

해의 영향력변화과정을 표상한 것이 바로 태극과 괘이다. 태극문양은 하루와 일 년 동안 해의 위치변화에 따른 일기와 온도변화를 아날로그 방식으로 나타내고 있다. 비록 잘못 그려진 것이기는 하지만, 해가 지구에 미치는 영향력변화과정에 대한 이해를 그림으로 설명한 것이 바로 주역의 태극과 괘 그리고 태극기에 그려진 태극문양과 괘이다.

달은 해보다 안쪽에 위치한다. 그림(3-9)과 같이 달 운행선은 해 운행선보다 안쪽에 놓이므로, 당연히 운행폭이 해보다 좁다.

결국 매일매일 지구를 한 바퀴 도는 해의 위치변화를 중심으로, 수평선상의 해가 일 년 동안 일회전하여 본래의 위치로 돌아오는 것을 원의 형태로 이해한 것이 바로 태극원리상의 계절변화이다. 역의 원리가 만들어진 당시에는 이처럼 도형원리로 계절변화를 이해하고 설명하였다.

3) 하루의 시간변화

바둑판에서 시간의 변화과정을 이해하면 고대 조상들의 시간구분방법을 쉽게 알 수 있다. 역의 원리를 바둑판에서 평면적으로 이해하면 왼쪽에서 오른쪽으로 이동하는 칸이 모두 18칸이다. 그리고 역이나 윤의 원리는 三(3)의 함수관계로 되어있다. 이것은 삼신사상과 관계가 있는 것으로 바둑판의 칸 수를 1/3로 나누면 모두 6칸이 된다.

1 오	2 미	3 신	4 유	5 술	6 해
12 사	11 진	10 묘	9 인	8 축	7 자

6칸

해의 운행과 하루 12시간

그리고 일 년 12달

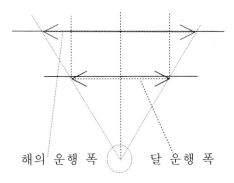

해의 운행 폭   달 운행 폭

관측지점

그림(3-10) 해와 달의 운행과 시간

역의 원리상 해가 왼쪽에서 오른쪽으로 이동하는 칸은 모두 6칸이고, 오른쪽에서 왼쪽으로 이동하는 칸도 6칸이다. 태극원리에 따라 하루의 시간을 나누면 그림(3-8)과 (3-10)의 도형으로 나타낼 수 있다. 그림(3-10)은 해가 한 번 지구를 돌면서(사실은 지구의 자전) 낮과 밤을 교차시키는 하루의 기간을 12개의 시간 단위로 나눈 것이다. 이것은 지금도 사용되고 있는 전통적인 시간구분법이다.

자정이나 정오와 같이 어떤 특정한 시점을 기점으로, 해가 동녘에 떠서 서녘으로 지고, 다시 기점까지 한 바퀴 돌아오기까지 하루의 기간을 '자(子 쥐) 축(丑 소) 인(寅 호랑이) 묘(卯 토끼) ~ 술(戌 개) 해(亥 돼지)'의 12시간으로 나누는 방법이 그것인데, 지금까지 12지로 알고 있는 하루의 시간 구분법은 태극원리에서 파생된 것이다.

그리고 이와 같은 동북아의 시간구분법은 우리문화의 산물로, 중국에 전해진 우리문화가 단지 한자로 표기된 것일 뿐이다. 중국문화로 잘못 알게 된 것은 삼국시대부터 중국의 정치적 영향에 의해 우리의 문화주권이 훼손되고, 고려와 조선조에 이르러 한자를 표기문자로 사용하게 되자, 이후 중국문화로 착각하게 된 것이다.

우리 조상들이 하루 12시간과 일 년 12달의 명칭에 동물들의 이름을 사용한 것은 문명탄생 당시 아직 언어가 발달하지 못한 관계로 주변에서 쉽게 볼 수 있는 짐승의 이름을 이용하여 시간을 구분하였기 때문이다.

이처럼 천체운행을 관찰하여 만든 바둑판이지만, 바둑판에서 많은 문화가 만들어졌다. 다시 말해 바둑판은 천체연구도구에만 머물지 않고 인류문명 즉 시간, 방위, 숫자, 문자 그리고 태극원리와 음양오행원리 탄생에 결정적인 기여를 하였다.

따라서 우주와 자연 그리고 이들이 존재하는 토대인 시간과 공간은 결국은 하나인 셈이다.

5. 일 년과 윤(閏)달의 발견

1) 윤의 발견

윤달은 역법과 실제 우주년 또는 계절년을 맞추기 위해 여분의 날이나 달을 끼우는 것을 말한다. 윤달(또는 날)은 일 년의 정확한 크기와 해와 달의 주기 불일치를 조정하기 위한 것이며, 4(또는 3년)년에 한 번 있는 윤달의 크기를 조정하는 전통적인 방법이 바로 바둑판을 이용한 윷놀이 방식이다.

문명탄생기의 사람들이 하루와 일 년을 12개의 시간 단위로 나눈 것은 천동설 관점에서의 시간계산방법이었지만, 이와 같은 계산에는 또 다른 문제가 있었다. 그것은 달의 공전주기가 일 년 단위로 정확하게 맞아 떨어지지 않는다는 사실이다. 다시 말해 오랜 기간 달의 공전주기를 관찰한 결과 달이 일 년 동안 12번 이상 그 모습을 변화시킨다는 것을 알게 되었다. 이때부터 해의 공전주기와 달의 공전주기 불일치에 대해 관심을 갖고 심도 있는 연구를 진행하게 되었다.

이 결과 해가 일 년 동안 한번 공전하면서 계절변화를 일으키는 동안 달은 12번 이상 공전하고 4년 단위로 한 번 더 공전하는 것을 발견하였다. 그러나 4년 단위의 공전주기도 정확하지 않다는 것을 곧 알게 되었다. 그리고 마침내 4년 단위로 정확하게 일치하지 않는 해와 달의 공전 주기가 15년

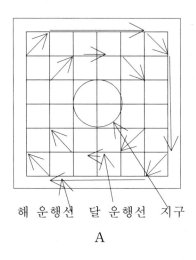

해 운행선 달 운행선 지구

A

바둑판 361개의
점

바둑판 361로+바깥테두리 4개선=365일

B

그림(3-11) 윤(閏)의 원리와 일 년 365일

단위로 일치한다는 사실을 발견한 것이다. 이처럼 15년 마다 일치하는 해와 달의 주기를 4년 마다 한 번씩 추가하는 윤달의 크기조정을 통해 16년 단위로 어떻게 배치할 것인가를 연구한 것이 바로 윤(閏)의 원리 연구이다.

하지만 윤 연구 판에서 15년 단위로 일치하는 주기를 16년 단위로 계산한 결과 7.5일을 초과하게 되었다. 이 문제를 해결하기 위해 조상들은 16년의 배수인 32년 단위로 주기불일치문제를 해결하였다. 당시에 발견한 윤달조정방법이 바로 우리가 명절 때 즐기는 놀이문화의 하나인 윷놀이 방식이다.

바둑판을 3의 수로 나누면 모두 6칸이다. 한 가운데 지점을 중심으로 나누면 가장 안쪽 한 칸은 둥근 지구가 들어가는 공간이고, 그 다음 칸은 달의 운행공간이며, 제일 바깥 공간이 해의 운행공간이다.

그림(3-11)의 A가 바로 지구를 중심으로 한 해와 달의 운행원리와 이들 상호간의 관계에 관한 이해이다.

그림 B는 361개의 선과 점으로 이루어진 바둑판과 바둑판 바깥의 4개 선(또는 점)을 합하여 일 년 365일을 나타낸다. 이것은 해의 운행함수인 20개의 점이 그려진 윷놀이 판 위의 선이다. 쉽게 말해 361일을 가리키는 바둑판 361개의 교차점에서 빠져있는 나머지 4일을 바둑판 테두리 선이나 선상의 교차점으로 대체한 것이다.

지금까지 바둑의 기원에 관한 논란은 어느 누구도 바둑판을 정확하게 이해하지 못하였기 때문에 일어난 문제이다. 바둑판은 분명 일 년 365일을 상징하며, 바둑판 위에 그려진 361개의 점과 바둑판 바깥의 네 모서리 선이나 교차점을 합하여 365일을 나타내고 있다. 그리고 역법연구도구로서의 바둑판은 해와 달의 천체운행을 나타낸 것이므로, 점보다 바둑판 위의 선이 더 중요한 의미를 담고 있다. 이제까지 바둑판의 교차점에 바둑돌을 두게 됨으로써 판 위의 점과 선이 무엇을 의미하는지 전혀 알지 못하였고, 판의 원리도 제대로 이해하기 어려웠다.

바둑판의 선과 선이 교차하는 점은 끊임없이 움직이는 해와 달의 어떤 특정한 시점을 나타낸 것으로, 하루의 시작과 끝을 의미한다. 다시 말해 바둑판의 점과 선은 역의 원리를 담고 있지만, 점보다 선으로 역의 원리를 이해하는 것이 보다 수월하다. 그리고 바둑판의 점과 점을 이은 선은 하루를 나타낸다.

이처럼 윷놀이는 윤 즉, 달이 태극을 도는 원리와 윤달의 크기 조정을 위한 방법이며, 이것이 놀이문화로 발전된 것이라 할 수 있다.

2) 윤달의 탄생

해의 운행이 태극에 미치는 영향력의 변화관계를 나타낸 것이 태극원리이며, 해와 달의 주기 불일치와 일 년에 12번 이상인 달의 주기를 4년(또는 3년) 단위로 한 달을 어떻게 추가할 것인가를 결정하는 것이 윤의 원리에 대한 연구이다. 이것은 이전보다 한결 발전된 역의 이해이며, 해와 달의 주기변화를 오랫동안 관찰한 결과 윤달이 탄생하게 되었다.

바둑판에서 역을 이해하면, 해는 일 년 동안 지구를 일회전할 동안 20개(4×5=20)의 괘의 변화를 일으키고, 달은 일회전하는 한 달 동안 12개(3×4=12)의 괘의 변화를 일으킨다. 이것을 그림으로 표시하면 그림(3-11) A와 같다.

위의 도형에서 역을 이해하면 해와 달이 공전하면서 일으키는 자연현상의 변화는 20과 12의 함수관계로 나타낼 수 있다. 그리고 20과 12의 공통분모는 20 : 12 = 5 : 3 이다. 따라서 해와 달의 함수는 15의 배수로 일치하게 된다. 바둑판에서 해가 15바퀴 돌 때(15년) 달은 25의 함수로 변화한다.

해의 변화함수는 20이므로, 해와 달의 공통함수인 15를 곱하면 300이 되고, 300을 달의 함수인 12로 나누면 25가 된다. 물론 이것은 자연법칙이 아니라 함수관계를 이해하기 위한 방법이다.

관측에 의해 달은 일 년 동안 12번 이상 공전하고, 4년 단위로 거의 한 바퀴 더 돈다는 사실 즉 한 달이 더 있다는 것을 알게 됨으로써, 그 차이를 계산하기 위해 이와 같은 방법을 발견하게 된 것이다[86].

그림(3-11)에서 15년 마다 해와 달의 주기가 일치하므로 윤달을 4년 마다 두기 위해서는 16년과 15년 사이의 달 모양 차이를 계산해 그 차이를 조정할 필요가 있다. 이것이 윤달의 크기 조정이다.

해는 매년 위치변화 없이 일 년 주기로 동일하게 공전(사실은 지구의 공전)한다. 앞의 그림에서 해와 달이 동시에 한 칸씩 이동한다면 달이 25바퀴 도는 동안, 해가 15바퀴 돌면, 해와 달은 최초의 출발점에서 다시 만나게 된다. 이와 같은 이해를 바탕으로 4년 단위로 윤달을 삽입하기 위해서는 16년과 15년 동안의 달 모양 변화를 알아내 그 차이를 차감하면

---

86) 이것은 지금의 음역과 다르다.

해와 달의 주기 불일치를 조정할 수 있다.

바둑판에서 해는 매년 20번의 괘의 변화를 일으키지만 언제나 동일하다. 따라서 15년이나 16년 뒤에도 역의 원리는 변함이 없다. 결국 4년 단위로 한 번 있는 윤달의 크기계산을 위해서는 15년 마다 일치하는 해와 달의 주기를 16년 단위로 맞추어야 한다. 윤달은 4년마다 추가되는 13번째 달이므로, 윤달의 크기를 조정해 16년 마다 해와 달의 주기가 일치하도록 조정하면 된다.

그림(3-12)에서 16년 단위로 윤달을 삽입하면 해와 달의 일치점을 1/4 만큼 초과하게 된다. 이것을 일치시키기 위해서는 4년 단위로 추가되는 윤달의 크기를 조정하여 초과하는 것만큼 차감하면 된다.

차감되는 윤달의 크기를 계산해보면 30×1/4 즉 7.5가 된다. 다시 말해 이 차이는 16년 동안 해와 달의 주기불일치를 의미한다. 따라서 해와 달의 주기를 일치시키기 위해서는 16년 간의 차이를 한 달에 차감하거나, 아니면 16년 동안 네 번의 윤달에 나누어 차감할 수 있다.

그런데 역의 불일치를 조정하는데 있어 하나의 문제가 발생한다. 바로 자연법칙 상 0.5일은 있을 수 없다는 사실이다. 이 문제의 해결을 위해서는 16년의 배수인 32년 단위로 일치시키는 방법이 있다. 즉 32년 단위로 날짜의 크기를 조정하면 0.5일의 문제를 해결할 수 있다.

32년 동안 해와 달의 주기 격차는 15일이다. 4년마다 존재하는 윤달에서 처음 16년 동안 7일을 차감하면, 다음 16년간 8일을 차감하면 한다. 반대로 먼저 8일을 차감하고, 나중에 7일을 차감할 수도 있다. 이렇게 하면 윤달의 크기 문제가

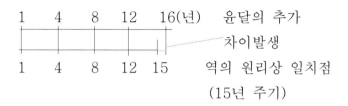

그림(3-12) 윤의 발견

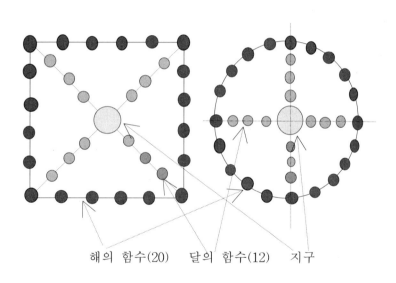

해의 함수(20)   달의 함수(12)   지구

그림(3-13) 해와 달의 함수와 윤(閏)연구 판

해결된다.

16년 동안 8일을 4년 단위로 나누기는 어렵지 않다. 매 윤달마다 2일씩 차감하면 된다. 이때 윤달은 모두 28일이 된다. 7일을 4번의 윤달에 배치하기 위해서는 28일의 윤달을 세 번 두고 29일의 윤달을 한번 두면 된다.

이와 같이 한역(韓曆)은 4년 단위로 윤달을 둘 경우 발생하는 해와 달의 역법상 불일치를 조정하기 위해 16년 동안 발생하는 차이의 총 크기를 알아내, 자연법칙 상 존재할 수 없는 0.5일의 문제를 해결하기 위한 방법으로 32년 주기로 윤달의 크기를 조정한 것이다.

이처럼 윷놀이 판은 윤을 연구하기 위한 도구이며, 윷놀이 패가 갈 수 있는 길이 바로 윤달의 크기를 각 윤달에 배치하는 방법이다.

그림(3-13)의 붉은 점 20개는 해를 상징하고, 12개의 황토색 점은 달을 상징한다. 그림의 붉은 점이 위치하는 선과 황토색 점이 위치하는 대각선상의 선은 바둑판에 놓인 361개의 점을 의미하는 361일과 나머지 4일을 나타낸다.

결국 바둑판은 선이 그려지지 않은 가장자리의 사각형 도형이 4일을 의미하며, 윤 연구 판은 이 4개의 선 위에 해와 달의 역법상 함수관계를 표시한 것이다. 이처럼 윤 연구 판은 지구를 돌고 있는 해와 달의 함수관계를 사실 그대로 나타내 보여준다.

윤 연구 판은 32년 동안 여덟 개의 윤달에서 각각 며칠을 차감해야 하는지를 발견하기 위한 도구로서 고안된 것이며, 이후 오랜 세월이 흐르는 동안 역법연구의 의미는 잊어버리고 단순히 놀이도구로서만 사용된 것이다.

5. 한역(韓易, 韓曆)의 존재

앞에서 살펴본 바와 같이 한역(또는 달력)[87]은 해와 달이 지구를 순환하면서 일으키는 변화과정을 연구하여 밝혀낸 것이다. 이후 천체연구의 표상인 바둑판에서 우리 한문명의 산물인 한역, 문자, 숫자, 방위와 시간구분법, 태극원리 등이 탄생되었으며, 이 문명의 빛을 해와 결부시킨 삼신사상도 태동되었다. 해가 지구에 빛을 비추듯이 인류문명을 밝힌 조상을 해와 동격의 신으로 생각하여, 물질문명인 농경, 기마, 청동기 문명을 밝힌 분은 해모수라 부르고, 정신문명인 역법, 숫자, 문자, 시간구분법 등을 밝힌 조상은 문명을 밝힌 분이란 뜻으로 박혁거세라 칭하여, 이 두 분의 조상신을 해와 함께 삼신(三神)이라 부르고 숭배하였다.

우리 조상들은 문명의 빛도 햇빛과 같이 어둠을 몰아내는 밝은 빛으로 생각하였다. 이와 같은 사고관념이 담겨있는 표상이 바로 태극원리이다. 하나의 모서리에 세 개의 괘가 그려져 있는 태극 깃발이 바로 이와 같은 사고관념의 산물이다.

이처럼 한역은 바둑행위를 통해 발견한 태극원리와 관계가 있으며, 바둑판 원리를 이용해 하루의 시간을 12개의 시간 단위로 나누고, 일 년은 사계절과 열두 달로 구분하였다. 따라서 한역은 처음에는 태양력이었다.

그리고 문명전파와 다른 부족의 통합으로 삼모신(三母神)관념도 태동되었다. 이 결과 삼신은 해와 같이 생각하고, 삼모

---

87) 지금까지 한역의 존재는 알려지지 않았다. 하지만 바둑과 역법은 우리 언어문화와 문명의 산물이므로 한역(달력)이 존재하였음을 알 수 있다. 따라서 편의상 박달시대에 존재했던 역을 한역(韓易, 韓曆)이라 부르기로 한다.

신은 하늘에 떠있는 달과 같이 생각하여, 삼신과 더불어 그 배우자인 삼모신도 숭배하였다. 결국 음양오행원리는 지구에 미치는 삼신과 삼모신의 영향력 변화과정에 대한 이해이다. 이것을 표상으로 나타낸 것이 바로 주역에 나오는 팔괘의 조합[88]이다.

앞의 그림(3-11, 13)에서와 같이 해가 20개의 괘 즉, 위치 변화를 일으키며 한 바퀴 회전하는 동안, 달은 괘의 총수가 12개이므로 1.66바퀴 돌게 된다. 이와 같은 역법계산에 따르면 해와 달이 완전하게 일치하는 위치에 오기까지 15년의 세월이 걸리고, 15년 동안 모두 300개의 괘의 조합이 만들어진다.

이에 따라 4년마다 윤달이 발생하지만 윤달은 정상적인 달보다 적다. 따라서 그 차이를 계산하고 조정하는 방법이 윤의 법칙 즉, 지금까지 윷놀이로 알고 있는 전통 민속놀이의 방식이다. 말하자면 윷놀이 판에서 패가 움직이는 방식이 바로 윤달의 크기를 계산하고 조정하는 방법이었다.

그림으로 표시하면 그림(3-11, 13)과 같이 나타낼 수 있다. 해는 매년 주기가 일정한 반면, 달은 해를 기준으로 할 때 15년 주기로 해의 주기와 일치하게 된다. 이 결과 4년 단위의 윤달주기와 15년 단위로 일치하는 해와 달의 주기변화를 조정하기 위한 방법이 필요하게 되었다.

한역에서 해와 달의 위치이동과 이에 따른 괘의 조합은 자연법칙에 따르면 15년 간 모두 300개이다. 지금까지 주역은 64괘로 역의 원리와 변화관계를 설명해왔지만, 주역이나 음

---

88) 팔괘(八卦)는 잘못된 괘의 조합이며, 육괘(六卦)의 조합이 올바르다. 그리고 음양패의 조합은 64괘가 아니라 300괘로 이해하는 것이 자연이치에 맞다.

역으로 역(易)을 설명하기 보다는 자연법칙에 맞게 15년 단위로 역을 이해하는 것이 가장 합리적이다.

그리고 하루는 12개의 시간 단위로 나눈다. 흔히 우리가 자시, 축시, 인시와 같이 시간을 나누는 방법이 바로 그것이다. 매년 새 해가 되면 재미삼아 알아보는 토정비결도 이와 같은 역의 원리와 시간 괘를 조합하여 만든 것이다. 이것이 바로 우리 고유의 한역인 태양태음역 즉 '달력'이다.

주역은 우리 한역을 모방한 것으로 보인다. 한역이 주(周)초에 중국의 전해진 이후 춘추전국시대를 거치면서 역의 원리를 완전히 잊어버리게 되었으며, 후대의 사람들이 역이 어떻게 만들어진 것이지도 모르면서 주(周)나라 때부터 사용되어 온 것이란 의미에서 주역(周易)이라 칭한 것에 불과하다.

사실 주역은 역의 원리에 부합하지 않으며, 역의 원리를 설명한 것으로 보기 어렵다. 아울러 주역의 괘(卦)와 괘의 조합 또한 도저히 성립할 수 없는 것으로, 자연법칙이나 역의 원리와 무관한 모양을 하고 있다.

초기의 한역(韓曆)은 우리 조상들이 오랜 세월에 걸쳐 해의 운행을 관찰하여 바둑판을 만들고, 바둑판에서 해가 지구에 미치는 영향력의 크기변화를 태극원리로 이해하여 만든 것이므로 태양력이었다[89]. 이후 달의 운행도 연구하여 달의 운행 주기를 밝히게 되었다. 이를 통해 해와 달의 주기가 일치하지 않는다는 것을 알게 되었고, 이 불일치문제를 해결하기 위해 윤의 원리를 밝히게 됨으로써 비로소 윤달이 탄생하고, 태양태음력인 한역(달력)도 완성되었다[90].

---

89) 초기의 한역인 태양력이 만들어진 때는 '해머스(桓雄)' 시대이다.
90) 태양태음력이 만들어진 때는 문자와 숫자가 완성된 시기이므로 '한(朴赫居世)

이때부터 한역은 달의 주기변화 중심의 '달력(月曆)' 91)이라 불리기도 한 것으로 보인다. 하지만 우리가 음역으로 알고 있는 역법은 사실 태양력을 기반으로 달의 운행주기를 밝혀놓은 역법일 뿐이다. 따라서 음력을 올바르게 이해하기 위해서는 '태양태음력'이나 '한역' 또는 '달력'이라 부르는 것이 보다 정확한 표현이 아닐까 생각된다.

결론적으로 말하면 고대의 역법 중에서 가장 뛰어나고 우수하며 과학적인 역법체계를 갖추고 있는 것이 바로 '한역'이다. 우리 조상들은 3000년 이전에 이와 같이 뛰어난 역법체계를 완성하여 사용하고 있었다. 지금 사용하고 있는 음력은 한역에서 비롯된 것이기는 하지만, 우리의 고대 한역과는 많이 다르다. 역사전개과정에서 전통 한역을 잃어버리고, 단순히 달의 주기변화를 중심으로 다시 짜맞추어놓은 것이 전래의 음역체계이다. 이후 16세기 말 서양인 마테오리치가 전래의 음력을 서양의 태양력이나 자연의 변화모습과 일치시키기 위해 윤달의 횟수와 크기 그리고 24절기를 두어 약간의 수정을 가한 것이 지금의 음력이다.

고대의 우리 조상들은 일 년의 정확한 크기 즉 역의 원리를 알기 위해 해를 상징하는 밝은 돌을 일정한 크기의 판 위에 두어가며 해의 운행원리를 연구하였다. 이후 이것을 사실 그대로 표상한 바둑판이 만들어지게 되면서 한문명이 탄생할 수 있었다. 이 한문명 탄생을 사실 그대로 설명해주는 것이

' 시대이며, 해머스시대와 상당한 차이가 있을 것으로 생각된다.

91) 음역(陰曆)이란 역법은 달(月)의 운행주기를 밝힌 것이므로 달력(月曆)이라 부르는 것이 바람직하다.

바로 삼신사상 중심으로 역을 이해한 태극원리이며, 이때의 한역은 태양력이었다.

이어서 달의 운행원리도 연구하게 되었다. 처음에는 일 년에 12번 정도인 달의 정확한 주기를 알기 위한 것이었으나, 달의 주기가 해의 주기와 일치하지 않는다는 사실을 알고, 해와 달의 주기가 왜 다른지, 그리고 해와 달의 주기가 몇 년 단위로 일치하는지 연구하게 되었다. 윷놀이 판은 15년 마다 일치하는 해와 달의 주기를 16년 단위로 맞추기 위해, 32년간 15일의 차이를 윤달의 크기조정을 통해 각각의 윤달에 어떻게 배치할 것인가를 연구할 때 반드시 필요한 도구이다. 윤 연구를 통해 윷놀이 판이 완성됨으로써 비로소 달력(月曆)이라 부르는 태양태음력이 완성되었다.

이후 해와 달의 영향력변화를 하나의 판 위에서 연구하게 되었다. 이것을 알려주는 것이 바로 그림(3-7)이다. 이때부터 삼신관념에 의해 해가 태극을 도는 것은 20의 함수로, 달이 태극을 도는 것은 12의 함수로 이해하여, 해와 달의 천체운행이 태극에 미치는 영향력을 양(해) 괘와 음(달) 괘의 조합으로 나타내게 되었다. 이와 같은 괘의 조합은 사실 우리 한역(韓曆, 또는 韓易)에서 천체운행이 지구에 미치는 영향력을 연구한 연구표상이자 연구도구였다.

하지만 지금까지는 이와 같은 괘의 조합을 주역(周易)으로 잘못 이해해왔다. 물론 주역 괘는 성립할 수 없는 것이고, 주역괘의 표상과 괘의 조합방법 역시 중국에 전파된 한역(韓易)을 모방한 것이지만, 역을 잘못 이해한 중국인들에 의해 역의 원리가 왜곡된 것이라고 할 수 있다.

해와 달을 하나의 표상 위에서 연구하면서 태동한 관념이 바로 음양오행원리이다. 이것은 태극원리가 변화 발전한 것이다. 한역이 중국에 전해지자 춘추전국시대를 거치면서 중국인들은 천체운행이나 우주질서 변화를 음양오행 중심으로 이해하였다. 하지만 세월이 흐르면서 중국인들은 점차 한역(韓易)을 잘못 이해하게 되었다. 주역에서 점술이나 역의 변화원리를 잘못된 음양의 조합으로 이해하는 것을 보면 잘 알 수 있다. 이처럼 주역 괘는 역의 원리와 음양의 표상을 흉내 낸 것에 불과할 뿐이다.

따라서 오늘날 사용하고 있는 음력은 물론 바둑과 윷놀이, 장기, 꼰(고누)놀이, 한글, 동양숫자, 10천간 12지지, 주역, 음양오행원리 등의 존재를 통해 우리 한역(韓易, 韓曆 또는 月曆)의 존재와 한역이 언제, 어떻게 만들어진 것인지를 알 수 있는 것이다.

제4장 바둑과 숫자

1. 숫자의 의미
2. 바둑판과 三의 수(삼신사상)
3. 바둑판 위의 숫자와 의미
4. 숫자의 이해
5. 고대사회의 수에 대한 관념

1. 숫자의 의미

숫자는 어떻게 만들어진 것이며, 또 어떤 의미를 담고 있을까? 통상적으로 숫자라고 하면 누구나 '1. 2. 3. 4 ~ 10'을 생각한다. 필자 역시 숫자라고 하면 '1. 2. 3 ~ 10'을 떠올린다. 그런데 필자는 논제에서 '바둑과 숫자'라고 하여 숫자가 바둑과 관련이 있음을 암시하고 있다. 그 이유는 동양의 숫자가 바둑과 관련되어 있을 뿐만 아니라 바둑판에서 만들어진 것이기 때문이다.

이런 주장에 대해 대다수 사람들은 의아해하고 쉽사리 이해하기 어려울 수도 있다. 그러나 필자는 오랜 연구 끝에 동양숫자가 바둑판 위에서 만들어진 것임을 밝혀낼 수 있었다.

중동과 서양에서는 숫자를 '1. 2. 3 ~ 10'이나 'Ⅰ,Ⅱ,Ⅲ ~ Ⅴ ~ Ⅹ'으로 나타내고, 동양에서는 '一, 二, 三 ~ 十'으로 표기한다. 사람들은 서양과 동양의 숫자가 같은 것이라고 여겨왔다. 이와 같은 사고가 수에 대한 일반적인 관념이다. 그러나 필자는 동서양과 과거와 현재를 살고 있는 사람들의 수에 대한 이해가 비슷하기는 하지만 다를 수도 있다고 생각한다. 요즘 사람들은 고유 숫자를 만들어 사용한 고대인들과 달리 고대인들이 물려준 수와 숫자를 단순히 암기하고, 이것을 어떻게 활용할 것인가에 관심을 기울이고 있으므로, 수에 대한 관념이나 숫자에 대한 이해는 전혀 다를 수도 있다.

수학적인 관점에서 바라보면 오늘날 사용하고 있는 숫자는 사과나 배의 개수나 순번을 세는 서수(序數)와 같이 물체 단위의 기수(基數)[92] 중심의 숫자이다. 반면 여명기에 바둑판이나 피라미드에서 만들어진 숫자는 공간적이며 입체적 숫자라 할 수 있다.

여명기의 수에 대한 관념과 숫자에 대한 이해는 동서양 모두 비슷하거나 같았던 것으로 생각된다. 하지만 이후 오랜 역사의 전개과정에서 수와 수학을 바라보는 관점과 시각에 차이가 발생하였다. 특히 민족이나 국가 간의 약탈과 전쟁으로 문명이 크게 후퇴함으로써 고대문명에 대한 이해가 불가능하게 되었다. 그 결과 오늘날에는 문명의 이기(利器)가 담고 있는 의미는 물론 이들이 어떻게 만들어진 것인지 모르거나, 처음과 전혀 다르게 해석하게 된 것이다. 이와 같은 이해의 단절을 우리는 흔히 '불가사의(mystery)'라 표현한다.

그러나 고대인들이 만든 숫자를 개수와 서수를 표기하는 도구와 수단으로 이용하게 됨으로써, 결과적으로 수학이 탄생하고 발달할 수 있는 계기를 제공한 것으로 보인다. 쉽게 말해 숫자의 의미에 대한 이해단절이 숫자 활용의 폭을 크게 한 측면도 있다. 따라서 숫자가 어떻게 만들어진 것이며, 숫자를 만든 여명기 사람들의 숫자관념을 알아보는 것도 의미 있는 일이 아닐까 생각된다.

2. 바둑판과 三의 수(삼신사상)

태극원리의 탄생과 함께 역법이 구체적으로 연구되기 시작하면서 가장 먼저 필요했던 것이 숫자이다. 숫자의 발명과 함

---

92) 수를 나타내는 데 기초가 되는 수. 십진법에서는 0에서 9까지의 정수를 이른다.

께 태극원리, 음양오행 그리고 역법이 완성되었으며, 아울러
관념체계가 구체적이고 체계적으로 발전하면서 동양문명 즉,
한역(韓易)과 그 아류인 주역(周易) 그리고 동양의 모든 정신
문명이 활짝 꽃피게 되었다. 즉 숫자의 발명은 단순히 숫자의
발명에 그치는 것이 아니라 주관적인 관찰이나 경험적 이해
를 도식화하거나 관념적으로 해석하여, 사상은 물론 학문이나
과학의 체계적인 발전에 없어서는 안 되는 필수불가결한 요
소이자 도약대로서의 역할을 한 것이다.

이하에서 숫자는 어떻게 발견되었으며, 숫자의 발명이 사람
의 의식구조와 관념체계에 어떤 영향을 미치게 되었는지를
알아보자.

동양숫자의 탄생은 삼신(三神)사상과 관계가 있다. 삼신은
우리의 고대국가를 건국하고 한(韓)문명을 창조한 세분(해,
해머스, 박혁거세)의 신을 가리킨다. 하지만 지금은 미신으로
치부(恥部)되어, 굿이나 점을 칠 때 접하는 '삼신할매[93]'로
잘못 알려져 있다.

본래는 삼신할매가 아니라 인류문명 즉 역법, 숫자, 문자, 음
양오행 등을 만들어 미개한 인류사회를 밝은 문명사회로 발
전시킨 삼신을 일컫는 말이었다. 하지만 불교나 유교 등 외래
사상이 우리의 전통사상인 바보(天地)[94]와 삼신(三神)숭배사

---

93) 삼신할매는 출산 및 육아에 관련된 신으로 삼신할미로 불리기도 한다. 하지만
민간에서 숭배되어 온 삼신이나 삼신할매는 우리의 조상신이자 문명창조신인
해와 해머스 그리고 박혁거세를 가리킨다. 그러나 삼신할매를 삼신의 배우자로
이해할 수도 있다. 이때는 문명창조신인 삼신과 후손들의 탄생을 주관하는 삼모
신을 동시에 가리키는 말이므로, 삼신과 삼신할매로 이해하는 것이 바람직하다.
박영홍, 상게서, 81-89쪽.
94) 바보는 하늘과 땅(天地)을 가리키는 말로 이것을 흔히 천지신명사상(天地神明
思想)이라 하기도 한다. 박영홍, 상게서, 59-60쪽.

상을 밀어내고 겨레의 마음 깊숙이 자리 잡게 되자, 종래에는 삼신의 존재는 사라지고 후손들의 탄생에만 영향을 미치는 삼신할매로 그 지위가 떨어지게 되었다. 이로 인해 오늘날에는 문명의 창조자인 삼신이 아니라 버려도 되는 아니 반드시 버려야하는 미신과 같은 존재로 추락한 것이다.

이 삼신이 바로 자연관찰을 경험적이고 과학적으로 승화 발전시켜 인류의 정신문명을 일으키고, 사람을 사람답게 살 수 있게 숫자, 문자, 역법, 시간과 방위 구분법, 놀이문화 등 한 문명과 문화를 만들어낸 최초의 창조자임을 모두가 잊고 있다.

삼신은 삼라만상의 주제자이며 우리의 조상신인 해, 해의 아들인 해머스(모수)95) 그리고 해머스의 후손인 박혁거세를 가리킨다. 단군신화에는 환인, 환웅, 단군에 대한 기록이 나온다. 지금까지 신화를 올바르게 해석하지 못한 이유는 오랜 세월동안 우리겨레의 마음을 지배한 불교와 유교 같은 외래사상의 영향 때문이었다.

서방정토관념과 모화사상을 지워버리고 우리말 중심으로 신화를 해석하면 신화가 전하는 참된 내용을 쉽게 알 수 있다. '환인'은 우리말 '환하다+ 인(因, 근원)'이므로 세상을 환하게 밝혀주는 존재인 해를 가리킨다. 마찬가지로 '환웅'은 '환하다+ 웅(雄, 아들)'이다. 신화의 내용이나 '차차웅(次次雄)96)'이란 초기 신라의 통치자 명칭에서 보듯이 '웅'은 아

---

95) 경상도에서는 아들이나 사내를 '머스마' 또는 '머슴아'라 부른다. 우리말 머스를 이두로 표기하면서 정확한 한자어를 찾지 못해 가장 가까운 '모수(慕漱)'로 표기하게 된 것이다.

96) 次次雄(차차웅)을 무당으로 보는 것이 통설이나 이는 식민사관이나 중화중심사관에 의한 잘못된 해석이다. 동북아에서 문자, 숫자, 역법 등을 발명한 민족은

들을 의미하고, '차웅'은 손자, '차차웅'은 손자의 아들이
란 의미를 가지고 있는 우리말이다.

 북방 기마민족인 우리겨레가 4~5천 년 전에 만주지역에 이
주해왔을 때 신화의 내용과 같이 세 개의 천부인을 가지고
들어왔다. 이 세 개의 천부인을 관리하는 사람이 바로 풍백과
운사 그리고 우사이다. 이들이 관리하는 천부인은 무엇이었을
까? 고정관념의 벽을 깨고 살펴보면 의외로 쉽게 3개의 천부
인이 무엇인지 알 수 있다. 결론부터 말하면, 세 개의 천부인
은 말과 청동기 그리고 다수확의 농업혁명이었다[97].

 고대에 우리 민족은 기마유목민족이었다. 그리고 사람이 말
을 타고 달리면 귓가에 바람이 인다. 자전거나 오토바이도 마
찬가지이지만 무엇을 타고 빠르게 달리면 바람이 일고, 이것
을 '바람을 일으킨다'라고 표현할 수 있다. 고대 사회에서
바람을 일으키면서 타고 달릴 수 있는 것은 말(馬)뿐이다. 그
래서 당시 말을 관리하던 사람을 한자로 표기하면서 바람(風)
과 관료조직 속에서의 지위를 나타내는 용어인 백(伯, 서열을
나타냄)이 합쳐진 호칭인 '풍백(風伯)'으로 기록하였다. 기
마민족에게는 말이 제일 중요한 관리대상이므로, 관리의 으뜸
을 풍백이라 칭한 것[98]이다.

 둘째로 '운사(雲師, 이두표기)'는 청동기를 관리하는 사람
이다. 벌겋게 달구어진 청동기나 철을 망치로 쳐서 필요한 연
장을 만들면 자연히 시끄러운 소리(쾅쾅)가 난다. 어릴 때 시

우리 한겨레이고, 정상적인 문명국가가 탄생된 이후 인류역사에서 무당이 국가
의 수장이 된 경우는 없었던 것으로 보인다.
97) 박영홍, 상계서, 294쪽.
98) 고대신화를 이두표기하면서 삼국시대와 고려시대에는 風伯으로 이해하였다.

골에서 살아본 사람들은 많이 들어본 경험이 있을 것이다. 이처럼 운사는 천둥소리[99]를 내면서 만들어지는 물건 즉, 청동기를 관리하는 사람을 가리킨다.

셋째로 '우사(雨師, 이두표기)'는 한자의 의미와 같이 물과 관련된 직책으로, 농사를 관리하는 관직이다. 계절의 변화에 맞추어 곡식의 씨를 뿌리고 수확을 관리하는 사람을 가리킨다.

천부인 세 개를 관리하는 직책이 바로 풍백과 운사 그리고 우사[100]이며, 삼(三)의 수는 삼신사상과 함께 우리겨레의 가장 성스러운 수이기도 하다.

고대 중국인들은 우리 조상을 염제(炎帝) 또는 신농(神農)으로 기록하고 있는데, 염(炎)은 해(火 : 一)의 아들(炎 : 二 또는 둘) 즉 해머스를 가리키고, 신농씨는 농사기술의 혁명적 발전을 가져온 민족의 지도자를 의미한다.

지금까지 우리나라의 건국신화로 알려진 단군신화는 후대에 명칭이 변한 것이며, 처음에는 박혁거세 또는 한(韓)신화였다. 역사의 부침 속에 중국의 침략과 영향으로 박혁거세가 점차 권위를 상실하게 되자, 삼한의 하나인 평양중심의 변한(위만) 세력이 박혁거세를 한자 명칭인 단군(檀君) 즉, '박달나무(나라) 임금'이란 뜻으로 한자표기를 한 것으로 보인다. 이후 우리나라가 한자를 역사기록수단으로 이용하게 되자, '기록의 힘'에 의해 내용은 박혁거세신화이면서 명칭은 단군신화로

---

99) 청동기를 두드릴 때 나는 소리인 '쾅쾅'과 천둥소리인 '우르릉 쾅쾅'은 비슷하다. 따라서 운사(雲師)는 언어가 아직 발달하지 못하였을 때 '구름소리를 내며 만들어지는 물건을 담당한 사람'을 가리키는 말로 사용한 것이며, 이두표기를 하면서 운사(雲師)로 표기한 것으로 보인다. 박영홍, 상게서, 297쪽.

100) 운사(雲師)와 우사((雨師)는 이두표기이며, 사(師)는 '사람'의 약자이다.

불리게 된 것이다[101].

삼신사상이나 천부인 세 개와 같이 우리의 신화에 등장하는 삼(三)은 숫자 발명의 기원이 된 핵심적 수이다. 바둑판 문명의 창조자인 삼신을 바둑판에서 경험적으로 이해하려고 노력하는 과정에서 '一, 二, 三 ~ 十'의 숫자가 발견된 것이라 할 수 있다.

숫자는 사람이 우주와 자연현상을 오랜 기간 관찰하여 이것을 하나의 도표 즉, 바둑판을 만들어내고 이 바둑판에서 우주공간을 양 10진법으로 나누어 이해하게 되면서 비로소 발견한 것이다. 말하자면, 자연변화를 오랜 기간 관찰하고 → 관측사실의 도표화(바둑판) → 도표를 이용한 우주와 자연에 대한 이해시도 → 삼신사상을 바탕으로 숫자와 문자, 태극원리, 음양오행관념 등이 탄생한 것이다.

이들은 모두 도형화된 바둑판의 산물이며, 이들 문명의 산물이 탄생됨으로써 동북아의 학문이 숫자와 음양오행사상을 토대로 비약적으로 발전할 수 있었다. 따라서 바둑판은 동양문명을 탄생시킨 모태이자 동양문명이 서있는 토대라고 할 수도 있다.

3. 바둑판 위의 숫자와 의미

지금까지 한자 숫자로 알고 있는 '一, 二, 三 ~ 十'은 바둑

---

101) 우리나라의 대부분 신화는 박혁거세 또는 단군신화의 연속에 불과하다. 그리고 단군신화에 기록된 신시(神市), 환인(桓因), 환웅(桓雄)은 모두 이두표기이다. 박영홍, 상게서 84쪽.

판에서 만들어진 것이며, 각각의 숫자는 이들이 위치하는 바
둑판 각 지점의 모양을 사실 그대로 본뜬 것이다.

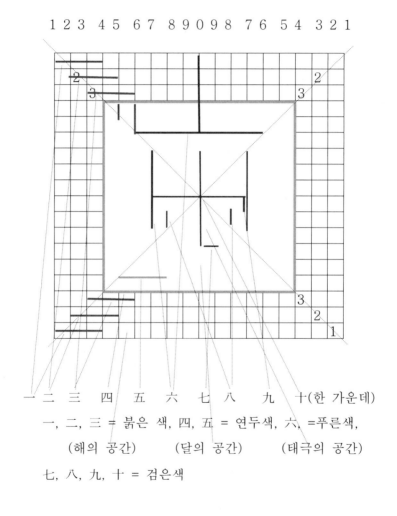

一 二 三 四 五 六 七 八 九 十(한 가운데)

一, 二, 三 = 붉은 색, 四, 五 = 연두색, 六, =푸른색,
(해의 공간)　　　 (달의 공간)　　　　 (태극의 공간)

七, 八, 九, 十 = 검은색

그림(4-1) 숫자의 탄생

이하에서 각각의 숫자가 담고 있는 의미를 풀어보자.

'一'의 숫자 : '一'은 하늘에서 가장 밝게 빛나고 밤과 낮 그리고 계절의 변화를 주관하는 태양신인 해를 가리킨다. 지구 중심으로 볼 때 하늘의 지배자이며 모든 생명체에 생명 에너지를 공급해주는 존재를 상징한다.

'一'의 반대개념은 '十'의 수이며, '없다'의 의미를 담고 있다. 공간적 의미에서 '一'은 '전부'이거나 '가장 크다'이고, '十'은 '없다'거나 '가장 적다' 또는 '새로운 수의 시작이나 생명의 탄생'을 뜻한다.

'十'은 삼신의 영향력인 양(陽)의 기운과 달의 영향력인 음(陰)의 기운이 지구(태극 : 생명체가 태어나는 그곳) '한 가운데' 지점인 공간적 O[102] 또는 바둑판의 한가운데인 '十'의 곳에서 모두 합쳐지는 것을 상징적으로 나타낸다.

이처럼 우주의 가장 바깥 테두리를 도는 '一'의 숫자는 해, 그 안쪽의 '二'는 해머스, 그리고 그 안쪽의 '三'은 박혁거세(또는 한)를 상징하고 있다.

우주를 생명 중심으로 바라보면, '一'의 숫자는 '二'와 '三'의 개념을 내포하고 있다. 쉽게 말해 생명체로서 하나(一)라고 하는 것은 나를 중심으로 바라보면 나를 낳아준 부모와 나의 자식을 포함하는 개념이다. 바둑판에서 해가 도는 공간을 '一, 二, 三'으로 표시한 것은 해는 하나이지만 문명의 창조자인 해머스와 박혁거세를 해와 같은 존재로 여기고 있음을 나타낸 것이다.

---

102) 숫자 '0'은 인도에서 만들어졌다. 그러나 공간적으로 '없다'나 '새로운 수의 탄생'이란 의미에서 볼 때 우리 숫자 '十'과 같은 의미를 지닌 것으로 생각된다.

'四'의 숫자 : 四의 본래 모양은 田 이다. 이것은 달의 운행 공간 즉 순장바둑의 치석을 놓는 공간에 삼신 중 한 분의 영향력이 겹치거나 포개지는 모양을 나타내고 있다. 이 모양에서 가운데 위아래 선이 어느 쪽이어도 상관없다. 四는 모신(母神)숭배 사상이 가미된 숫자이며, 모신인 달의 기운이 삼신 중 한 분과 결합하는 것을 나타낸 숫자이기도 하다.

'五'의 숫자 : 五의 숫자는 해신(삼신)과 달신(삼 모신) 중 두 분이 겹치는 지점의 수이다. 그것을 모양으로 표시한 것이 바로 玉의 글자이다. 四의 숫자보다 한 칸 더 내려오거나 올라간 모양이다.

'六'의 숫자 : 해와 달이 땅에 접촉하기 한 칸 전의 수이다. l(해신) + −(달 신) + ‖(땅) = 六(육)의 형태이다. 삼신과 삼모신이 모두 태극에서 결합된 모양을 나타낸다.

'七'의 숫자 : 七은 해와 달이 합쳐져 땅(+, 생명체가 태어나는 곳) 표면에서 만나는 곳의 위치를 나타낸다. 동시에 해와 달 그리고 땅의 기운이 한 가운데 지점(+)에서 만나기 세 칸 전이란 의미도 갖고 있다.

'八'의 숫자는 원래 '卄'의 모양이었으나 잘못 이해할 염려가 없으므로, '+'는 떼어버리고 표시한 것이다. 형태상으로 살펴보면 한 가운데 지점 2칸 전의 숫자를 나타낸다.

'九'의 숫자는 '卄'의 형태이며, 한 가운데 지점(十) 한 칸 전의 숫자임을 가리킨다.

'十'의 숫자는 해와 달 그리고 땅의 모든 기운이 하나의 지점(공간적 0)에서 완전히 합일된 상태를 나타낸다. 이것을 우리는 '십'이라 부른다. 이것은 암 수 한 쌍이 하나로 포개어진 형상을 가리키는 용어인 '씨+ㅂ'이란 성행위의 음을 따서 음양이 한번 교차한다는 의미로 '십'이라 부른 것이다. 따라서 이 말은 암수의 합체는 모습이 완전한 하나로 되지 않지만, '十'의 한가운데 지점은 해와 달 그리고 땅의 기운이 하나로 합쳐져, 새로운 생명이나 문명이 탄생한다는 것을 상징적으로 나타낸 것이다.

지금까지 한자 숫자로 알고 있는 '一, 二, 三 ~ 十'은 우리 조상들이 우주공간을 10진법 원리로 나누고 해와 달 그리고 지구(태극)의 지배공간을 각각 세 칸의 공간으로 나누어 만든 공간적 위치의 숫자이다. 이와 함께 '일, 이, 삼, 사 ~ 십'과 '백, 천, 만'이란 수의 명칭도 함께 만든 것으로 보인다. 이와 같은 관점에서의 수에 대한 이해가 바로 우리 고유의 공간적 숫자 관념이다.

물론 그 이전에도 개수나 서수의 명칭인 '하나(첫째), 둘, 셋, 넷 ~ 열(번째)'과 같은 용어가 있었겠지만, 이것은 단순히 개수나 순번을 정하는 단위에 불과하다. 하지만 바둑판에서 숫자를 만들어 수를 이해하게 됨으로써 동양 고유의 숫자 관념이 탄생하게 되었다.

우리 문화의 산물인 숫자가 전파된 이후 중국이 춘추전국시대를 거치면서 강성해지자, 우리 한(韓)문명에 대한 이해부족 즉 언어단절로 인해 중국에서 수학과 과학이 천시되고, 음양오행사상을 토대로 한 관념중심의 학문이 주류를 이루었다. 이러한 경향은 중국뿐만 아니라 우리나라를 포함한 주변의 많은 나라에 영향을 미쳐, 동양에서 수학이 하나의 독립된 학문으로 발전하지 못하게 된 것으로 보인다.

4. 숫자의 이해

숫자를 어떤 관점에서 바라보느냐는 매우 중요한 문제이다. 수나 숫자를 어떤 관점에서 접근하느냐에 따라 수나 숫자에 대한 이해는 전혀 다를 수 있다.

물건의 개수를 셀 때는 흔히 '한 개, 두 개, 세 개 ~ 열 개'와 같이 표현한다. 이것은 개수수학 또는 평면수학이라 할 수 있다. 필자도 처음 숫자를 배울 때는 하나, 둘, 셋이나 첫째, 둘째, 셋째 또는 일(1), 이(2), 삼(3)으로 숫자를 배웠었다. 앞의 것은 물건의 개수와 서수 상의 숫자이고, 뒤의 것은 수학의 기초가 되는 기수(基數)숫자이다. 숫자에 관해서는 누구나 이와 같이 이해한다.

물건의 수를 세는 개수는 평면적인 수이다. 그래서 물건을 더하고 빼는 수의 계산은 누구나 쉽게 이해하고 접근할 수 있다. 이로 인해 서양에서는 아라비아숫자를 이용하여 수학이 발전한 반면, 동양문명권에서는 수의 계산을 숫자를 이용하여 평면적으로 생각하지 않고, 입체적이고 공간적으로 접근함으로써 수를 이해하기가 쉽지 않아, 수학과 과학의 발달이 늦어지게 된 것이다.

바둑판에서 'ㅡ'의 의미는 '일(1)'이나 '하나'이면서 '우주전체'를 의미하기도 한다. 한가운데인 공간적 '0' 지점을 제외한 우주는 '하나'나 'ㅡ'의 개념에 포함된다. 아울러 일(ㅡ)은 '있다' '없다'고 할 때의 '있다'의 의미도 가지고 있다. 따라서 '있다'는 '일'이나 '하나' 또는 '모두'이며, '없다'는 '0(十)'이나 '새로운 탄생'을 가리키는 의미로 사용하기도 한다.

이와 같은 수의 이해가 동양적이고 한문화적인 숫자관념이다. 하나를 10진법으로 끝없이 나누어 가는 것이 동양의 숫자관념이고, 이와 같은 이해를 토대로 만들어진 숫자가 바로 바둑판에서 만들어진 숫자이다.

개수적이고 평면적인 수의 이해가 그리스 이후 서양의 숫자관념이라고 한다면, 공간적이고 입체적인 숫자관념은 동양적인 숫자관[103]이다. 흔히 동양에는 '수학이 없다'고 말하기도 하지만, 이런 생각은 잘못이다. 단지 문명탄생 이후 숫자를 탄생시킨 판의 차이로 인해 동서양은 수와 숫자에 대한 접근방식에 있어 약간의 차이가 있었던 것이다.

동양숫자가 입체적이고 공간적이라 하여 수를 평면적이고 개수적으로 이해하지 못한 것이 아니라, 오히려 양 측면의 숫자관을 동시에 가지고 있었다. 인류의 정신문명탄생 이전까지 동서양의 수에 대한 이해는 동일하였지만, 문명이 탄생하면서 문명탄생 판의 차이로 인해 숫자에 대한 이해가 약간 다르게 되었다. 이 결과 동북아지역에서는 입체적 공간적 숫자관념을 토대로 학문 또한 끊임없이 변하는 자연과 인간사회 중심의 음양오행관념과 노장사상, 유가사상, 법가사상 등이 발달하게 된 것이다.

서양에서는 그리스 이후 10진법과 평면적인 수의 덧셈과 곱셈의 합산원리인 구구단 그리고 개수적 숫자관념을 바탕으로 아라비아숫자를 이용한 수학이 발달함으로써, 근대에 이르러

---

103) 동양숫자는 하나 즉 하늘 공간을 10진법원리로 나눈 수이다. 따라서 하나를 끊임없이 나누어 가는 미분수학이라 할 수 있다(라이프니츠의 이론과는 다름). 반면, 서양의 숫자는 10진법 합산원리에 기초하여 만든 것으로 수를 하나하나 더하는 적분수학이라 할 수 있다.

미적분수학의 탄생과 함께 과학이 비약적으로 발전할 수 있었다. 따라서 동양과 서양의 사상이나 학문의 차이는 바로 숫자에 대한 사고관념의 차이에서 비롯된 것이라고 말할 수 있다.

5. 고대사회의 수에 대한 관념

앞에서 바둑판과 숫자의 탄생 그리고 숫자가 상징하고 있는 의미에 대해 살펴보았다. 지금까지 만들어진 숫자의 모양을 비교분석해보면 숫자의 모양이 모두 비슷하다는 사실을 확인할 수 있다. 그 이유는 인류문명이 탄생될 때 하나의 자연현상이나 어떤 표상을 토대로 동일한 원리와 비슷한 경험적 인식에 의해 숫자가 만들어졌기 때문이다.

지금도 사용되고 있는 숫자로는 로마숫자, 아라비아숫자 그리고 한자숫자로 잘못 알려진 우리 한겨레의 숫자가 있다. 로마숫자는 'Ⅰ, Ⅱ, Ⅲ ~ Ⅹ'으로 표기하고, 아라비아숫자는 '1, 2, 3 ~ 10'으로 표기한다. 그리고 우리 한(韓)문명권에서는 '一, 二, 三 ~ 十'으로 숫자를 표기한다.

한(韓)문명권에서는 우주의 순환원리를 표상한 바둑판에서 숫자를 만들었고, 로마와 아라비아에서는 10진법합산원리에 기초한 평면적인 10진법 판에서 숫자를 만들어냈다. 한(韓)숫자는 앞에서 살펴보았으므로, 바둑판과 비슷한 표상인 10진법 판에서 로마숫자와 아라비아숫자를 만들어보자.

바둑판을 4등분하거나 10진법원리 판에서 로마숫자를 만들

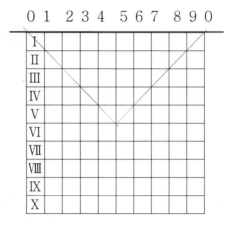

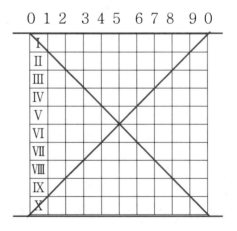

그림(4-2) 10진법원리와 로마숫자

면 로마숫자의 Ⅰ, Ⅱ, Ⅲ 은 아라비아숫자나 우리숫자와 같이 좌우로 글자모양을 만들어간 것이 아니라 좌우와 위 아래로 10진법을 이해하면서 만든 것임을 알 수 있다.

5의 숫자인 'Ⅴ'는 10진법 판에서 판의 반을 나타내고, 'Ⅹ'은 10진법 원리를 나타낸 판에서 좌우 대각으로 선을 그어 선 안쪽의 모든 것을 나타낸다.

로마숫자는 이처럼 바둑판과 비슷한 10진법 합산원리를 그대로 나타낸 판 위에서 만든 것이며, 수의 합산에 의해 수의 크기변화를 눈으로 확인하면서 이해하였다. 아울러 좌우보다 상하 관념이 조금 강하게 작용한 것이라 하겠다.

아라비아숫자는 동양숫자와 수의 출발은 동일하다. 1, 2, 3은 위 아래의 관념이 강한 1을 시작점으로 하여 2와 3은 한자의 二와 三을 필기체로 조금 빨리 쓴 것에 불과하다. 4에서 10 사이의 숫자는 동양숫자가 삼신과 삼모신 그리고 태극(지구)과의 관계 속에서 공간적이며 입체적으로 이해한 데 반해, 아라비아숫자는 로마숫자와 같이 단순히 10진법 판에서 숫자가 위치하는 곳의 모양을 본떠 만들었다.

5는 ┼과 같은 형태가 최초의 모양이다. 10진법의 가운데 숫자를 말하고 있으며, 4는 ㅑ의 모양으로서 5보다 한 칸 전의 수를 말한다.

6은 ╬ 의 모양이 최초의 것이고, 5보다 오른쪽과 아래쪽으로 한 칸 더 나아간 것을 나타낸다.

9는 모양으로 볼 때 마지막 한 칸 전의 수를 말하고, 8은 두 칸 전을 나타내고 있다. 이 8과 9는 다른 숫자와 구분하기 위해 칸을 이용하여 숫자를 표기한 것이다. 따라서 8은

1 2 3 4 5 6 7 8 9 0

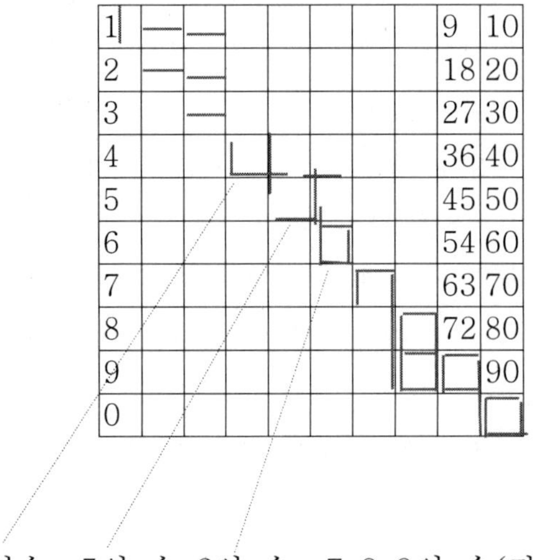

								9	10
1								9	10
2								18	20
3								27	30
4								36	40
5								45	50
6								54	60
7								63	70
8								72	80
9									90
0									

4의수 5의 수 6의 수 7 8 9의 수(칸으로 나타냄)

$$1*9 = 9$$
$$2*9 = 18$$
$$3*9 = 27$$
$$4*9 = 36$$
$$5*9 = 45$$
$$6*9 = 54$$
$$7*9 = 63$$
$$8*9 = 72$$
$$9*9 = 81$$

그림(4-3) 10진법원리와 아라비아숫자

日의 모양으로 표기할 수도 있고, 9는 □ 와 같이 나타낼 수
도 있다.

7은 10집법원리 판 위의 모양과 잘 일치하지는 않는다. 하
지만 숫자의 구성으로 볼 때 마지막에서 3칸 전을 의미하므
로 □나 ┐ 과 같이 표기할 수 있다. 위아래 선이나 네모꼴을
이용하여 세 칸 전을 의미하는 것으로, 칸이나 선의 길이 차
이를 이용해 세배의 크기로 모양을 만들어 10보다 세 칸 전
의 수임을 알 수 있게 하였다. 즉, 3칸 전의 수임을 누구나
알 수 있게 만든 숫자이다.

이처럼 1, 2, 3은 10진법 판의 모양을 그대로 이용하여 만
든 것이고, 4, 5, 6은 가운데 수인 5의 모양을 이용하여 5의
전과 후임을 표시하여 4와 6의 모양으로 나타낸 것이다. 8과
9는 판의 네모꼴 모양의 개수를 마지막을 나타내는 │의 모
양에서 역으로 부가하여 숫자를 만들었다. 다만 7은 한 칸을
나타내는 선의 길이를 이용하여 3칸 전의 수를 나타내는데
이용한 것이다. 이것이 가능한 것은 모두 모양을 이용하여 숫
자를 나타내지만, 7은 선을 이용하여 표기하면 다른 숫자와
중복되거나 혼란을 피할 수 있기 때문에 7 모양의 숫자가 만
들어지게 된 것으로 보인다.

이상과 같이 우리숫자와 아라비아, 로마숫자는 모두 10진법
원리를 내포하고 있는 바둑판과 이와 모양이나 상징이 비슷
한 10진법 판에서 만들어졌다. 이처럼 숫자의 글자꼴이나 모
양은 바둑판이나 10진법 판의 위치와 숫자가 의미하는 상징
적 표상을 떠나 존재 할 수는 없다.

다만 차이가 있다면 한 문명권은 一, 二, 三 의 숫자가 삼

신을 상징하고, 四, 五, 六은 삼신과 삼모신이 한 분씩 교차되는 곳의 모양을 본 뜬 것이다. 그리고 七, 八, 九는 삼신과 삼모신 그리고 태극이 모두 땅 위에서 공간적으로 하나하나 교차되는 곳을 상징적으로 나타내고 있다. 十은 삼신 삼모신 그리고 태극이 완전히 하나로 합일된 곳을 나타낸 것으로 우주 공간적 관점에서 숫자를 이해한 것이다.

이에 반해 아라비아숫자는 10진법합산원리의 판에서 숫자를 이해하였다. 동양숫자와 같이 각각의 숫자에 상징적인 의미는 내포되어있지 않다.

이처럼 우리문명권에서는 숫자를 공간적이고 입체적이며 미분적으로 이해하려는 경향이 강하고, 숫자에 대한 이해도 다분히 관념적이다. 반면 서양에서는 10진법합산원리로 숫자를 이해하게 됨으로써 숫자를 이용한 수학이 발전할 수 있었다.

동양이 서양보다 수에 대한 개수적이고 적분적인 이해가 다소 부족한 것은 문명의 산물을 삼신과 연관시키는 관념이 너무 강하여, 수 자체에 대한 관심과 이해가 서양보다 부족하였기 때문으로 보인다. 즉, 개수적인 수의 이해는 서양과 동일하였지만 문명탄생의 주역(主役)이었던 우리 민족이 최근까지 여전히 동북아시아의 문화와 정치 그리고 언어의 주역으로 남아있게 됨으로써, 이 지역 사람들의 사고관념이 문명탄생판인 바둑판의 숫자관념으로부터 벗어나기가 결코 쉽지 않았기 때문이다.

앞에서 바둑판에서 만들어진 숫자의 모양과 숫자가 담고 있는 의미에 대해 살펴보았다. 한자숫자는 사실 우리 숫자이며, 바둑판에서 해와 달 그리고 땅의 공간을 우리 민족의 가장 성스러운 수인 三의 수로 나누어 이해한 것이다. 이것이 동양 숫자의 시작이자 동양문화 속에서의 숫자관념이다. 다만 공간 적이고 입체적인 숫자관에 너무 치우침으로써 숫자가 관념에 서 분리되지 못하였다. 이로 인해 서양과 같이 수학이나 과학 의 단계로 나아가지 못하였고, 동양학은 세월의 변화과정 중 심의 음양오행관념의 틀 속에 갇히게 되었다. 이 결과 서양이 아라비아숫자를 이용해 수학을 학문으로 발전시키게 되자 서 양문명에 뒤지게 된 것이다.

동서양 모두 개수를 세는 수의 개념은 처음에는 동일하였지 만, 인류문명탄생 이후 문자와 숫자를 이용한 학문이 발달하 면서 수에 대한 관념이나 이해의 차이가 학문에도 영향을 미 쳐 동서양문명의 형성에 지대한 영향을 미치게 되었던 것이 다.

1	2	3	4	5	6	7	8	9	10
11	12	13	14	15	16	17	18	19	20
21	22	23	24	25	26	27	28	29	30
31	32	33	34	35	36	37	39	39	40
41	42	43	44	45	46	47	48	49	50
51	52	53	54	55	56	57	58	59	60
61	62	63	64	65	66	67	68	69	70
71	72	73	74	75	76	77	78	79	80
81	82	83	84	85	86	87	88	89	90
91	92	93	94	95	96	97	98	99	100

그림(4-4) 10진법합산원리 판

제5장 바둑과 한글

1. 문자의 발명
2. 한글기원에 대한 고찰
3. 훈민정음 창제에 관한 고찰
4. 한글자모의 탄생
5. 한글자모 속의 'ㅎ'의 의미
6. 한글의 제자(制字)원리

1. 문자의 발명

사람은 누구나 말을 하면서 살아간다. 사람이 동물과 구별되는 것은 지구상의 수많은 동물 중에서 사람만이 말을 할 수 있기 때문이다. 그래서 인간은 만물의 영장이라고도 하며 존엄한 존재로 여겨지고 있다. 그러나 문자나 역법이 없다면 사람을 존엄한 존재나 만물의 영장이라 할 수 있을까? 여기에 대해서는 필자도 의문이 생긴다. 문자와 역법이 없다면 사람은 동물보다 좀 더 다양한 의사표현 수단과 방법을 가지고 있을지는 모르지만 존엄한 존재로 불리기는 어려울 것이다.

사람이 존엄할 수 있는 이유는 인류문명의 여명기에 인류의 조상들이 문자와 역법을 만들어낼 수 있었기 때문이라고 한다면 잘못된 생각일까? 사람의 삶에 있어 이처럼 중요한 문자는 누가, 언제, 어떻게 만든 것일까?

오늘날 사람들은 대부분 문자를 사용하며 살아가고 있다. 하지만 고유 문자를 만들어낸 민족은 그렇게 많지 않다. 오늘날 가장 많이 사용되고 있는 문자인 알파벳은 페니키아인들이 이집트의 상형문자를 다듬어 음성문자인 초기 알파벳을 만들었으며, 이것이 그리스로 전해져 그리스에서 지금과 같은 자형의 알파벳이 완성되었다. 이것이 이후 로마와 다른 유럽지역으로 전해져 최근에는 세계에서 가장 많이 사용되는 문자가 되었다.

이 외에 아랍권에는 아랍문자, 중국에는 한자, 일본에는 가나문자 그리고 우리나라에는 한글이 있다. 이 밖에도 민족에 따라 각기 다른 많은 문자가 있었으나 대부분 소멸되었으며, 오늘날까지 널리 통용되는 문자는 그렇게 많지 않다. 그 이유는 제대로 된 문자를 만드는 일이 쉽지 않기 때문이다.

이들 문자 중에서도 가장 돋보이는 문자가 우리 한글이다. 언어학자들도 한글은 세계 각 민족의 언어를 본래의 음과 가장 가깝게 표기할 수 있는 유일한 문자라고 한다. 따라서 앞으로 세계문자가 되기에 충분한 조건을 가지고 있다.

알파벳은 어느 한 민족의 문자가 아니라 고대 이집트의 초기 상형문자가 세월이 흐르면서 조금씩 변하고, 이후 페니키아와 그리스를 거치면서 서서히 완성된 문자이다. 고대 그리스에서 인류문화사상 가장 찬란한 철학이 탄생할 수 있었던 것도 따지고 보면 그 이전에 이집트인들이 역법과 함께 문자(신성, 신관, 민중)104)를 만들고, 이것을 페니키아인들이 모양을 다듬어 쓰기 쉬운 표음문자로 발전시켜 그리스에 전해주었기 때문이다. 다시 말해 그리스문명은 그 이전 다른 문명권에서 만든 문자와 역법 그리고 숫자와 각도법 등이 있었기에 가능하였다. 그만큼 문자발명은 인류문명 발달사에서 중요한 의미를 지니고 있다.

그러나 알파벳이나 다른 문자는 발음이나 문자구조상의 문제로 인해 수많은 민족의 언어를 음가를 해치지 않고 그대로 표현하기 어렵다. 하지만 한글은 대부분의 언어를 본래의 소리음 그대로 음가를 거의 변화시키지 않고 표기할 수 있으며, 가로쓰기와 세로쓰기도 가능해 사용하기 편한 문자이다.

이와 같은 문자는 세계에서 오직 한글뿐이다. 따라서 세계에

---

104) 이집트문자로는 신성, 신관, 민중문자(속용문자)가 있다. 신성과 신관문자는 상형문자이며, 민중문자는 기원전 7세기 무렵부터 사용된 상형 및 표음문자이다. 이로 인해 인류의 문자가 상형문자에서 표음문자로 발전한 것으로 이해하게 되었다.

서 가장 위대한 문자문화라고 할 수 있다. 이런 견해는 필자만이 아니라 세계의 많은 학자들도 인정하고 있는 사실이다.

이처럼 뛰어난 우리 한글은 누가 어떤 원리로 만든 것일까?

2. 한글기원에 대한 고찰

우리 한겨레의 고유문자는 한글이다. 한글은 언제 누가 만든 것일까? 이에 대해 학자들 간에도 의견이 분분하다. 최근에는 한글이 「환단고기(桓檀古記)」가 전하는 내용과 같이 단군이 만든 가림토(加臨土)문자에서 유래[105]되었다고 주장하는 사람도 있다. 하지만 이런 견해는 신빙성 있는 주장으로 인정받지 못하고 있다.

지금까지는 조선시대 세종대왕이 만들었다는 세종대왕 창제설이 일반적으로 받아들여지고 있다. 우리 겨레 모두 한글은 세종이 만든 것으로 배워왔으며, 또 당연히 그런 것으로 알고 있다. 하지만 정말 세종이 한글을 창제한 것일까?

「조선왕조실록」이나 「훈민정음 운해」 그리고 그 이후의 어떤 기록에도 훈민정음의 창제원리가 분명하게 나타나있지 않다. 지금까지의 한글연구와 왕조실록 그리고 「훈민정음운해」와 「훈민정음해례」나 「해례의 제자해」 등의 기록을 살펴보면 그와 같은 제자 원리와 그 정도 수준의 연구로 한글이 과연 만들어질 수 있을까 하는 의문이 드는 것이 사실이다.

---

105) 한글과 같은 자형의 문자는 인도와 일본 그리고 티베트와 몽골에도 있다. 정연종, 「한글은 단군이 만들었다」, 넥서스, 1996, 224-234쪽.

다시 말해 지금까지의 기록이나 연구결과만으로는 우리가 쓰고 있는 한글자모가 모두 만들어지기는 어렵다. 한글자모에는 훈민정음이나 그 이후의 한글연구수준을 벗어나 있는 문자도 있으며, 이들 문자가 내포하고 있는 의미는「훈민정음」과「훈민정음해례」그리고「해례의 제자해」에서 보이는 글자에 대한 이해와 연구수준을 뛰어넘은 것이다.

한글을 만든 사람은 세종이 아니며, 그보다 훨씬 이전에 천체와 자연관찰을 통해 바둑판을 만들어낸 사람이거나, 오랫동안 바둑판을 연구해온 집단에서 만든 것으로 보인다. 세종이 당시까지 전해오던 한글자모의 음운을 정리하여 오늘날 우리가 쓰고 있는 한글자모를 보존하고 발전시킨 것은 사실이다. 하지만 분명한 것은 한글자모를 세종이 직접 창제하지는 않았다는 것이다.

한글의 기원에 관해 한글을 만든 사람이 단군이라고 주장하는 학자도 있을 뿐만 아니라 일본에는 200여 개가 넘는 지역에 한글로 쓰여 있는 수많은 비석이 지금도 남아있다. 이것을 일본에서는 '신대문자(神代文字)'라 부른다.

한글은 조선시대가 아니라 그보다 훨씬 앞선 B. C. 12-3세기인 박달시대에 만들어진 것으로 보인다. 지금은 배달(倍達, 박달의 이두표기)시대로 알려져 있는 박달시대에 만들어져 사용되어 오다가 삼국시대를 거치면서 기록문자의 지위는 한자에 내주고 밀려나 이후 민간에서 주로 사용되어 온 것이다.

이후 한글이 민간에서 아무런 원칙 없이 사용됨으로써 지역마다 자모의 음가가 조금씩 차이가 나게 되었고, 나중에는 한글자모의 음운법칙까지도 무너지게 되었다. 고려 때까지 '속용(俗用)문자'로 불리어 오다가 조선시대에 들어와 세종에 의해 문자의 음운이 다시 정리된 것으로 보는 것이 가장 바른 견해일 것이다.

 한글은 만들어질 당시부터 '한글'106)이나 '글'이란 명칭으로 불리어졌던 것으로 보인다. 우리민족의 바른 한글표기는 '한겨레'이다. 그리고 우리겨레의 최고지도자이자 우리가 힘들고 어려움에 처할 때마다 도움을 청하고 마음속으로 의지하고 따르는 존재는 '한님(하느님)'이다. 따라서 한님의 후손인 한겨레가 사용하는 문자는 당연히 '한님(하느님)'이 만든 '한글'일 수밖에 없다.
 결국 고유의 말과 글을 가진 민족의 언어를 다른 나라 언어로 표기한 것은 잘못된 표기일 수밖에 없다. 따라서 한글이 처음 만들어졌을 때에도 당연히 '한글'이나 '글'로 불리어졌다고 보는 것이 타당한 생각이다.
 그리고 박달시대에 만들어진 한글이 오늘날까지 남아있을 수도 있다. 한글과 비슷한 자형의 문자는 세계 여러 곳107)에 남아 있다. 일본의 곳곳에 남아있는 신대(神代)문자도 그중 하나로 보인다. 최소한 3000년 이전인 박달시대에 바둑판에서 만들어져 사용되어 온 한글이 모태가 되어, 이후 동북아지

---

106) 한글은 최근에 붙여진 우리문자의 명칭이다. 하지만 박달시대에 처음 만들어질 때도 '한글'이나 '글'로 불리었던 것으로 보인다. 우리 민족을 한민족이나 한겨레라 칭하는 것처럼 '한'이란 음성언어는 세종 훨씬 이전에 탄생하였다. 문명탄생판인 바둑판 없이는 한글자모는 물론 '한'이라 읽히는 한자의 음도 생성되기 어렵다. 따라서 한글과 같은 자형의 문자는 우리나라와 중국의 언어가 완전히 분리되기 이전(한자탄생 전)에 만들어진 것이다. 그리고 한글은 한님이 만든 글이란 의미를 담고 있다. 박영홍, 상게서, 표지와 71-72쪽.
107) 인도, 몽골, 일본 등에는 아직도 한글과 비슷한 자형의 문자가 남아 있다. 정연종, 상게서, 225-234쪽.

역에서 다른 국가의 문자형성에 많은 영향을 주게 된 것이다. 즉 한글은 한자는 물론이고 자형(字形)이 비슷한 거란문자, 몽골문자, 여진문자 등 다른 문자의 형성에 큰 영향[108]을 주었던 것이다.

「세종실록」에는 한글자모가 세종이 만든 것이 아니라 '고래로 전해온 문자를 본떠' 음운을 정리한 것임을 세종 자신은 물론이고 집현전 학자들도 그렇게 말하고 있다.

「훈민정음(訓民正音)」이나 「훈민정음운해(韻解)」에는 한글자모에 대한 충분하고도 분명한 설명이 되어있지 않다. 다시 말해 왕조실록의 훈민정음기록이나 운해의 설명에는 한글자모 하나하나의 제자원리에 대한 명확한 설명이 없다. 만든 사람이나 당시 한글창제에 참여한 사람도 올바르게 이해하지 못한 새로운 문자의 창제가 과연 가능한 것일까?

세종실록에서 세종은 훈민정음이 모두 '고자(古字)'에서 근거했다고 말하고 있다. 최만리의 반대상소와 세종의 답변이 바로 그것이다. 훈민정음 서문에서 정인지는 '字倣古篆'이라고 하여 고전의 존재를 밝히고 있고, 신경준의 「훈민정음운해서」에서는 분명히 '俗用文字'라고 하여 훈민정음이 이전에 존재하던 문자를 정리하여 만든 것임을 밝히고 있다.

게다가 일본의 신대문자나 거란과 여진문자 등 한글과 자형이 비슷하거나 거의 같은 문자 역시 그 이전에 존재하던 문자를 본떠서 만들었을 것으로 추정되는데, 어디에도 그 이전 문자에 대한 언급이 없다.

이 중에서도 일본의 신대문자는 우리 한글과 자형이 거의

---

108) 정연종, 상게서, 201-264쪽.

동일하고 글자를 읽는 음운법칙도 비슷하다. 이와 같은 글자가 이미 존재하고 있는데 세종이 문자를 만들 수 있는 어떤 모형이나 표상을 모방하거나, 당시까지 전해진 기존문자를 참고하거나 문자의 자형을 본뜨지 않고, 완전히 새로운 문자를 독창적으로 만들어낼 수는 없는 일이다. 따라서 세종이 한글 자모를 만들었다는 주장은 다소 문제의 소지가 있다.

그리고 '훈민정음(訓民正音)'이란 표현의 '정음(正音)'은 한자의 의미와 같이 이전까지 전해오면서 아무런 원칙이나 기준 없이 사용되고 있던 '속용문자의 음운을 정리하여 글자의 음을 통일하고 정비한 것'으로 이해하는 것이 올바른 해석이라 할 수 있다.

조선 초기까지 '古字(고자)'나 '古篆(고전)' '俗用(속용)文字'로 알려져 있다가 세종이 음운을 정리하여 '훈민정음(訓民正音)'으로 반포한 문자는 박달시대에 박혁거세(한)가 만든 것이며, 한문명의 여명기에 바둑판을 모태로 하여 만들어진 문자이다.

한글은 바둑판을 떠나 만들어질 수 없는 문자로 바둑판의 구성 원리와 우주에 대한 경험적 이해에 근거하여 만들어진 우주문자이기도 하다. 이해의 편의를 위해 지금까지 있어왔던 학자들의 한글에 대한 견해를 잠시 살펴보고 나서 필자와 함께 바둑판에서 한글자모를 다시 만들어 보도록 하자.

3. 훈민정음 창제에 관한 고찰

훈민정음 즉 한글의 기원과 탄생에 대한 학자들의 의견은 대체로 세종창제설을 전제로 모방설과 상형설로 나누어지고 있다. 훈민정음 해례본이 발견되기 이전에는 모방설이 주된 학설이었으나 그 이후에는 상형설이 주된 설로 자리 잡아가고 있다.

한글의 기원에 대한 지금까지의 학자들 견해를 요약해보자[109].

우선 고자(古字)기원설을 살펴보면, 이 설은 「세종실록」에 나와 있는 최만리의 반대상소와 세종의 답변 그리고 정인지의 훈민정음 서문과 신경준의 「운해훈민정음서」 등이 고자기원설의 주된 소재로 인용되고 있다.

세종실록(권 103)에서 세종은 훈민정음이 모두 고자에서 근거했다고 말하고 있다. 여기서 고자(古字)는 '非新字'라고 거듭 밝히고 있다. 정인지는 훈민정음 서문에서 '字倣古篆'이라고 하였으며, 신경준은 '운해훈민정음 서'에서 '俗用文字'의 존재를 밝히고 있다. 하지만 고자나 고전은 물론 속용문자의 설명이나 문자의 자형은 어디에도 보이지 않는다. 이 외에도 다수의 다른 문자 모방설이 있으나 큰 의미는 없다.

이 모방설의 기원이 된 고자나 고전의 존재와 자형에 대한 분명한 설명이 없지만, 훈민정음을 만든 당사자인 세종이 고자(古字)의 존재를 언급하고 있는 것으로 보아 '훈민정음(訓民正音)'이란 용어의 의미와 같이 '고자(古字)'의 바른 음가 즉 바른 표기를 위해 세종이 '음운에 대한 원칙과 발음기준'을 다시 정해 반포한 것으로 볼 수 있다.

다음으로 상형설이 있다. 상형설은 세종이 훈민정음을 어떤

---

109) 이 부분은 강규선의 연구를 참고한 것임. 강규선, 「훈민정음 연구」, 보고사, 2001, 9-158쪽.

모양을 본떠 만들었다는 주장이다. 무엇을 본떠 만들었는지에 대해 많은 이설이 있다. 오행을 본떠 만들었다는 설과 발성기관을 본떠 만들었다는 설 그리고 입술과 혀의 작용이나 초성이 발음될 때의 모양 등을 보고 만들었다는 설 등이다.

오행상형설은 훈민정음이 아음(ㄱ) 치음(ㅅ) 설음(ㄴ) 순음(ㅁ) 후음(ㅇ)의 모양을 본떠 만들었다고 한다. 이 주장은 신경준의 「운해훈민정음」과 「훈민정음해례」의 '제자해(制字解)'를 근거로 한 것이다. 다른 주장도 발음기관이나 초성 발음 시 입술의 작용과 연관시킨 것으로 상형설의 근거가 된다.

훈민정음 해례의 「制字解」는 그 기원을 우주에 두고 있다. 제자해에는 "천지는 하늘과 땅만이 아니고 우주 자연을 뜻하기도 하는데 이는 우주의 이치에 근본을 둔 것이다. ~우주의 모든 삼라만상의 도리는 결국 음양오행으로 짜여있고 ~ 우주에 존재하고 있는 모든 생명은 음양의 이치를 떠나서는 존재할 수가 없다. 사람의 목소리도 음양의 이치가 본디 있거늘 그것을 살피고 돌아보지 않고 있었을 뿐이다. 우주의 이치가 둘이 아니니 우주의 이치와 그 작용 속에서 사람의 소리를 찾고자 한 것이다"라고 하고 있다. 그리고 "초성17 자도 모양을 본뜬 것으로 아음(牙音) ㄱ은 목구멍을 막는 모양을 본뜬 것이며, 설음(舌音) ㄴ은 혀가 잇몸 위에 붙는 모양을 본뜬 것이다. 순음은 입술모양을 치음은 이의 모양을, 후음은 목구멍의 모양을 본뜬 것이다. 여기서 아음과 설음은 혀가 그 발음에 따라 만드는 모양을 상형한 것이고, 순음 치음 후음의 상형은 발음기관 본래의 모습을 본뜬 것이다"라고 하고 있다.

훈민정음 기원설은 아직까지 논란이 되고 있다. 한글의 기원을 올바로 알기 위해서는 그 전에 글자 창제의 기반이 되는 민족의 정신문화와 시대적 배경에 대한 이해가 선행되어야 한다. 글자는 만든 사람들이 쓰기 위한 것이므로, 당시 사회의 시대적 관념 즉 신앙이나 철학은 물론이고 다른 연관된 문화와 동떨어진 문자는 조성될 수 없다.

위에서 모방설이나 상형설을 언급하였지만 어떤 학자도 당시의 시대관념이나 사회 문화적 배경에 대한 세밀한 관찰이 부족하다. 단순히 어떤 사실에 대한 인식과 판단이란 관점에서 바라본다면 위의 두 학설은 나름대로 타당한 주장일 수 있다. 하지만 그 시대의 세계관이나 사상, 철학, 종교 등 정신문화까지도 고려한다면 지금까지의 주장은 의미 없는 주장을 위한 주장이나 단순한 의견제시에 불과하다.

훈민정음은 세종실록에 기록되어 있는 바와 같이 당시 세종이나 정인지 등이 말한 그 때까지 존재하고 있던 고자(古字)를 모방하여 만든 것이다. 상형설의 근거가 되는「훈민정음 제자해」의 내용과 같이 훈민정음은 당시에 존재하고 있었으나 널리 쓰이지 않고 속된 문자로 취급되고 있던 고자, 즉 한글의 원형인 속용문자의 음운을 발성기관인 입술, 혀, 이빨, 목구멍 등이 문자를 발성할 때 어떻게 작용하는지 과학적으로 치밀하게 연구하여 표준 음가를 정한 것으로 볼 수 있다.

위의 두 학설이 일면 타당한 주장이긴 하지만 속 시원한 해답이 되지 못한 이유는 훈민정음을 만든 사람의 견해와 제자 원리를 모두 인정하고, 이를 토대로 그 전까지 존재하였다고 하는 글자의 모양이나 훈민정음(訓民正音)이 의미하는 바가 무엇인지 정확하게 이해하지 못하였기 때문이다.

분명한 사실은 지금의 한글은 세종 이전부터 우리의 문자로서 계속 사용되어 왔다는 것이다. 흔히 속용문자로 알려져 있던 문자는 고려나 통일신라시대 또는 삼국시대가 아니라 그 이전인 박달시대에 만들어져 우리말 조성에 이용된 것이다[110]. 하지만 춘추전국시대 이후 강성해진 중국의 힘에 밀리게 됨으로써 어쩔 수 없이 중국을 알기 위해 한자를 도입해 사용하게 되었다. 이로 인해 삼국시대 이후에는 한자가 우리나라의 주된 기록문자가 되었고, 고유문자인 한글은 국가의 중심 집단이 아닌 민간에서 주로 사용된 것이다. 이와 같은 사실은 아직도 부적 등을 그릴 때 한글의 글자 모양을 볼 수 있는 것이 그 한 예가 아닐까 생각된다.

 다만 고려 이후 국가의 중요한 기록수단으로서의 자리는 한자에 빼앗기고 소수의 특수계층만의 문자로 머물게 되어 유명무실하게 되었지만, 다행히도 조선 초기까지 전해져 세종대왕에 의해 고유문자의 음가가 다시 정리된 것이다. 세종은 당시까지 고자나 속용문자로 알려져 있던 문자의 음운을 다시 정리하여 훈민정음(訓民正音)이란 명칭으로 반포하였다. 그러므로 훈민정음(訓民正音)도 당시까지 '민간에서 사용되고 있던 우리 고유문자를 백성들이 쉽고 바르게 사용할 수 있도록 표준 음가를 정하여 백성들에게 알려준다'는 의미로 사용한 것이다.

 세종이 한글을 '훈민정음'이라고 한 사실에서 알 수 있는

---

110) 한글과 같은 문자가 없이는 오늘날 우리가 사용하고 있는 대부분의 낱말이 만들어질 수 없다. 양주동 선생의 향가풀이에서 보는 바와 같이 우리말은 신라시대와 비교해 크게 변하지 않았다. 따라서 우리의 고유문자는 삼국시대 이전부터 존재하고 있었던 것이다.

바와 같이 민간에서 사용되고 있던 문자를 일반 백성들이 올바로 읽고 쓸 수 있게 '문자의 음을 바르게 정리하여 백성들에게 알려 주었다'는 것을 사실 그대로 전해주는 것이 바로 '훈민정음(訓民正音)'이란 표현이다.

박달시대에 한글이 처음 만들어졌을 때에는 글자의 음을 나타내는 분명한 기준이나 음운법칙이 정해져 있었을 것이다. 그 이유는 우리언어가 과학적이며 체계적으로 만들어졌으며, 이와 같은 언어가 만들어지기 위해서는 언어를 만든 사람들이 언어조성원리에 대한 분명한 원칙과 기준이 있어야만 가능한 일이기 때문이다.

우리말은 세종 이전 최소 수 천 년에 걸쳐 조성되고 정리된 언어[111]인데, 어떤 분명한 기준이나 음운법칙에 맞추어 만들어졌다는 것은 그 이전에 우리말의 음운법칙이나 낱말조성법칙이 이미 정비되어있었다는 것을 말한다. 하지만 한자사용과 더불어 역사의 부침 속에 오랫동안 등한시되고 천시되어 민중들이 무원칙하게 사용하고 있던 고유문자를 세종께서 음운을 재정비하여 '훈민정음'이란 명칭으로 반포한 것이다.

4. 한글자모의 탄생

한글은 언제, 어떤 원리로, 누가 만든 것인지에 대해 많은 주장이 있어왔지만 대체적으로 세종의 창작품으로 간주되어 왔다. 하지만 신대문자나 인도나 몽골의 일부지역에 한글자모

---

111) 이두로 기록된 우리말을 통해서 알 수 있다.

와 비슷하거나 거의 동일한 문자가 남아있음을 상기해 볼 때 한글은 훨씬 이전에 만들어져 일본이나 만주지역 그리고 인도의 일부지역까지 흘러들어갔을 수도 있다.

박달시대에 만들어진 한글이 오랜 세월이 흐르면서 한글사용자가 이들 지역으로 흩어져 당시의 문자를 오늘날까지 간직하고 있는 것으로 볼 수도 있다. 이와 같은 시각에서 연구해본 결과 필자는 한글이 인류문명의 여명기에 바둑판에서 숫자와 함께 만들어졌다는 것을 확인할 수 있었다.

여기서 바둑판에서 새롭게 발견한 한글자모의 조성 원리를 알아보자. 바둑판 위에서 한글자모를 그려보면 쉽게 한글자모의 기원과 조성원리를 이해할 수 있다. 바둑판에서 한글자모를 만든다는 생각으로 한글 자모 24글자를 만들어보면 그림 (5-1)과 (5-2)의 모양으로 자모를 만들 수 있다.

천원이라 불리는 한 가운데 지점을 기점으로 각각 3칸씩 나누면 바둑판은 3등분된다. 이렇게 나누어진 바둑판 위에서 가장 바깥쪽 공간은 초성과 종성이 위치하고, 가운데 3칸은 중성 즉 모음이 위치하게 된다.

가장 안쪽의 원은 3칸을 반지름으로 하는 원을 이루게 되고, 이 원으로 'ㅇ'자를 만들 수 있다. 바둑판을 천원점에서 3칸 단위로 구분하면, 해의 운행선과 달의 운행선 그리고 지구의 둘레를 표시하는 모양으로 바뀐다.

바둑판 한가운데 지점에서 각각 3칸이 지구의 공간, 달의 공간 그리고 해의 공간이다. 이 때 그림에서와 같이 땅이나 태극을 의미하는 'ㅇ'과 달이나 해머스를 의미하는 가운데 3칸의 'ㅡ'과 해의 공간을 상징하는 바깥쪽 3칸의 'ㅣ'이 합쳐져서 'ㅎ'자가 만들어진 것이다.

그림(5-1) (자음 : 초성과 종성)

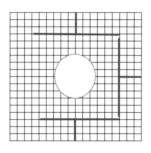

그림(5-2) (ㅎ : 천지인)

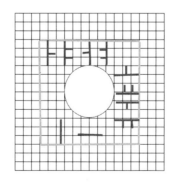

그림(5-3) (한글의 모음 : 중성)

말하자면, 'ㅎ'은 지구를 상징하는 'ㅇ'의 문자 위에 달의 공간을 상징하는 'ㅡ'과 해의 공간을 상징하는 'ㅣ'이 합쳐진 'ㅗ'모양의 문자가 얹혀있는 모양을 하고 있다. 위에 있는 그림(5-2)에서 지구를 상징하는 'ㅇ'의 위치에서 보면 동서남북 어디에서도 'ㅗ'모양의 문자가 얹혀있음을 확인할 수 있을 것이다.

따라서 이 문자는 지구와 달 그리고 해의 존재는 물론 우주 공간에서 이들의 위치와 역할 뿐만 아니라 상호관계를 이해할 수 있는 자연과학적인 지식 없이는 만들어질 수가 없다. 아울러 문자 'ㅎ'은 해와 달 그리고 지구의 공간 모두를 포함한 우주를 상징한 것으로, 이 문자를 만들 당시 우리 조상들의 우주천문학에 대한 이해와 연구수준을 알게 해주는 문자이기도 하다.

3등분된 바둑판 위에서 초성 중성 종성이 위치하는 각 공간에서 초성과 종성이 되는 자음 글자를 만들어 보면, ㄱ, ㄴ, ㄷ, ㄹ, ㅁ, ㅂ, ㅋ, ㅌ, ㅍ의 글자꼴은 바둑판이 네모꼴이므로 바둑판의 가장 바깥쪽 3칸 위에서 쉽게 만들어짐을 알 수 있다. 다음으로 바둑판 위에서 대각선으로 선을 그어놓고 ㅅ, ㅈ, ㅊ의 문자를 만들어보면 이 또한 쉽게 만들어짐을 확인할 수 있다. 이렇게 하면 지금까지 우리가 한글자음으로 알고 있는 모든 문자 모양이 만들어진다. 한글자음의 문자모양은 바둑판이 아니고는 어떤 모양이나 표상 위에서도 만들어질 수가 없다.

다음으로 모음을 만들어 보자. 한글 모음은 훈민정음의 원칙에 따르면 중성이 되는 문자이다. 앞의 그림에서 모음 즉 중성을 만들면, 바둑판의 가운데 공간에 모음이 위치하고, 여기서 모음 ㅏ, ㅑ, ㅓ, ㅕ, ㅗ, ㅛ, ㅜ, ㅠ, ㅡ, ㅣ의 10개 문자가 만들어짐을 확인할 수 있다. 이처럼 한글은 만들 당시부터 자음과 모음이 만들어진 공간이 서로 다르고, 역할과 기능 또한 서로 상이하였다.

중성인 모음은 스스로 하나의 글자를 이루거나 자음인 초성이나 종성과 합쳐져 다른 글자를 만들 수도 있다. 모음이 자음의 도움 없이 스스로 하나의 글자를 이루게 될 경우에는 모음 앞에 음가가 없는 자음 'ㅇ'이 붙게 된다. 이때 이 'ㅇ'의 문자는 음가를 갖지 않지만, 모음 뒤에 위치하게 될 때는 음가를 가지게 된다. 예를 들면 아, 야, 어, 여와 같이 'ㅇ'이 모음 앞에 올 경우에는 음가를 갖지 않지만, 강, 양, 엉, 영과 같이 'ㅇ'이 모음 뒤에 올 때는 반드시 음가를 가지게 된다.

그리고 자음은 모음의 도움 없이 자음 자체로 독립적인 글자가 될 수는 없다. 자음은 중성인 모음에 붙어 초성이 되거나 종성이 되거나 하여, 글자나 글자의 음이 완성될 수 있게 도와주는 역할을 한다.

이처럼 자음과 모음의 기능과 역할은 바둑판의 자음과 모음 위치를 자세히 살펴보면 알 수 있다. 즉 한글 자음과 모음의 음운과 문자로서의 기능은 바둑판에서 문자가 만들어질 당시부터 정해져있었던 것이다. 이것이 바로 한글이 외국문자와 근본적으로 다른 점이다.

한글은 처음 만들어질 때부터 문자의 글자꼴은 물론 자음과 모음의 음운과 역할까지 미리 정해진 문자이며, 그 이후 거의 변하지 않은 세계에서 유일한 문자이다.

이집트문자나 한자 같이 고대사회에서 문자를 처음 만들 때에는 어떤 형상을 본떠 만드는 것이 일반적이다. 이런 문자를 우리는 흔히 상형문자라고 부른다. 여명기의 문자는 대부분 동물이나 자연 속에 존재하는 어떤 사물의 모양이나 문양을 보고 문자를 만들었다. 그리고 세월이 흐르면서 초기에 만들어진 상형문자가 보다 쓰기 편하고 이해하기 쉽게 변하였다. 문자의 모양은 오랜 세월에 걸쳐 서서히 변하며, 오늘날 존재하는 대부분의 문자는 이와 같은 과정을 거쳐 만들어졌다.

반면, 우리 한글은 인류문명의 창조행위인 바둑행위를 통해 바둑판을 만들기까지 오랜 세월이 걸렸지만, 바둑판이 만들어진 이후 바둑판을 이용하여 문자나 숫자의 조성에는 그다지 많은 시간이 필요하지 않았던 것 같다. 다시 말해 우리의 문자와 숫자는 다른 문명권의 문자나 숫자와 달리 처음부터 완성된 형태였던 것이다. 이것이 우리문자와 숫자의 위대한 점이며, 당시에 만든 문자와 숫자의 모양이나 형태가 거의 변하지 않고 지금까지 사용되고 있다. 그럼에도 불구하고 세계의 언어학자들로부터 인류의 문자들 중에서 최고 문자로 인정받고 있다.

이외에도 자음이나 모음을 이용하여 쌍자음이나 복모음을 만들 수도 있다. 쌍자음으로는 자음을 겹쳐 만든 ㄲ, ㄳ, ㄶ, ㄸ, ㄺ, ㄻ, ~ ㅄ, ㅆ, ㅉ 등 16개가 있다. 중성 역할을 하는 모음도 겹쳐져 복모음이 될 수 있다. 복모음으로는 ㅐ, ㅒ, ㅔ, ㅖ, ㅘ, ㅙ, ㅚ, ㅝ, ㅞ, ㅟ, ㅢ 등 11개가 있다.

이상에서 살펴본 바와 같이 바둑판에서 문자를 만들어 보면 자음 14개, 모음 10개가 만들어진다. 이들 자음과 모음을 이용하여 자음과 자음 모음과 모음이 겹쳐지는 문자를 만들면, 쌍자음 16개, 복모음 11개가 만들어지는 것을 확인할 수 있다.

이들 51개의 문자는 모두 오늘날 우리가 쓰고 있는 문자이다. 이외에도 새로운 문자는 더 만들어질 수도 있지만, 음성학적으로 필요성이 없기 때문에 오늘날 쓰이고 있는 문자는 위에 나오는 51개의 문자뿐이다.

훈민정음 반포 시에는 ㆁ, ㆆ, ㅿ, ·, ㅸ 등의 문자도 있었으며, 특히 한자음을 표기하기 위해 이들 문자뿐만 아니라 몇 개의 문자가 더 사용된 것 같으나, 우리말 표기는 자음과 쌍자음 모음과 복모음 등 모두 51개의 문자로 표기가 가능하기 때문에 나머지 문자는 소멸되고 지금은 쓰이지 않게 되었다.

5. 한글자모 속의 'ㅎ'의 의미

한글자모의 기원과 탄생에 대해 지금까지 많은 주장이 있어 왔지만 한글은 분명히 바둑판에서 만들어진 문자이다. 인류문명의 여명기에 우리 조상들이 역의 변화를 관찰하는 바둑행위를 통해 사각형의 바둑판을 만들게 되었다. 처음에는 역의 연구도구로서 만들어졌지만, 이후 바둑판 위에서의 계속된 탐구는 결국 시간과 방위(12地支)는 물론 숫자(10天干)와 우리 한(韓)문명을 한층 더 진일보시킨 한글을 탄생시키게 된 것이다.

한글은 바둑판을 제외하고는 어떤 모양이나 문양에서도 만들어 질 수 없는 문자이다. ㄱ ㄴ ㄷ ㄹ ~ ㅋ ㅌ ㅍ의 문자는 가능할 수 있을지 몰라도 ㅅ ㅈ ㅊ의 문자 꼴은 만들기 어렵다. 게다가 'ㅎ' 문자는 거의 불가능한 것으로 여겨질 만큼 만들기 어려운 문자이다.

'ㅎ'은 만들기 어려울 뿐만 아니라 많은 의미를 내포하고 있는 문자이기도 하다. 이것은 지구와 달과 해 그리고 우주공간 모두를 상징하고 있다. 상형이나 상징적 의미에서 바라본다면 'ㅎ'은 바둑판 전체를 대표하는 문자이다. 아무리 뛰어난 학자라 하더라도 바둑판의 탄생과 바둑판에서 만들어진 역의 원리와 음양오행원리 그리고 바둑판이 담고 있는 우주 이치를 이해하지 못한다면 만들 수 없는 문자이다.

이 문자를 만들기 위해서는 최소한 천(天) 즉 '一+二+人(천지인)'의 의미를 알고 있어야 한다. 해와 달과 지구(땅)가 합쳐진 공간을 하늘 즉 우주공간으로 이해하고 있으며, 해와 해의 아들인 해머스 그리고 해머스의 아들인 박혁거세(한)를 자신들의 조상으로 하는 삼신숭배사상을 가진 민족만이 이 문자를 만들어낼 수 있다.

정신적인 측면에서 살펴볼 때도 해신을 주신으로 믿고 있는 집단이 우주를 삼신과 연관시켜 이해하고, 자연의 변화원리를 자신들의 조상인 삼신의 역할과 영향의 결과로 생각하는 정신문화 속에서만 만들어질 수 있다. 다시 말해 천손(天孫)관념을 가지고 있으며, 바둑판원리를 완벽하게 이해한 사람들만이 한글을 만들어낼 수 있다.

조선시대는 유교문화의 영향에 의해 '천(天)사상'이 그 당시의 지배관념이었지만, 유교의 천(天)사상은 단순히 '하늘과 하늘의 뜻을 따른다는 사고관념(天命)'에 불과하며, 하늘 즉 우주를 삼신과 연관시키거나 우리민족을 삼신의 후예로 생각하는 관념은 크지 않았다. 삼신의 의미도 자손의 탄생을 주관하는 존재인 '삼신할매'로 이해하고 있었으며, 정신적으로는 민족자긍심이 희박하고, 중화중심사관이 우리민족의 사고관념을 지배하던 시대였다.

더구나 조선 초기에는 태종 이방원이 그때까지 전해오던 우리민족 고유의 전승이나 중국과 다른 독자적인 역사관과 문화 관념이 담긴 많은 서적을 유교이념에 맞지 않는다 하여 참언(讖言)이나 잡설(雜說)로 규정하여 없애버렸던 것이다. 이와 같은 시대정신에 비추어보아도 조선 초기에 한글이 만들어지기는 어려운 일이다.

다음으로 민족적인 관점에서 'ㅎ'의 의미를 살펴보자. 민족적인 시각에서 바둑판과 문자 'ㅎ'을 바라보면 바둑판 자체가 우리민족을 대표하는 상징적 표상이면서 바둑판에서 만들어진 'ㅎ'은 우리나라 즉 '한나라'나 '한겨레'라고 말할 때와 같이 우리민족 자체를 가리키는 문자이기도 하다. 동시에 한글에서 한글자모 전체를 대표할 수 있는 문자이기도 한 것이다.

우리 언어에는 '한'이란 낱말이 포함된 단어나 표현이 많다. '한님(하느님, 하나님)' '한글' '한겨레' '한이 맺히다112)' 등과 같이 '한'은 우리나라와 우리 민족을 대표하는 글자이며, 동시에 우리나라와 겨레의 상징이자 얼굴이기도 하다. 다시 말해 한글이면서 한민족의 정체성 그리고 한겨레의

---

112) '한이 맺히다'라고 할 때의 '한'도 같은 의미이다. 과거 어느 때인가 우리 겨레가 한민족임을 감춰야 할 만큼 우리의 전통신앙이나 문화가 천시된 시기가 있었음을 의미한다.

정신문화 모두를 나타내거나 대표하기 위해 반드시 필요한 것이 '한'이라는 낱말과 문자 'ㅎ' 113)이다.

한겨레, 한민족, 한님이라고 할 때의 '한'이란 말은 'ㅎ'에서 비롯되었다. 따라서 한겨레나 한민족은 우리민족이 바둑행위를 통해 바둑판을 만들고 바둑판에서 인류문명인 한역과 숫자 그리고 한글을 만들었다는 의미를 담고 있다. 뿐만 아니라 문자 'ㅎ' 속에는 문명을 만들어낸 조상신인 삼신의 존재와 그 분들의 역할까지도 담겨 있다.

'ㅎ'은 '한'이란 낱말의 핵심적 문자이면서 우리겨레와 한문화의 상징이기도 하다. 문자 'ㅎ'이 만들어지기 위해서는 오랫동안 하늘 즉 우주를 관찰하고 연구하여 해와 달과 지구의 상관관계를 이해해야 한다. 따라서 바둑행위를 통해 바둑판을 만들고, 바둑판에서 바둑판의 의미와 상징을 이해하고, 아울러 태양신을 중심으로 한 삼신사상의 관념적 토대 위에서 숫자와 음양오행의 원리를 만들어내고, 또 이들 모든 문화를 만들거나 이해할 수 있을 정도의 정신적 문화수준이 되어야만 가능하다고 할 수 있다.

6. 한글의 제자(制字)원리

한글은 인류문명의 여명기에 탄생하여 오늘까지 전해져 사용되고 있다. 오랜 세월동안 우리겨레와 함께 하면서 겨레의 말을 전하는 역할을 해온 한글은 어떤 원리로 만들어져 있으

---

113) 박영홍, 상게서, 표지와 71, 261쪽.

며, 각각의 자모는 한글 구성에서 어떤 역할을 담당하고 있는지 알아보자. ......

한글은 바둑판에서 만들어졌지만, 한글자모는 각각 만들어진 바둑판의 위치에 따라 제약을 받으며, 그 기능이나 역할 또한 각기 다르다.

일반적으로 한글에서 하나의 글자는 초성, 중성, 종성으로 이루어진다. 물론 초성이나 종성 없이 중성 즉 모음만으로 글자가 만들어질 수도 있다. 초 중 종성의 문자는 상 중 하의 글자모양이 될 수도 있다. 초 중 종성으로 글자를 형성하거나 상 중 하로 글자를 조성하여도 큰 차이는 없지만, 한글이 왜 지금과 같은 자형(字形)이 된 것인지 바둑판을 보면서 그 이치를 알아보도록 하자.

그림(5-4)은 바둑판에서 자음과 모음이 위치하는 공간이다. 바둑판에서 한글자모를 그려보면 자음은 초성이 되는 동시에 종성이 될 수도 있다. 훈민정음에서 '종성부용초성(終聲復用初聲'이라고 하였듯이, 모든 초성은 종성이 될 수 있다. 반면 중성인 모음은 그 자체로서 하나의 글자를 이룰 수 있으며, 자음과 달리 다른 문자를 돕는 데 쓰이지 않는다.

모음이 초성이나 종성의 도움 없이 스스로 하나의 문자를 이루게 될 때는 모음 앞에 음가가 없는 문자 'ㅇ'이 오게 된다. 'ㅇ'은 종성으로 쓰일 때는 음가를 가지지만, 초성으로 사용될 때는 음가를 가지지 않는다.

문자 'ㅇ'은 문자 'ㅎ'과 마찬가지로 다른 자음과는 다른 특수한 문자이다. 다른 자음이 바둑판 한가운데 지점을 중심으로 바둑판을 1/3로 나누었을 때 바깥쪽 칸에 위치하는 반면, 문자 'ㅇ'과 'ㅎ'은 다른 자음과 달리 위치는 물론

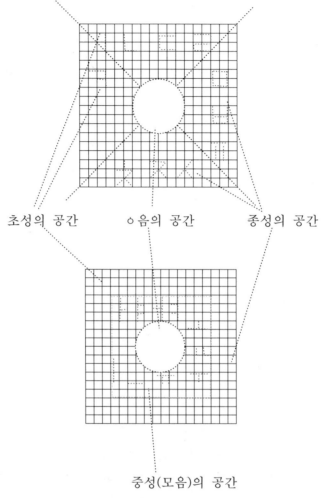

초성의 공간   ㅇ음의 공간   종성의 공간

중성(모음)의 공간

ㅇ이 초성일 때 음가를 못 가짐(입술소리가 아님)

그림(5-4) 초성, 중성, 종성

의미와 상징이 전혀 다르다. 다시 말해 문자 'ㅇ'은 지구를 의미하고, 'ㅎ'은 우주나 하늘공간전체를 상징하기 때문에 자음이지만 다른 자음과는 의미와 역할이 처음부터 달랐던 것이다.

그런데 왜 문자 'ㅇ'은 초성으로 쓰일 때는 음가를 가지지 않고 종성으로 쓰일 때만 음가를 가지는 걸까?

우리 문자는 그림에서 살펴본 바와 같이 우주공간에서 만들어진 문자이다. 그리고 사람은 공간에서 말을 하고 공간에서 다른 사람이 하는 말을 듣게 된다. 즉, 사람의 언어는 공간을 통해 전달된다.

따라서 우리말에서 땅이나 지구를 상징하는 문자 'ㅇ'은 발성의 주체가 사람이므로 음가를 가질 수 없다. 다시 말해 사람의 말인 '입술소리'가 아닌 '땅의 소리'이므로 초성으로 사용될 때는 음가가 없다.

반면, 종성일 때는 언어의 마침 음이나 소리가 닿는 음이므로, 사람의 언어로서만이 아니라 땅에 말이 닿아서 울리는 '울림소리'로 쓰일 수 있다. 따라서 종성으로 쓰일 때는 음가를 가지게 된다.

이처럼 한글자모는 만들어질 당시부터 각 문자의 의미와 기능이 정해져있었다. 하나의 글자를 이루기 위해 임의로 초성 중성 종성이나 상 중 하로 구분한 것이 아니라, 문자가 만들어질 당시부터 각 문자가 만들어진 위치에 따라 각 문자의 기능과 역할이 정해져 있었다. 쉽게 말해 초 중 종성이나 상 중 하의 글자구성은 단순히 글자의 구성 원리나 법칙이 아니라, 우리말에 담겨있는 '한글조성과 사용법칙'을 설명한 것에 불과하다.

인류의 언어발달과정을 살펴보면 음성언어가 먼저 발달하고 문자는 나중에 탄생하였다. 자국어의 경우 자라는 과정에서 자연히 언어를 습득하게 되므로 성인이 다시 언어를 알기 위해 상형문자를 습득해야할 이유는 없다. 문자의 상형으로 언어를 배운다는 것은 알지 못하는 외국어를 익히는 과정에 반드시 필요하다. 그러므로 고대사회에서 다른 민족과의 문화교류가 없는 한 상형문자는 탄생하기 어렵다[114].

따라서 상형문자인 한자는 인류문명의 여명기에 새로운 문화의 유입에 따라 다른 언어를 배우는 과정에서 외국어의 정확한 발음과 외국어의 음이 정확히 무엇을 가리키는지 알기 위해 만든 것으로 보인다. 상형문자인 초기의 갑골문자는 우리말이 가리키거나 뜻하는 것이 정확하게 무엇인지 설명하기 위해 우리말의 발음과 동시에 그림을 그려 보여주며 교육시키는 과정에서 필요에 의해 만들어진 문자이다. 요즘에도 각 가정에서 어린아이에게 말과 글을 가르칠 때 어떤 사물의 그림과 함께 그 밑에 한글로 적힌 아동교육용 그림과 글자판을 이용하는데, 상형문자가 바로 이와 같은 그림 역할을 한 것이다.

여명기에 우리조상들이 바둑행위를 통해 바둑판을 만들고, 이 바둑판을 기반으로 고유문명을 탄생시켰다. 이후 중국인들은 우리문명을 전수받아 배우고 익히기기 위해 우리말을 배

---

114) 언어학자들은 인류의 언어가 상형문자에서 표음문자로 발전했다고 이해한다. 이것은 이집트문자인 신성, 신관, 민중문자의 발전과정과 동북아의 문명이 황하유역에서 탄생하였다는 기존의 학설에 의존한 해석에 불과하다. 그러나 이와 달리 동북아의 문자는 표음문자인 우리 문자가 상형문자인 한자보다 먼저 만들어졌다. 따라서 이집트에서 처음 상형문자를 만든 민족도 이집트문명을 창조한 민족이 아닐 가능성이 크다.

울 필요가 있었다. 이 결과 초기에는 상형문자와 지사문자가 만들어지고, 세월이 흐르면서 어느 정도 중국의 문화수준이 발달하게 되자, 우리 한글의 조성원리를 본떠 초성 중성 종성 의 글자조성 법칙에 맞추어 상형문자나 지사문자를 상 중 하 나 좌 중 우와 같이 한자의 조성이나 합성원리를 적용하여 문화발달에 필요한 새로운 한자를 만들게 된 것이다.

 한자는 상형(象形), 지사(指事), 회의(會意), 형성(形聲), 전주 (轉注), 가차(假借) 등 육서(六書)로 이루어져 있는데, 초기에 만들어진 문자인 상형이나 지사문자를 제외하고는 대부분 초 성 중성 종성이나 상 중 하의 한글조성 법칙을 적용하여 새 로운 한자를 만들게 된다. 이 결과 우리말을 축약한 한자의 음 즉 한자어는 초기의 상형이나 지사문자의 범위를 크게 벗 어나지 못하였다. 새로운 한자는 기존의 상형이나 지사문자를 합쳐 뜻을 나타내거나, 소리와 뜻을 구분하여 새로운 회의나 형성문자를 만들거나, 아니면 기존의 한자를 이용하여 가차의 방법으로 한자 활용방법이 발달하게 된 것이다.

 다시 말해 지금의 한글과 같은 문자가 한자보다 먼저 만들 어진 것이며, 앞선 우리문화를 배우기 위해 고대 중국인들이 우리말을 배우는 과정에 상형과 지사문자가 만들어졌다. 이후 한글조성원리를 도입하여 문화발달에 따른 필요에 의해 만들 어진 문자가 회의, 형성, 전주, 가차의 문자이다.

 결론적으로 말해 인류문명의 탄생이나 초기 한자인 갑골문 이 만들어진 시기를 생각하면, 한글은 최소한 은의 중기 이전 에 만들어져 박달시대에 이미 언어를 표기하는 문자로 완성 되어, 우리말 형성의 모태역할을 하였다고 할 수 있다.

앞에서 한글이 어떻게 그리고 어떤 원리로 만들어진 것인지 살펴보았다. 한글은 3200~3300전 박달시대에 완성된 형태의 문자로 만들어져 큰 변화 없이 오늘날까지 사용되고 있는 문자이다. 우리의 조상들이 처음 북만주지역에 들어왔을 때는 12지지의 동물로 주변부족이나 방위를 나타낼 정도로 언어가 크게 발달되지 못한 상태였다. 당시 우리민족의 주된 신앙이 해신이었던 관계로 이후 주변민족과의 접촉과정에서 일 년의 크기와 계절의 변화를 알아내기 위해 해의 주기와 위치변화에 따른 영향력의 차이를 연구한 것이다[115].

해를 상징하는 물건을 놓아보는 바둑행위를 통해 일 년의 크기와 계절의 변화 그리고 낮과 밤의 변화원리를 알게 되었으며, 이 자연의 변화과정을 도형화시킨 것이 바로 바둑판이다. 해와 달 관찰을 통해 바둑판이 만들어짐으로써, 비로소 하늘 공간을 10진법으로 나눈 10천간과 방위를 나누는 12지지의 기법이 만들어지고, 숫자와 한글은 물론 음양오행의 원리가 태동할 수 있게 되었다.

오늘날 우리가 사용하는 한글은 박달시대에 만들어져 우리말의 조성과 발전에 중요한 역할을 담당하여왔다. 이와 같은 사실은 이두나 향찰로 기록된 신라향가의 우리말이 이미 완성된 형태를 갖추고 있다는 사실과 '바둑'이란 우리말과 단군신화의 내용을 살펴볼 때, 그 이전에 한글과 비슷한 문자가 존재하고 있었다고 보아야 하기 때문이다. 다행히도 고려시대까지 속용(俗用)문자로 불리며 천시되고 소실되어가던 우리문자를 다시 정리한 훈민정음이 반포됨으로써 한글이 오늘날까

---

115) 10천간 12지지의 장 참조.

지 전하여질 수 있었다.

동북아의 언어와 문자문화사적으로 살펴볼 때, 중국 은(殷) 나라 중기 이전에 바둑판 문명이 탄생하였고, 이 바둑판에서 만들어진 숫자와 문자 역법과 음양오행의 원리가 중국에 전해져, 한자와 중국문명 형성의 기반이 되었다. 하지만 한(漢) 대 이후 한자와 중국문화가 동북아의 중심역할을 하게 되자, 우리민족도 고려와 조선을 거치면서 한자를 민족의 주된 문자로 사용하게 되었던 것이다.

훈민정음은 이처럼 새로운 문자의 창제가 아니라「세종실록」이나「훈민정음 해례」의 기록과 같이 그 당시까지 전해오던 한글자모의 음운을 다시 정리하여 반포한 것이다.

따라서 한글자모는 우리겨레의 정신문화를 대표하는 것으로, 박달시대에 만들어진 이후 우리겨레의 언어를 형성시키고 발달시켜왔으며, 바둑판의 파생문명인 숫자, 10천간 12지지는 물론 음양오행이나 음력이라 불리는 역법도 우리문화라는 사실을 알려주는 살아있는 증거라 할 수 있다.

고유문화를 빼앗기고 민족의 자긍심을 상실하게 된 가장 큰 원인은 고려와 조선의 지배계층이 민족의 얼과 문화를 지키기보다 자신들의 안위를 먼저 생각하였기 때문이다. 이로 인해 나중에는 언어와 문자는 물론 민족의 정체성까지도 파괴되었다. 이 결과 바둑놀이를 즐기면서도 바둑이란 용어와 바둑판이 무엇을 위한 것인지 전혀 모르게 되었다. 조상이 누구인지는 물론 우리문명과 문화의 위대성을 망각한 체 열등의식에 사로잡혀 민족의 정기를 갉아먹는 사대주의사상에 빠져 살아왔던 것이다.

흔히 인류의 4대 문명이라 불리는 이집트, 메소포타미아, 그리고 인더스 문명을 탄생시킨 민족은 오늘날 자신들의 언어까지도 완전히 상실한 채 살아가고 있다. 하지만 우리겨레는 고유의 언어와 숫자, 문자, 역법은 물론 문명탄생의 모태역할을 한 바둑판을 아직도 보존하고 있는 유일한 민족이다. 지난 역사를 돌이켜보면 부끄러운 점이 많은 것도 사실이지만, 역사의 부침 속에서 수많은 난관을 극복하고 민족의 정체성은 물론 언어와 문자, 숫자를 지켜왔다는 것은 그나마 다행이라 아니할 수 없다.

이 중에서도 가장 중요한 것은 말과 글이다. 말과 글은 문화와 역사를 담아 후손들에게 전해주는 가장 중요한 도구이기도 하다. 말과 글이 오늘날까지 남아있음으로써 잘못된 민족의 역사와 문화를 바로잡을 수 있고, 아울러 우리의 조상과 내가 누구인지 알 수 있다. 이것이 바로 고유문자인 한글이 지닌 진정한 역사적 문화적 의미가 아닐까 생각된다.

제6장

바둑과 10천간(하늘공간나누기)
12지지(땅의 방향)

1. 천간(天干)과 지지(地支)의 의미와 학설
2. 10천간(天干, 하늘 공간 나누기)
3. 12지지(地支, 방향과 시간 나누기)
4. 용(龍)의 의미

1. 천간(天干)과 지지(地支)의 의미와 학설

2011년은 신묘(辛卯)년 토끼의 해이다. 매년 한 해가 끝나고 새로운 해가 시작될 때마다 신문 방송에서는 신년이 어떤 띠의 해인지 이에 해당하는 동물의 이름을 언급하면서 그 해의 상징인 동물의 특성에 맞추어 구수한 이야기로 덕담을 하곤 한다. 그리고 일상의 삶 속에서 다른 사람을 만나다 보면 처음 만난 사람과 나이와 띠 이야기를 하기도 한다. 이것이 우리나라 사람들의 일반적인 인사법이기도 하다.

이처럼 띠와 시간이나 방위를 나타내는 데 이용되는 것으로는, 쥐(子), 소(丑), 호랑이(寅), 토끼(卯), 용(震), 뱀(巳), 말(午), 양(未), 원숭이(申), 닭(酉), 개(戌), 돼지(亥) 등 모두 12종의 동물이 있다. 우리의 삶이나 문화와 밀접한 관련이 있는 이들 동물들은 모두 우리가 살아가면서 흔히 접할 수 있는 것들이 대부분이다.

12지지를 구성하는 동물들이 언제부터 우리의 문화 속에 들어왔는지 분명하지는 않지만, 삼국시대나 통일신라시대의 묘와 왕릉[116] 주변을 둘러싸고 있는 호석에도 나오는 것으로 보아 오랜 세월동안 문화로서 우리의 삶과 사고에 영향을 미쳐온 것으로 보인다.

---

116) 김유신의 묘는 물론 성덕왕릉과 흥덕왕릉의 호석에 십이지신상이 조각되어 있다. 이로 보아 12지지는 그 이전부터 오랫동안 이어진 우리의 전통문화였음을 알 수 있다. 12지지의 문화는 여명기 이전에 형성된 것으로 보인다. 방위언어가 만들어지기 이전에는 방위나 지역을 나타낼 수 있는 용어가 없었기 때문에 어쩔 수 없이 주변에서 쉽게 접할 수 있는 동물의 명칭을 이용한 것이다. 따라서 12지지의 문화는 역법과 문자, 숫자 등이 탄생하기 이전에 인류가 어떤 삶을 살았는지를 알려주는 인류의 소중한 문화유산이라 할 수 있다.

다만, 이들 중 '용(龍)'은 지금까지 지상에 존재하지 않는 상상의 동물로 알려져 왔다. 하지만 이러한 해석은 잘못된 것으로 보이며, 용도 분명히 우리가 주변에서 흔히 접할 수 있는 동물이었을 것이다[117]. '용'을 상상의 동물로 여기게 된 까닭은 지상의 동물인 용을 상징으로 삼고 있던 어떤 부족이 국가의 중심 집단이 되면서 '용'도 함께 신성시된 것으로 보인다.

어떤 단어이든 처음 만들어질 때는 철저한 관찰과 체험을 바탕으로 만들어지는 것이므로, 당연히 어떤 존재와 어떤 사람의 경험을 떠나 만들어질 수는 없다. 따라서 '용'이란 명칭이 처음 사용된 당시에는 사람이 분명히 보았던 지상에 사는 어떤 동물을 가리키는 말이었을 것이다.

그런데 12종의 동물과 연관된 12지지의 방법은 언제, 어디서, 누가, 왜 만들어낸 것일까? 지지(地支)란 한자용어는 12개의 땅의 방향이나 지역을 가리키며, 나누어진 각각의 방향이나 지역에 어떤 부족이나 동물이 많이 살고 있다는 것을 나타내기 위한 하나의 방법이었을 것이다. 따라서 12지지의 문화를 만든 민족은 12지지에 나오는 동물로 표현된 민족이 아니라고 할 수 있다.

고대사회에서 방위와 부족을 가리키는 용어가 만들어지기 이전에 방위를 나타내거나 다른 부족을 가리킬 때 가장 쉽게

---

117) 용(龍)은 봉황(鳳凰)과 함께 상상의 동물로 여겨지고 있다. 그러나 용이 상상의 동물이 된 것은 12지지의 문화 속에서 용족이라 불리던 부족이 국가의 중심 집단이 되면서 자연히 용이 신성시된 것에 불과하다. 12지지 즉 방위언어를 가리키는 수단의 하나로 용이란 명칭이 사용된 것으로 보아 처음에는 상상의 동물이 아니라 지상에 살고 있던 동물임이 분명하다. 그리고 12지지의 문화를 만든 민족이 볼 때 용족은 문화적으로 뒤떨어진 하나의 부족집단에 불과했다.

활용할 수 있는 언어는 자신들이 주변에서 쉽게 접할 수 있는 동물의 명칭이 아니었을까? 쉽게 말해 당시에는 사용할 수 있는 언어가 한정되어 있었기 때문에 어쩔 수 없이 동물의 이름으로 방위를 나타내게 된 것이라 할 수 있다.

말하자면, 여명기에 어떤 문화민족이 12지지에 해당하는 곳에 살고 있던 어떤 부족을 가리킬 때, 그 지역에 많이 살고 있어 그 지역을 대표할 수 있는 동물의 이름을 이들 부족의 명칭으로 사용하게 됨으로써, 12개 지역(12개로 나누어진 땅)이나 부족명칭에 동물의 이름이 붙여지게 된 것이다.

진화론적 관점에서 볼 때, 인류문명과 문화가 발달되어 다양한 언어가 사용되기 이전에는 다른 부족을 가리키는 분명한 명칭이 아직 없었다. 따라서 다른 부족을 가리키거나 방위를 나타낼 때 주변에서 흔히 접할 수 있는 동물의 이름을 이용하는 것도 하나의 방법이 될 수 있다. 이처럼 동물의 이름이 12지지(地支)를 가리키는 용어가 된 것은 언어적 제약조건 따른 당시의 방위표시 방법이었다.

이와 같은 방법은 우리나라만이 아니라 고대 이집트와 다른 문명권[118]에서도 마찬가지였으며, 지금은 이것을 토템(totem)으로 이해한다. 그러나 '생각하는 사람(homo sapiens)'이 탄생한 이후 인류의 토템숭배는 없었다. 단지 부족을 가리키는 명칭이 아직 없었을 때 어떤 부족을 가리키는 방법의 하나로 동물의 이름이 사용된 것에 불과하며, 이것을 지금의 학자들이 토템으로 오해하였을 뿐이다.

---

118) 이집트문화에서 사자, 양 등의 동물이 스핑크스와 조각상 등에 남아있는 것으로 보아 방위언어로 사용된 12개의 토템이 있었던 것으로 보이며, 미국이나 캐나다의 북서해안에 살았던 인디언들은 7개 정도의 토템이 있었다고 한다.

단군신화는 당시 주변부족을 표시하는 방법의 하나로 곰 부족과 범 부족 출신의 여성을 곰 녀(熊女)와 범 녀(虎女)[119]로 부르고 있었음을 전해주고 있다. 문명탄생 이전에 원시적인 언어생활을 하고 있던 상태에서 어떤 부족을 가리키거나 방위를 나타낼 때 사용된 방법이 문명탄생으로 문자와 숫자 그리고 역법이 발명된 이후에도 시간의 흐름이나 방위를 나타내는 수단으로 여전히 사용됨으로써, 하루를 12시와 땅을 열두(12) 방향으로 나눈 각각의 시간과 방위에 12지지의 방법이 사용되었다. 그 다음으로 어떤 달(1년 단위)이나 해(12년 단위)에도 동물의 이름을 붙여 부름으로써 세월의 흐름을 누구나 쉽게 이해할 수 있도록 한 것이다. 이로 인해 이후에는 누구나 어떤 동물이 어떤 특정 달이나 해를 상징하는 것으로 인식하게 되었다.

국가가 탄생하기 이전에는 방위나 시간관념이 상당히 희박했다. 문명탄생으로 문자가 발명되고 국가가 탄생하자 언어는 필요에 의해 급격하게 발전하였다. 단군신화가 전하는 바와 같이 국가성립과 함께 문명의 발달 즉, 바둑행위를 통해 바둑판을 만들고, 바둑판에서 숫자와 문자가 발명되고, 이후 음양오행관념이 태동됨으로써, 문화생활에 필요한 모든 것이 거의 동시이거나 순차적으로 발달하였다.

---

119) 이집트의 사자, 양 우리나라의 곰, 범 등을 토템신앙이라고 하고 있으나 이는 잘못된 이해이다. 토템으로 이해하는 사람들은 이들 짐승을 숭상하거나 부족의 상징으로 삼은 것으로 이해하지만, 사실 이들은 숭배의 대상이나 부족의 상징과 무관하다. 단지 인류문명탄생 이전에는 언어가 발달하지 않았던 관계로 다른 부족을 가리키는 명칭어가 없었다. 이로 인해 어떤 문화민족이 다른 부족을 가리킬 때 '곰이나 호랑이, 사자, 양 등이 많이 서식하는 지역에 살고 있는 사람'이란 뜻으로 동물의 명칭을 차용하였다. 이것이 문명탄생 후에도 방위를 가리키는 용어로 사용되어 12지지(地支)에 동물의 이름이 사용된 것이다.

12지지(地支)를 가리키는 한자로는 자(子), 축(丑), 인(寅), 묘(卯), 진(辰), 사(巳), 오(午), 미(未), 신(申), 유(酉), 술(戌), 해(亥)가 있으며, 이들 한자어는 방위와 시간 즉, 하루와 한 달 그리고 한 해를 나타내는 용어로도 사용된다. 우리나라와 중국, 일본 등 동북아문명권에서는 하루를 12시간으로 나누고, 한 해를 12달로 나눌 뿐만 아니라, 해의 변화까지도 12년을 단위로 구분하는 방법이 오랜 세월 동안 하나의 문화로 자리 잡아왔다. 쉽게 말해 우리의 일상생활과 떨어질 수 없을 만큼 밀접하게 관련된 사고관념의 산물이라 할 수 있다.

우리는 이 시간의 흐름과 방위표시에 사용된 12지지의 분류방법이 중국의 전통문화로 배워왔으며, 또 그렇게 이해하고 있다. 하지만 오늘날 상식처럼 되어 있는 이와 같은 생각은 잘못된 것이며, 사대주의와 모화사관이 가져온 열등의식과 민족의 자긍심 상실에서 비롯된 착각에 불과하다. 분명한 것은 10천간과 12지지의 간지기법이 중국에서 만들어진 중국문화가 아니라, 우리조상들이 바둑판에서 만들어 낸 우리 한문화라는 사실이다.

12지지와 달리 10천간(天干)은 갑(甲), 을(乙), 병(丙), 정(丁), 무(戊), 기(己), 경(庚), 신(辛), 임(壬), 계(癸)라고 하며, 날짜와 한 해를 계산하는데 사용되는 기일법이다. 지금까지의 주장이나 기록을 보면 천간은 중국 하(夏)대에 만들어진 것이며, 이때부터 10일을 하나로 묶는 '순(旬)'이란 관념이 발생하였다고 한다. 순(旬)은 우리나라에서 아직도 가끔 사용되는 용어로 한 달을 3등분하여 몇 월 상순, 중순, 하순이라 부르기도 한다.

이와 함께 60년을 단위로 하여 60갑자로 나타내기도 한다. 예를 들어 '올해는 신묘년이다. 작년은 경인년이었다. 내년은 임진년이다.'와 같이 표현한다. 10천간과 12지지를 '갑자' '을축'과 같이 하나씩 순서대로 짝을 지으면 60개의 짝이 지어진다. 이 60갑자 기일법은 달력에도 표기되어 있을 정도로 우리의 삶과 밀접하게 연관되어 있다. 이처럼 10천간과 12지지를 이용해 60년을 주기로, 어떤 해를 '갑자' '을축'과 같은 명칭으로 부르면서, 무슨 띠의 해로 표기하는 방법이 바로 간지(干支)기법이다.

지금까지 누구나 10천간과 12지지의 관념을 중국의 고유문화로 알아왔다. 학자들도 중국 하(夏)대에 만들어진 10천간과 은(殷)대에 만들어진 12지지가 합쳐져 60간지를 형성하였다고 주장하여 왔다. 하지만 우주를 10진법으로 나눈 10천간과 지상의 방위나 시간을 나타낸 12지지의 분류방법은 나누어질 수 있는 것이라기보다 바둑판 위에서 거의 동시에 만들어진 것이다.

이해의 편의를 위해 지금까지의 주장들을 잠시 살펴보자.

중국의 양계초는 「국문어원해」에서 10천간 12지지의 22자는 "기이하고 복잡하며 불가사의하다"고 하면서 "페니키아의22자모와 무관하지 않다"고 하고 있다. 곽말약은 「갑골문자연구, 석간지」에서 "10천간은 10진법에서 비롯되었다"고 하고 '중국의 12신(辰)과 바빌론 12궁을 비교하여 바빌론 황도 12궁에서 12간지가 발전되었다'고 주장하였다.

이외에도 많은 학자들의 연구가 있었으나 어떤 학자도 그 기원을 정확히 밝히지 못하고 아직 수수께끼로 남아있다. 이들의 주장은 각자의 역사관이나 가치관 또는 민족주의 등 사람이 살아가면서 필연적으로 자연스럽게 교육 받은 자신들의 환경과 경험에 의존한 편견이나 착각에 의한 단순한 주장에 불과한 것으로 보인다.

새로운 학설이나 주장을 위해서는 분명한 근거와 자료제시가 필요하다. 필자는 10천간과 12지지의 의미와 이들 문화가 어떻게 탄생된 것인지를 오랜 기간 연구해본 결과 10천간과 12지지가 우리문화의 산물임을 밝혀낼 수 있었다. 따라서 이하에서 필자가 연구를 통해 알게 된 10천간과 12지지의 탄생배경과 이들의 의미와 관념적 배경이 무엇이었는지 하나하나 밝혀보도록 한다.

2. 10천간(天干, 하늘 공간 나누기)

'10천간'이란 용어에는 어떤 의미가 담겨 있을까? 한자로는 '天干'이라 표기한다. '天干'이란 한자 단어는 하늘(天)과 방패(干)가 합성된 것이다. 하지만 하늘과 방패가 어떻게 합쳐진 것인지 이해하기가 쉽지 않다. 하늘(天)은 공간이고 방패(干)는 막는 도구이므로, 하늘을 방패로 구분한다는 의미로 사용하였을 가능성이 크다. 따라서 인류문명과 10진법을 연관시켜 천간(天干)을 이해하면, 언제인가 여명기의 조상들이 하늘 공간을 10진법원리에 따라 10등분하여 이해하였다고 할 수 있다.

그러나 '10천간'을 10진법 원리라고 말하는 것도 올바른 표현인지 의문스럽다. 10진법은 동서양의 덧셈과 곱셈의 수

학인 반면, 10천간은 하나의 특정 대상을 나눈 것으로 정확히 일치하는 것이 아니기 때문이다. 따라서 바둑판으로 돌아가 10천간의 의미를 구체적으로 살펴보자.

'10천간'이란 관념이 탄생하기 위해서는 천간이라는 말 이전에 해를 숭배하는 특정 집단이 해의 변화과정을 관찰하여 일정한 크기의 땅이나 돌판 위에 해를 상징하는 물건을 놓아보는 행위 즉 바둑행위가 먼저 있어야 한다. 다음으로 바둑행위를 통해 초기의 원시적인 바둑판이 만들어지고, 이후 가로 세로 19줄의 모양으로 정형화된 바둑판이 완성되기까지 오랜 연구기간이 필요하게 된다.

마지막으로 연구자가 우주질서와 일 년의 날짜수 그리고 세월의 흐름을 정형화된 표상인 바둑판과 연관시켜 생각하는 사고과정을 통해 하늘공간을 나눈다는 관념이 만들어질 수 있다. 다시 말해 우주질서와 천체원리를 표상한 도형화된 바둑판에서 비로소 우주공간을 나누어 표시한 10천간 즉, 하늘을 10진법으로 나누었다는 10천간의 관념이 탄생할 수 있는 것이다[120].

바둑판 위의 천원(天元)이라 불리는 한 가운데 지점(+)을 기점으로 바둑판을 나누면 10개의 공간으로 나누어진다[121]. 이 때 바둑판의 가장 바깥쪽 테두리선 외곽의 공간도 포함된다. 이렇게 하면 우주공간을 표상하고 있는 바둑판에서 우주공간을 10진법으로 나눈 10천간이란 관념적 공간이 형성될 수 있다.

이처럼 천간(天干)은 바둑판에서 만들어진 바둑판의 파생관

---

120) 「바둑과 역법」과 「바둑과 숫자」의 장 참조.
121) 바둑과 역법의 장 그림(3-3) 참조.

념이다. 지금까지 있어온 페니키아의 22자모 기원설이나 바빌론 12궁 기원설 등 많은 학자들의 학설이나 주장은 아무런 근거나 자료제시 없이, 단순히 다른 문화권의 비슷한 문화적 산물만 바라보고 '그렇지 않을까?' 하는 상상을 한 것으로, 막연히 해석을 위한 해석이나 주장을 위한 주장에 불과하다고 할 수 있다.

정신문화에 관한 것도 처음에는 우주질서와 자연변화를 오랫동안 관찰한 체험에 의해서만 탄생될 수 있다. 10천간 역시 오랜 관찰과 체험의 산물인 표상(바둑판)이 있어야만 설명이 가능하다. 아무런 근거도 없이 다른 문화권의 비슷한 문화와 연관시켜 '~이 아닐까' 하는 단순한 추측이나 상상에 불과한 것을 '~에서 비롯된 것이 맞다'는 주장을 표명함으로써 오히려 혼란과 착각을 되풀이하게 하였다.

3. 12지지(地支, 방향과 시간 나누기)

대다수의 사람들은 매년 새로운 한해가 시작되면 새해가 무슨 띠의 해인지를 먼저 살핀다. 그리고 언론은 물론 만나는 사람마다 이 띠를 상징하는 동물이 지닌 좋은 습성을 구수한 이야기로 뜻풀이하면서 한해의 운세를 살피곤 한다. 하지만 이 12지지(地支)는 우리나라만이 아니라 중국과 일본을 포함한 동북아지역의 공통된 문화이기도 하다.

열두 동물과 관련된 이 12지지(地支)의 문화는 아직까지 우리의 삶 속에 깊이 자리 잡고 있다. 하지만 이 12지지는 누가, 언제, 어디서, 어떤 사고관념을 바탕으로 만든 것인지 분명하지 않다. 지금까지는 누구나 중국에서 만들어진 중국문화의 산물로 이해해왔다. 띠의 상징인 동물과 시간을 나타내는 문자가 '자(子), 축(丑), 인(寅), ~ 술(戌), 해(亥)'의 한자로 되어있기 때문에 당연히 그런 것으로 알아왔다. 하지만 이것이 언제, 어디서, 어떻게 탄생된 것인지에 대해 아직까지 분명하게 밝혀진 것이 없다.

이 12지지(地支)의 문화 역시 지금까지의 이해와 달리 중국문화가 아니라 여명기에 우리나라에서 만들어진 우리문화로 보인다. 즉 10천간과 마찬가지로 바둑판을 모태로 하여 탄생된 사고관념의 산물이자 파생문화의 하나인 것이다.

바둑판은 관측기준이 되는 한 지점에서 해가 좌나 우로 평면적으로 갔다가 다시 돌아오는 것을 나타내고 있다. 고대 조상들은 비교적 평평한 들판이나 바닷가에서 매일 해가 뜨는 지점을 관측하여 해를 상징하는 둥근 돌을 두어 나갔다. 필자도 어린 시절 매일 아침 동녘에서 해가 떠오르는 것을 관찰하곤 했었는데, 평평한 지표 위에서만이 아니라 완만한 산 능선 위에서도 가능하다.

매일 해가 뜨는 한가운데 한 지점을 기점으로 수평 양방향으로 10집법의 원리에 맞추어 해를 상징하는 밝은 것을 두어 보는 행위가 바둑이다. 이와 같은 일출 관찰이 오랜 세월동안 지속되면서 일출에 대한 기록관측은 사각형의 도형으로 발전하게 되었고, 마지막에는 오늘날과 같은 바둑판 모형으로 변하게 되었다.

바둑판 맨 위쪽 선에서 해가 매일 뜬다고 생각하면, 해는 1년 365일 동안 한 기점에서 왼쪽이나 오른쪽으로 수평으로 갔다가 한 바퀴 순환하여 다시 처음 기점으로 돌아온다. 바

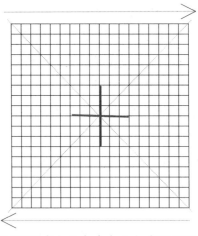

一二三四五六七八九十九八七六五四三二一

갑을병정무기경신임계

그림(6-1) 바둑판과 10천간(10진법)

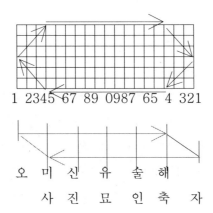

1 2345 67 89 0987 65 4 321

오 미 신 유 술 해

사 진 묘 인 축 자

그림(6-2) 12지지와 하루의 시간 변화

둑판 한 선의 칸은 모두 18개이다. 우리민족의 전통신앙은 3신사상[122]이므로, 18칸을 3으로 나누어 바둑판의 칸수를 1/3로 줄이면 6칸이 된다. 바둑판의 한쪽 끝에서 다른 쪽 끝까지가 6칸이고, 다시 돌아오는 칸의 수도 6칸이다. 따라서 원의 형태로 표시하면 모두 12칸이 된다. 이것을 일 년에 적용하면 일 년은 12달이 되고, 하루에 적용하면 하루는 12시간으로 나눌 수 있다. 이처럼 12지지는 바둑판에서 파생된 것으로 방위나 시간을 나누는 방법이다.

12지지에 동물의 이름이 붙게 된 것은 바둑판이 만들어질 당시에는 언어가 아직 발달하지 않았던 관계로 방위와 시간 표시에 누구나 쉽게 접할 수 있는 동물의 이름을 사용하였기 때문이다. 쥐의 시, 소의 시, 닭의 시로 표시하거나 쥐의 달, 토끼의 달 같은 방법으로 동물의 이름이 사용되었다. 이후 한자가 탄생함으로써 중국에서 방위와 시간표시에 '자(子), 축(丑), 인(寅), 묘, ~술, 해'와 같은 한자와 한자어가 사용되었고, 이것이 우리나라에 전해져 지금까지 사용되고 있다.

12지지는 처음에는 띠를 나타내기 위한 것이 아니라 일 년의 달수와 하루의 시간단위에 먼저 이용된 것으로 보인다. 이후 12년을 주기로 각각의 해에도 동물의 명칭을 사용하게 된 것이다. 이것이 10천간과 합쳐지면서 세월의 흐름을 표시하는 '60갑자'라고 알려진 간지기법이 탄생하였다.

---

122) 우리민족의 전통사상은 삼신숭배를 바탕으로 한다. 삼신이란 단군신화에 나오는 바와 같이 환인(해) 환웅(해의 아들, 해모수) 그리고 박혁거세(한, 문명창조자)이다. 이것을 바둑판에서 이해하면 해의 공간과 달의 공간(해모수 또는 환웅, 환웅과 사람인 웅녀가 결합한 공간) 그리고 사람으로 태어난 박혁거세나 한이 살아가는 공간으로 이해할 수 있다. 이와 같은 이해를 바탕으로 조상들은 바둑판 공간을 三의 수로 나눈 것이다. 이로 인해 시간과 방위를 나누는 방법이 탄생하였다.

인류문명이 탄생할 당시에는 이용할 수 있는 단어의 수가 많지 않았다. 이로 인해 각 부족을 가리키는 고유 명칭이 없던 당시의 시대상황에서 어쩔 수 없이 각 부족과 연관이 있거나 각 부족이 사는 지역을 나타내기에 적합한 동물의 이름이 차용된 것이다. 다시 말해 12지지에 동물들의 이름이 사용된 것은 언어발달이 충분히 이루어지지 않았던 여명기의 문화와 사고관념체계를 사실 그대로 나타내주는 정신문화의 징표이기도 한 것이다.

4. 용(龍)의 의미

12지지에서 용은 5번째로 나오는 동물이다. 동북아 문화에서 군왕의 상징이자 상상의 동물로 알려진 용(龍)은 지금까지 중국문화의 상징으로 중국인들은 자신들을 용의 후예로 생각할 정도이다. 그렇다면 문화의 일부로 인식될 정도로 신성시되어 온 용(龍)은 정확히 무엇을 가리키는 것이었을까? 지금까지 베일에 가려져 있는 용의 실체를 밝혀보도록 하자.

봉황(鳳凰)과 함께 용은 상상의 동물로 여겨져 왔다. 이 용이나 봉황도 처음 사람의 인식이나 경험세계에 들어왔을 때는 분명히 무엇인가 실체를 가진 동물이었을 것이다. 12지지에서 보더라도 시간이나 방위를 나타낼 때 열두 방위를 상징하는 동물은 용을 제외하고 모두 이 세상에서 흔히 사람의 눈에 띄는 지상의 동물들이다. 따라서 용이란 존재가 사람의 인식이나 경험세계 속에 들어왔을 때는 분명히 살아 움직이는 어떤 동물이었을 것임은 자명하다.

용에 대한 기록을 보면 용은 중국의 고대 역사나 불교전설 그리고 도교 설화에 자주 등장한다. 한(漢)건국 후에는 황제를 상징하는 문양일 뿐만 아니라 오늘날까지 권위의 상징이자 사람의 길흉을 나타내는 존재로 받아들여져 우리의 생활 깊숙이 영향을 미치고 있다.

 특히 사람이 태어날 때 '용꿈을 꾸다'고 하여 남성을 상징함과 함께 좋은 징조의 의미로 해석되기도 한다. 우리문화 속에서도 '용왕'이나 '용꿈' 그리고 '용마루'와 같이 용(龍)은 숭배의 대상이 되어 있으며, 사람의 길흉화복을 점지하는 신과 같은 권위의 상징으로 토착화되어, 이제는 우리문화의 일부로까지 받아들여지고 있다.

 중국이나 우리나라의 정신문화에 오늘날까지도 여전히 큰 영향을 미치고 있는 이 용(龍)은 어떤 동물이며, 언제부터 사람의 삶 속에 등장하게 된 것일까?

 「역경(易經)」에는 용(龍)을 주로 야외에서 싸우는 동물로 묘사하고 있다. 「좌전(左傳)」에는 물고기의 일종으로, 「한비자(韓非子)」에서는 벌레의 일종으로 묘사하고 있다. 漢대에 와서 왕충의 「논형(論衡)」에서 용은 황제를 상징하는 동물로 여기고 있다.

 이 밖에도 최근까지 많은 학자들은 용을 뱀이나 공룡(恐龍) 그리고 악어로 보거나, 말이나 하마 또는 도마뱀이나 물소, 멧돼지 등으로 보는 학자도 있으며, 심지어 달팽이나 닭 그리고 미꾸라지라고 주장하는 학자도 있다[123].

 하지만 이들 주장은 모두 어떤 분명한 근거를 가지고 한 것

---

123) 허진웅, 「중국고대사회」, 영남대학교 중국문학연구실, 지식산업사, 1995, 522-527쪽.

이 아니다. 어떤 것이든 타당한 주장이 되기 위해서는 나름대로의 사실적 그리고 역사 문화적 배경과 함께 이와 같은 용(龍)이나 봉(鳳)이란 용어가 탄생될 수 있는 시대적 배경까지 아울러 밝혀야 한다. 고대부터 지금까지 대다수의 학자들은 사실적이고 경험적인 근거 없이 단순히 자신의 관념적 판단에만 의존하여 용의 의미에 대해 상상적 해석이나 주장을 해왔다.

용(龍)이 무엇인지 알기 위해서는 제일 먼저 용이 무엇을 상징하고 하고 있는지 살펴볼 필요가 있다. 용을 인류의 정신문화와 관련시켜 볼 때 가장 먼저 떠오르는 것은 토템(totem)적 사고관념이다. 고대에는 토템 즉 동물을 부족의 상징으로 하던 때가 있었다. 이와 같은 사실은 이집트의 조각상이나 단군신화에 잘 나타나 있다. 한겨레의 조상인 환웅집단이 북만주지역에 이주해왔을 때 그 주변에 살고 있던 다른 부족을 곰 족이나 범 족이라 부르고, 그 부족 출신의 여성은 '곰 여(熊女)'나 '범 녀(虎女)'로 불렸다는 내용이 전한다.

하지만 고대사회에서 부족을 상징하는 동물은 오늘날의 이해와 같이 토템 즉 숭배의 대상은 아니었던 것으로 보인다. 다만 언어가 발달하지 못한 까닭에 어떤 지역에 곰이나 범 그리고 양이나 토끼 등이 많이 살고 있으면, 그 지역에 살고 있는 사람들을 곰이나 범이 많이 서식하는 지역에 살고 있는 사람 또는 양이나 토끼 등이 많이 서식하는 지역의 사람이라는 뜻으로, 곰, 범, 토끼, 양, 뱀과 같은 동물의 명칭으로 나타내어 어떤 부족 출신인지 쉽게 알 수 있게 한 것이다. 따라서 용(龍)에 대해서도 이와 같은 관점에서의 접근이 필요하다.

용(龍)은 중국인을 상징함은 물론 중국 정신문화를 대표하는 것으로 알려져 있다. 하지만 우리 조상들이 만주지역에 들어와 처음 12지지를 만들 당시에 용으로 상징되는 부족은 우리 민족 주변에 살고 있던 하나의 야만 부족에 지나지 않았을 것이다. 즉 12지지에 용이 들어있다는 것은 용 부족이 12지지가 만들어질 때에는 하나의 방위를 나타내는 미미한 존재에 불과하였다는 것을 의미한다. 그리고 12지지 관념을 만들어낸 우리민족은 당연히 12지지를 나타낸 방위 속의 동물로 표현될 수는 없다.

용(龍)이 중국정신문화의 상징이 된 것은 우리 문명의 산물인 10천간 12지지의 간지기법이 중원지역에 전파된 이후, 미미한 존재에 불과하던 용족(龍族)이 황화유역의 지배자로 부상하면서 용이 황화문명을 대표하거나 상징하는 동물이 됨으로써 숭배의 대상이 되었기 때문이다. 12지지의 하나에 용이 포함되어 있는 것을 볼 때 이와 같은 사실을 잘 알 수 있다.

12지지의 문화는 동북아시아 뿐 만이 아니라 동남아 각국에도 퍼져있다. 그런데 각 나라마다 12지지를 상징하는 동물은 조금씩 다르다. 이것은 12지지의 문화가 이들 지역에 전파되면서 12지지를 가리키는 동물들이 그 지역에 살고 있는 동물들로 서서히 교체되었기 때문이 아닌가 생각된다.

바둑은 천체관측행위를 가리키는 말이고, 바둑행위를 통해 만들어진 우주와 자연에 대한 경험적 이해의 산물이 바둑판이다. 이 바둑판을 모태로 만들어진 것이 바로 숫자와 문자 그리고 10천간 12지지의 문화이므로, 이들 문화 역시 당시의 사고관념을 고스란히 간직하고 있는 우리나라 건국신화인 단군신화와 동떨어진 해석을 할 수는 없다. 건국신화와 문명의 창조행위인 바둑은 결국 식물의 뿌리와 줄기같이 모양이나 표상은 다르지만 원래는 하나이며, 하나의 관념에서 분화되어 나온 부분이나 조각 같은 것이기 때문이다.

다음으로 용(龍)이 어떤 동물인지 알아보자. 위에서 예로 든 학자들의 주장은 잘못된 편견과 중국 중심적 사고관념에서의 해석이므로, 용(龍)이 우리 문화의 산물이란 관점에서 우리말을 중심으로 다시 해석해볼 필요가 있다.

우리말에는 '공용(恐龍)'이나 '도롱뇽'이란 단어가 있다. 공용이나 도롱뇽은 파충류를 가리킨다. 그리고 이들 파충류는 모두 물에서 서식한다. 마찬가지로 악어도 파충류이며, 물에서 서식한다. 자세히 살펴보면 악어의 형상은 용과 많이 닮았다. 머리, 네발, 발톱, 그리고 꼬리까지 비슷하다. 힘 또한 몹시 강하여 육지동물의 제왕인 사자나 호랑이와 마찬가지로 강에서 살아가는 동물들 중에서 먹이사슬의 최상층에 위치하고 있다.

용에 대한 이제까지의 관념 즉 신격화된 강이나 바다의 지배자인 '용왕(龍王)'이란 기존의 관념을 버리면 용이 무엇인지 쉽게 알 수 있다. 수중동물 중에서 힘이 가장 세고, 네발을 가지고 있으며, 비늘과 같은 단단한 껍질과 큰 입을 가지고 있고, 가끔 육지로도 나올 수 있는 동물을 연상해보자. 더구나 이 동물이 파충류라면 용은 악어일 수밖에 없다.

아울러 용이 파충류로 보이는 또 한 가지 이유가 있다. 어린 시절 친구들과 어울려 놀이를 하면서 '용용 죽겠지'란 표현을 하면서 놀아본 경험은 누구나 있을 것이다. 이때 '용용'은 의태어(부사)로, 어떤 아이가 다른 아이를 놀리면서 혓바닥을 날름(내고 넣다)거리는 행위124)를 가리킨다.

지구상에 살고 있는 대부분의 파충류는 혓바닥을 날름거린다. 혓바닥을 날름거리는 동물을 우리말로 표기하면 무엇이라 부르는 것이 합당할까? 파충류를 우리말로 다시 명칭을 붙인다면 당연히 날름거리는 혓바닥의 움직임을 가장 잘 표현할 수 있는 말로 나타낼 수밖에 없다.

결국 오늘날 파충류를 우리말로 표기한다고 해도 가장 잘 어울릴 수 있는 명칭은 바로 '용'이 될 수밖에 없다. 고대 우리 조상들도 이와 같은 사고관념을 바탕으로 악어를 '용'이라 부른 것이다. 따라서 '용'은 한자어가 아니라 고대부터 우리 조상들이 파충류나 악어를 가리키는 용어로 사용해온 우리말이라 할 수 있다125).

지금까지 용에 대해 많은 주장이 있어온 것은 기존의 문화에 물든 사고관념과 사람이 살아가면서 관찰과 체험을 통해 자연히 알게 된 경험적 인식이나 이해가 서로 다르기 때문이다. 사람은 누구나 기존의 문화 즉 민족이나 국가, 인종과 신앙, 언어와 교육된 편견으로부터 자유로울 수가 없다. 자유라는 말은 누구나 쉽게 사용할 수 있지만, 사람의 현실생활이란 관점에서 본다면 무엇으로부터 자유롭다는 것은 실로 어려운 일이다. 사람이 살면서 습득한 가치관이나 세계관을 형성하는데 큰 영향을 미치는 사회 문화적 환경 즉 민족, 언어, 교육,

---

124) 박영홍, 상게서, 154-157쪽.

125) 여명기의 우리 조상들은 용이 많이 살고 있던 황하 중류지역 사람들을 용족(龍族)이라 불렀던 것으로 보인다. 이후 춘추전국시대를 거쳐 진(秦)이 천하를 통일하자 고대부터 그 지역을 상징하던 동물인 용(龍)도 자연스럽게 신성시되었다. 진(秦)과 한(漢)이 황하 중류지역에 도읍(西安 또는 長安)을 두게 됨으로써 서서히 국가와 통치자를 상징하는 동물로 인식되기 시작하여, 나중에는 용(龍)이 중국문화를 상징하는 상상의 동물이 된 것이다.

신앙 등 모든 주변 환경으로부터 자유롭다는 것은 사실 불가능한 것일지도 모른다.

결국 대부분의 사람들은 자유와 편견을 말하면서도 자기 자신이 기존의 잘못된 가치판단 즉 민족, 역사, 언어, 신앙 등과 같은 사회문화적 환경 속에서 필연적으로 편견을 가지고 살아가고 있다는 사실을 쉽게 잊어버리곤 한다.

용(龍)이 무엇인지 알기 위해서는 용이란 언어에 필연적으로 담겨있는 민족적, 언어적, 신앙적 편견을 벗겨내야 한다. 상징적 의미에서 보더라도 고대 이집트의 상징동물인 사자나 만주지역의 상징동물인 곰이나 호랑이 등과 비교할 때 황화나 장강 유역과 같이 물이 많은 지역에서는 물의 제왕인 악어가 그 지역을 상징하는 동물일 수밖에 없다.

이상과 같이 우리말과 관련시켜보거나 상징이나 모습 또는 여명기에 살았던 고대인들의 관념체계와 연관시켜 봤을 때, 용은 분명히 파충류이며, 물에 살고 힘이 세며 험상궂은 얼굴 모습과 딱딱한 껍질과 비늘을 가진 동물이다. 이렇게 볼 때 우리말 '용'은 악어를 가리키는 것이 분명하다. 하지만 이후 한자사용으로 순수 우리말까지도 한자와 연관시켜 생각하게 되자, 나중에는 용어가 교체되어 '용' 대신에 '악어'란 단어를 사용하게 되었고, 용은 중국 중심적 가치관과 문화 관념이 배어있는 상상의 동물로 잘못 인식하게 된 것이다.

지금까지 바둑판의 파생문화인 '10천간과 12지지' 그리고 정신문화의 산물인 '용' 관념이 어떻게 탄생한 것인지에 대해 살펴보았다. 이제까지 중국문화의 산물로 알고 있던 10천간 12지지는 사실 우리문화이다. 그것도 인류문명의 모태역할을 한 바둑판에서 탄생된 문화이다. 바둑판을 옆에 두고 천 간이나 지지의 의미를 생각해보면 이것을 보다 쉽게 이해할 수 있다.

10천간은 하늘공간을 10등분하여 10진법으로 나누었다는 뜻을 고스란히 담고 있으며, 12지지는 우리 민족문화의 토대 와 산실 역할을 한 바둑판에서 삼신사상에 의해 바둑판의 칸 을 수평으로 3의 수로 나누어 한 면을 여섯 부분으로 축소 해, 해가 한 방향으로 갔다가 다시 돌아오는 순환관념에 의해 모두 12칸으로 나눈 것이다. 이렇게 하면 하루와 일 년을 열 두 부분으로 나눌 수가 있다.

처음 바둑판이 만들어지고 숫자와 10천간 12지지가 만들어 졌을 당시에는 언어가 발달하지 못한 관계로 시간이나 방위 를 주변에서 자주 보는 동물의 이름으로 나타내게 되었다. 이 로 인해 동물의 이름이 방위나 시간을 나타내는 수단이 되었 고, 이후 10천간 12지지를 이용해 세월의 흐름을 나타내게 되면서 60년을 단위로 한 60갑자의 간지기법이 만들어지게 되었다. 이와 같은 관념은 오늘날까지도 전해져 12년을 주기 로 출생 년을 표시하는 띠와 시간을 표시하는 수단으로 여전 히 남아있게 된 것이다.

이제까지 많은 학자들이 10천간 12지지를 규명하기 위해 노 력하여 왔으나 이제까지 그 비밀을 풀어내지 못한 것은 그들 각자의 마음속에 담겨 있는 기존의 역사적, 언어적, 민족적, 문화적, 신앙적 고정관념을 깨뜨리지 못하였기 때문이다. 역 사 속의 미스터리나 불가사의를 풀어내기 위해서는 기존의 편견이나 고정관념 다시 말해 가치관이나 세계관 또는 민족, 인종, 문화, 신앙뿐만 아니라 사람이 살아가면서 자연스럽게 쌓아가는 개인의 경험에 의한 편견까지도 완전히 버릴 수 있어야만 가능한 일이다.

세상을 살아가는 사람은 누구도 지금까지 있어온 문화로부터 자유로울 수 없다. 따라서 마음속에 자신도 모르게 쌓여있는 잘못된 정신문화의 찌꺼기를 버리지 않고는 고대 역사와 문화를 제대로 이해하기 어렵다. 어떤 문화를 이해하기 위해서는 그 문화를 만든 사람의 사고관념이나 경험까지도 이해하고 소화시킬 수 있어야하는데, 지금까지 어느 누구도 기존의 관념을 버리기보다 기존의 편견, 다시 말해 이전의 정신문화를 기반으로 형성된 가치관이나 잘못된 기록을 중심으로 새로운 해석을 시도한다. 그 결과 고대사회에서 처음 문명이 싹틀 때 만들어진 바둑과 바둑판은 물론이고, 바둑판의 파생문화인 숫자와 10천간 12지지에 대해 올바른 해석을 할 수 없었던 것이다. 말하자면 모두가 객관적이고 경험적으로 문화를 보지 못하고, 기존의 잘못된 해석에 또 다른 해석을 시도함으로써 불필요한 사족을 추가하게 되었던 것이다.

이상에서 살펴본 바와 같이 10천간과 12지지는 분명히 우리 문화인 바둑판문명의 산물이다. 인류문명의 여명기에 바둑판이 탄생시킨 또 하나의 위대한 인류문화유산이자 우리겨레의 자랑이라 할 수 있는 것이다.

제7장
바둑과 놀이문화
(바둑놀이, 윷놀이, 장기, 꼰놀이)

1. 천체관측과 놀이도구로서의 바둑
2. 바둑놀이
3. 윤(閏)연구와 윷놀이
4. 장기
5. 꼰(고누)놀이
6. 바둑은 우리문화

1. 천체관측과 놀이도구로서의 바둑

바둑은 고대 중국에서 처음 만들어졌다는 주장이 지금까지의 통설이다. 하지만 이것은 사실과 전혀 다르다. 바둑은 우리 조상들이 동북아지역을 한민족 중심으로 통합한 이후 국가의 안정적인 유지를 위해 일 년과 한 달의 크기 즉 역법을 발견하기 위해 노력한 결과 만들어낸 천체연구도구였다. 바둑돌은 천체인 해와 달을 상징하며, 바둑판은 해와 달의 주기변화와 이들이 지구에 미치는 영향력의 변화과정을 도표나 표상으로 그려낸 것이다.

바둑은 해를 상징하는 붉게 칠한 돌(또는 나무, 뼈)을 역의 변화과정을 표상한 판 위에 일 년 동안 매일 놓아본 것을 가리킨다. 앞의 바둑과 역법의 장에서 살펴본 바와 같이 수평선이나 지평선에서 춘분이나 추분을 기점으로, 해가 양쪽 끝까지 갔다 다시 돌아오는 과정을 양 10진법으로 나누고, 이 나누어진 각 지점 사이사이에 해가 뜨고 지는 수만큼 밝은 것을 놓아 본 것이다. 해를 상징하는 밝은 것을 매일 하나씩 두어가며 아래쪽으로 늘어놓으면 19줄 마다 아래쪽으로 19개의 돌이 놓이고, 이중 4개의 줄에는 한 개의 돌이 더 들어가게 된다. 이렇게 하면 바둑과 역법의 그림(3-3)과 같은 모양이 된다.

바둑원리를 이용하면 일 년이 365일이라는 사실을 쉽게 알아낼 수 있다. 고대 이집트인들이 일 년의 크기와 역의 영향을 밝히기 위해 대 피라미드와 스핑크스를 만들어낸 반면, 우리조상들은 자그마한 판이나 평지 위에 줄을 그어 훨씬 더 간편하고 과학적인 방법으로 천문과 역법을 연구하였다.

누구나 쉽게 접할 수 있는 놀이도구로 알고 있는 바둑은 이처럼 피라미드와 동일한 의미를 지닌 위대한 발명품이며, 정밀하고 과학적일 뿐 만 아니라 인류문명을 탄생시킨 문명의 뿌리이자 모태역할을 한 인류의 문화유산이다. 대 피라미드가 천체 즉, 해의 움직임과 그 영향력을 알아내기 위해 주민들의 많은 피와 땀을 요구한 반면, 우리 조상들은 보다 용이할 뿐 만 아니라 정밀하고 과학적인 방법을 바둑판에서 발견하여, 해와 달의 운행과 그 영향력을 도형화한 판 위에서 역에 대한 연구를 한 것이다.

바둑판 위에 바둑돌을 두어 가며 연구를 시작할 때 바둑돌은 해를 상징하는 붉은 돌과 푸른 돌만 있었으나, 이후 달의 변화과정까지 함께 연구하게 되면서 흰 돌(밝은 돌)과 까만색의 돌도 함께 사용되었다. 바둑판에서 달의 변화주기를 연구하면서 초승달이나 보름달 같은 모양의 돌을 바둑판 위에 놓아보게 됨으로써 해와 달의 변화와 그 영향력에 대한 연구가 병행된 것이다.

역의 원리연구 이후에 바둑은 놀이도구로도 이용되었다. 바둑판과 돌이 언제부터 놀이도구로 이용되었는지 정확한 연대를 알 수는 없지만 역법 연구자들보다 그들의 연구를 오랫동안 옆에서 지켜본 아이들이 장난삼아 손가락으로 바둑돌을 튕겨 떨어뜨리는 놀이를 하게 되면서 놀이도구로 이용되기 시작한 것으로 보인다. 이와 같은 놀이방법은 오늘날에도 여전히 이용되고 있으며, 이런 놀이를 하던 아이들이 커서 역법이나 음양오행원리를 연구하게 되면서 점차 놀이로 발전하게 되었다.

바둑판에서 만들어진 놀이는 바둑놀이만이 아니다. 이외에도 장기(체스)126)와 윷놀이 그리고 꼰(고누)놀이 등이 있다. 윷놀이는 앞에서 설명한 바 있지만 장기와 꼰놀이를 바둑과 연관시켜 이해하기는 쉽지 않은 일이다.

바둑놀이와 윷놀이는 비슷한 시기에 함께 발전된 것으로 보인다. 반면 장기는 한(漢)나라와 초(楚)나라의 전쟁을 지켜본 조상들이 바둑판을 이용하여 양국의 다툼을 놀이로 발전시킨 것이다. 꼰(고누)놀이도 마찬가지로 바둑판에서 만들어진 것으로 바둑판의 칸을 1/3으로 줄이면 그것이 바로 꼰놀이 판이다.

이들 놀이는 우리 고유의 전통 민속놀이로 모두 바둑판에서 만들어졌다. 따라서 바둑놀이, 장기놀이, 윷놀이, 꼰(고누)놀이 등은 모두 하나의 뿌리에서 갈라져 나온 형제 같은 놀이라 할 수 있다. 이하에서 이들 놀이에 담겨있는 의미를 하나하나 살펴보도록 하자.

2. 바둑놀이

1) 바둑놀이(판돌놀이)

천체관측인 바둑행위 결과 만들어진 바둑판과 바둑돌이 언제부터 놀이도구로 이용된 것일까? 필자의 생각으로는 한역의 역법체계와 숫자, 문자 등이 완성된 이후 음양오행원리를

---

126) 서양장기인 체스는 동양장기가 변한 것으로 보인다. 체스의 모양과 놀이방식은 일본장기와 거의 같다. 동양의 놀이문화가 대부분 문명탄생판인 바둑판에서 만들어진 것으로 보아 대부분의 놀이문화는 문명과 직·간접적인 관계가 있는 것으로 보인다. 따라서 한민족의 한 갈래인 훈족이 서쪽으로 이동하여 동양장기를 서구에 전하여 지금과 같은 형태의 체스로 변하였을 가능성이 크다.

연구할 때 연구자들의 아이들이 판 위에 놓인 돌들을 어른들 대신 들어내거나 판 위의 돌들을 손가락으로 튕겨내기 시작하면서 놀이도구로 이용되기 시작한 것으로 보인다. 이들 아이들이 자라서 다시 바둑연구를 하게 되므로, 오랜 세월이 지나면서 서서히 놀이도구로 발전한 것이다.

역의 원리 연구과정에서 윤달의 크기 계산까지 발전하게 되면 가로 세로 19로 바둑판과 돌은 큰 의미를 갖지 않게 된다. 연구자들은 바둑과 역법의 그림(3-8, 9, 10, 11, 12, 13)의 모형만 있으면 되기 때문에, 어린 아이들이 어른들 몰래 바둑판 위의 돌을 손가락으로 튕겨 내거나, 아니면 바둑판에서 보았던 모양을 호기심에 의해 재현해 보는 과정을 통해, 어른들의 연구를 따라하면서 장차 자신들이 해야 할 연구를 미리 해보기도 한 것이다.

어린 아이들은 어른들이 바둑놀이를 하면 옆에서 지켜보고 있다가 가르쳐 주기를 조르곤 한다. 당시에도 어른들의 연구를 옆에서 지켜보고 있던 아이들이 어른들을 대신해 자기들이 바둑돌을 대신 놓아 주곤 하였을 것이다. 튕겨내기 놀이와 더불어 어른들이 지시하는 곳에 돌을 놓아 보면서 바둑판 위에 여러 종류의 돌들을 하나하나 놓아보게 된 것이다.

아이들은 어른들의 지시로 놓아 보았던 돌들을 또래 아이들끼리 다시 놓아보기도 한다. 역의 원리를 제대로 이해하지 못한 아이들은 한 번 보았던 모양을 다시 재현하기가 쉽지 않다. 따라서 서로 의견을 내어 교대로 모양을 만들어보게 된다. 이런 놀이를 통해 여러 가지 색깔의 돌과 돌로 이루어지는 수많은 모양이 만들어지게 된다.

여기서 더 나아가면 판 위에 색깔별로 일정한 수의 돌을 놓고 놀게 된다. 아니면 돌을 이용하여 가위 바위 보로 순번을 정하여 집짓기 놀이를 할 수도 있다. 이런 놀이는 필자가 어린 시절 해본 놀이이기도 하다.

이런 과정에 여러 가지 모양과 문제가 발생하게 되어 서로 다투게 된다. 다수의 돌을 놓고 튕겨내기 놀이를 하는 과정에 밖으로 떨어지지는 않았지만 놓여있는 상대방의 돌에 가두어지는 모양이 나올 수 있다. 아니면 돌들이 놓여있는 상태에서 색깔별로 누구의 것으로 정하여 튕겨내기나 집짓기 놀이를 할 수도 있다. 이런 과정을 통해 그림(7-2)과 같은 많은 모양이 만들어진다.

이 경우에도 그림의 ㄱ, ㄴ, ㅅ과 같이 완전히 차단된 모양과 ㄷ,ㄹ,ㅁ,ㅂ과 같은 모양이 만들어질 수도 있는데, 이때 이것을 어떻게 처리할 것인가의 문제가 발생한다.

어떤 놀이든 마찬가지이지만 놀이과정에는 문제가 발생하거나 의견충돌이 일어나게 된다. 이때 놀이에서 발생된 문제를 그냥 덮어두지 않고 문제제기와 의견충돌을 해결해 나가면서 놀이는 정교하게 변하고 발전하게 된다.

단순한 튕겨내기 놀이에서 그림(7-1)과 같은 모양이 만들어졌을 때 이 돌을 떨어진 돌과 같이 죽은 돌로 보아야 한다고 주장하는 아이가 있는 반면, 이 돌이 죽은 돌이 아니라고 주장하는 아이가 있게 마련이다. 그림에서 완전히 갇힌 돌이 죽었다는 사실은 쉽게 타협이 가능하지만, 완전히 둘러싸이지 않은 돌은 어떻게 할 것인가의 문제가 발생한다. 이러한 과정에서 ㅂ,ㅁ과 같은 축의 문제가 발생한다. 이런 일들이 반복되면서 결국 정교한 놀이로 서서히 변한 것이다.

그림(7-1)의 ㅂ,ㅁ 모양에서 이 돌을 죽은 돌이라고 주장하는 아이는 이 돌이 죽은 돌이라는 것을 입증해야 한다. 따라서 한 아이는 포위된 돌을 연결해 나가고 다른 아이는 돌을 포위해가는 과정에 축의 문제가 발생하게 된다. 이처럼 놀이 중에 제기된 문제를 하나하나 해결해 나가면서 놀이방법도 점점 발전하게 되었다.

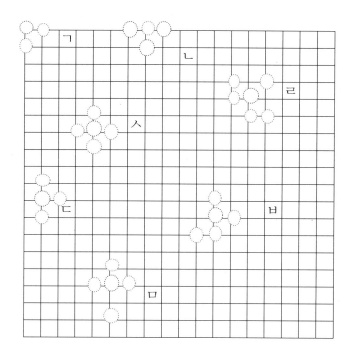

그림(7-1) 모양의 발생

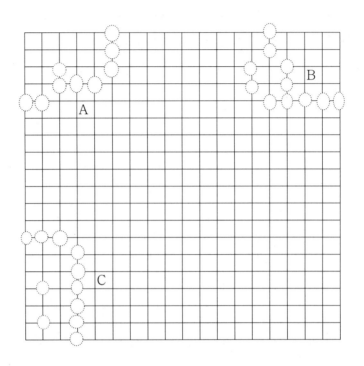

그림(7-2) 집의 계산

순장바둑	16개의 치석을 화점 선에 미리 두고 시작
	A, C 돌려줌 B 들어내어 계산
중국바둑	4개의 치석을 대각의 화점에 두고 시작
	A, C 돌려줌 B 들어내지 않음
일본바둑	치석 없이 시작
	A, C 집으로 계산 B 들어내지 않음

이와 같은 놀이과정을 통해 바둑은 상대방 돌을 튕겨내는 놀이에서 집짓기놀이로 변하게 되었다. 즉, 상대방의 돌을 튕겨내는 단순한 승부에서 남아있는 돌의 개수와 따먹은 돌의 개수 그리고 남아있는 돌로 만들 수 있는 눈의 개수로 누구의 집이 더 큰지 비교하는 놀이로 변한 것이다.

2) 순장(順將)바둑

동양 삼국인 한, 중, 일에서는 전통문화로서 오랫동안 바둑을 두어왔으나 바둑을 가리키는 명칭은 물론 각국의 전통 바둑판도 약간 다르다. 우리나라의 순장 바둑판은 중국이나 일본과 달리 화점(花點)에 17개의 꽃무늬가 새겨져 있는데, 우리나라는 처음부터 꽃무늬가 새겨진 바둑판을 사용한 것으로 보인다. 백제가 일본에 선물한 것으로 알려진 나라현 쇼쇼인(正倉院, 일본 황실 보물창고)에 보존되어 있는 목화자단바둑판(木畵紫檀碁局)에도 17개의 꽃무늬가 새겨져 있다. 이를 통해 바둑이 우리나라를 통해 일본에 전해진 것을 알 수 있다.

또 하나 우리 순장바둑은 놀이의 방식도 중, 일과 다르다. 순장바둑은 시작할 때 16개의 화점에 흑백의 돌을 각각 8개씩 대칭적으로 놓고, 그 가운데 점에는 흑과 백이 번갈아 가며 둔다. 즉 미리 포진을 해두고 전투로 들어간다. 이러한 형식의 바둑을 '순장(順將)' [127]이라 하고, 미리 배치하는 흑백의 돌을 '배자(排子)' [128]라고 한다.

---

127) 우리의 전통바둑은 포진을 미리 해놓고 직접 전투로 들어가는 형식상의 특징이 있다. 바둑을 둘 때 바둑판의 네 변으로부터 각 넷째 줄을 6등분 한 5개의 점에 모두 16개의 치석을 매번 같은 꼴로 번갈아 벌여 놓는다. 이런 형식을 순장(順將 또는 順丈)이라고 하는데, 순장은 어떤 의미이며 어떻게 표기하는지에 대해서는 아직 정설이 없다.

순장바둑은 계가방식도 다른 나라와 다르다. 현대바둑(일본)은 계가할 때 잡은 돌로 상대방의 집을 메우지만, 순장바둑에서는 잡은 돌은 돌려주고 집으로 계산하지 않는다. 그리고 집을 셀 때 집 속의 중복되거나 의미 없는 돌은 모두 들어낸 다음 빈 집의 크기로 계산한다. 현대바둑에서 공배가 순장바둑에서는 집이 될 수도 있다.

중국의 전통바둑도 현대바둑이나 우리의 순장바둑과 약간 다르다. 시작할 때 네 개의 치석을 대각으로 미리 배치하고 시작하며, 집을 셀 때 잡은 돌은 돌려준다. 순장바둑이나 일본바둑과 비교하면 치석이 없는 일본바둑과 다르고, 17개의 치석을 깔고 두는 순장바둑 보다는 그 수가 적다. 그리고 계가할 때 잡은 돌이 큰 의미가 없다는 점에서 순장바둑과 비슷하다. 다시 말해 치석이 있으나 그 수가 순장보다 적다는 것과 계가할 때 잡은 돌을 돌려준다는 점에서 치석 없이 시작하고 계가할 때 잡은 돌을 집으로 계산하는 현대바둑과 순장바둑을 절충한 형태를 띠고 있다.

따라서 중국의 전통바둑은 순장보다 발전한 것이라고 할 수 있으나, 현대바둑과 비교하면 후진적인 놀이형태를 유지하고 있다. 놀이방식은 일반적으로 원시적인 것에서 현대적인 것으로 점차 발전하는 것이 상식이다. 흔히 바둑을 두면서 자기 집을 메우는 행위를 자충수(自充手)라고 하는데, 이와 같은 비효율적인 것들이 오랜 세월에 걸쳐 서서히 개선된 것이다.

---

128) 사전에는 조선시대의 문헌에 순장(順丈)포석을 '배자(排子)'라고 표현했다고 하는데 출처가 분명하지 않다. 우리가 사용하는 한자 단어는 이두표기가 상당히 많으며, 한자의 의미대로 풀이하면 본래의 의미와 전혀 다르게 이해될 수도 있다. 배자는 '미리 배치한 돌'이란 의미에서 사용한 것으로 보인다.

이와 같은 관점에서 보면 바둑의 가장 원시적인 형태를 간직하고 있는 것이 우리의 순장바둑이고, 그 다음이 중국의 바둑이다. 여기서 좀 더 발전하면 일본바둑과 같이 바둑판에 화점이나 치석이 없고, 잡은 돌까지 집으로 계산하여 효율성을 극대화하는 게임으로 변한다. 따라서 오늘날 사용되는 현대바둑률은 우리의 전통바둑인 순장이 서서히 발전하여 놀이의 효율성을 극대화시킨 게임방식이라 할 수 있다.

그렇다면, 순장이 놀이문화로서 최초의 바둑일 수도 있다. 즉 16개의 치석을 배치하고 시작하는 순장바둑이 잡은 돌을 돌려주는 계가 방식과 함께 중국에 전해졌고, 이후 치석의 의미를 알지 못한 중국인들에 의해 치석이 4개로 줄게 된 것이다. 그리고 바둑이 일본에 전해진 후에는 치석도 사라지고 잡은 돌도 집으로 계산하는 지금의 현대바둑으로 발전한 것으로 이해하는 것이 가장 합리적이다.

앞에서 바둑이 무엇인지 언어를 중심으로 살펴본 바와 같이 언어는 물론이고 판의 형태와 놀이방식을 중심으로 바라볼 때도 우리의 순장이 가장 원시적인 모습을 간직하고 있다. 그러므로 바둑은 중국에서 기원된 중국문화가 아니라 우리의 언어문화 속에서 탄생된 우리의 고유문화라 할 수 있다.

한 · 중 · 일 바둑계가법

순장(우리나라)바둑 룰   영토만 계산

중국바둑 룰   생존자+ 영토

일본(현대)바둑 룰   포로+ 영토

이처럼 우리의 전통바둑인 순장은 놀이문화의 초기 모습을 간직하고 있으며, 바둑이 우리의 고유문화일 수도 있음을 보여주는 분명한 증거이다. 따라서 현대바둑을 '바둑'이라 부르는 것은 문제가 있다. 그 이유는 여러 가지가 있지만 우선 여기서 몇 가지만 살펴보도록 하자.

첫째, 지금까지 우리 모두 바둑이 우리 문화임을 알지 못했다. 바둑은 중국에서 탄생된 놀이문화로, 일본에서 오랫동안 기술을 발전시킨 것으로 알아왔다. 이로 인해 바둑이 우리의 고유문화가 아니라 외래문화인 것으로 잘못 인식되어 있다.

둘째, 현대바둑은 우리의 전통문화인 순장바둑을 폐지하고 받아들인 일본식 놀이문화이다. 그리고 언어적 관점에서 볼 때 천체관측행위를 가리키는 우리말 '바둑'과 현대바둑은 어울리지 않는다. 따라서 외래문화인 현대바둑을 우리의 고유 명칭인 '바둑'으로 부르는 것은 문제가 있다.

우리가 바둑을 '순장바둑'이라 부르는 것은 박달시대에 중국과 문화적 교류를 하게 된 이후, 우리의 지배계층이 서서히 사대사상에 젖어들게 되었고, 궁극에는 중국에 문화주권을 빼앗기게 되었기 때문이다. 이 결과 고유의 놀이문화인 바둑을 '순장바둑'이라 부르게 된 것이다. 다시 말해 우리의 전통 놀이문화인 바둑을 '바둑'이라고 부르지 못하고 '순장바둑'이라고 할 만큼 문화적 자주성과 민족적 자긍심을 상실한 시기가 있었던 것[129]이다.

---

129) '순장(順將)바둑'이란 명칭은 바둑을 중국문화이자 한자 기(棋, 碁)로 인식하게 되자, 이후 중국바둑을 바둑의 본래 형태인 것으로 오해한 결과 붙여진 명칭으로 보인다. 이로 인해 우리의 전통바둑은 바둑의 기원국인 중국바둑과 다르다는 의미에서 천체연구도구 모습을 간직한 화점 위의 17개 치석을 배자(排子)라고 하고, 치석을 배치하고 시작하는 이와 같은 놀이형태를 순장(順將)이라 부

이처럼 언어주권이나 문화주권 상실을 우리는 사대주의 근성이나 식민지 근성이라고 흔히 말하곤 한다. 따라서 외래문화인 현대바둑을 '바둑'이라 부르는 것은 잘못된 용어선택이며, 겨레의 수치라 아니할 수 없다.

셋째, 현대바둑을 우리말로 나타내면 '판돌놀이'라 칭하는 것이 가장 정확한 표현이다. 외래문화를 받아들일 때 어느 국가나 외래문화에 적합한 고유 언어가 있는지 먼저 살펴본다. 그리고 적합한 용어가 없을 때는 자신들의 고유 언어를 기반으로 누구나 이해할 수 있는 새로운 단어를 만들어 외래문화를 표기하는 것이 일반적이다. 따라서 현대바둑도 우리문화가 아니란 판단 하에서는 당연히 우리의 언어표현 방식대로 표기하는 것이 가장 합리적이며 사리에도 맞다. 놀이문화라는 인식과 관찰을 토대로 우리말로 현대바둑에 적합한 새로운 낱말을 만들면, 바둑은 '판 위에 돌(바둑)을 놓아가며 즐기는 놀이문화'이므로, '판+ 돌+ 놀이'130)라 부르는 것이 가장 바람직하고 정확한 표현이다.

넷째, 현대바둑을 '바둑'이라 부를 수 있기 위해서는 온 겨레의 합의가 선행되어야 한다. 그리고 우리 한문명의 모태이자 겨레의 얼굴과도 같은 순장바둑과 문명과 역법연구도구로서의 의미가 살아 숨 쉬고 있는 치석(置石)과 순장바둑 룰을 폐지한 것은 바둑이 무엇인지 모르는 자들의 어리석은 짓이

르게 된 것이다.

130) 지금의 바둑놀이는 정확하게 표현하면 '판돌놀이'라 부르는 것이 바람직하다. 즉 '바둑판 위에 바둑돌을 놓아가면 승부를 결정짓는 놀이'이므로 천체관측행위를 가리키는 '바둑'이란 용어와 어울리지 않는다. 필자는 이러한 논지의 글을 월간바둑에 기고한 바가 있다. 바둑이란 무엇인가? 월간바둑, 2005, 3, 66-71쪽.

고, 외래문화를 새로운 용어가 아니라 기존에 있던 우리의 고유 명칭으로 대체한 것은 조상들의 피와 땀이 베인 전통문화이자 인류문명 탄생판인 바둑이 우리의 고유문화가 아니라 외래문화의 산물임을 인정해주는 매국행위일 뿐이다. 따라서 외국의 놀이문화를 인류문명 창조행위를 가리키는 우리말 '바둑'이라 부르는 것은 사리에 전혀 맞지 않다.

이처럼 현대바둑을 '바둑'이라 부르는 것은 많은 문제가 있다. 바둑을 놀이문화로 이해할 때 현대바둑은 천체관측이나 역법연구와 무관하고, 천체인 해와 달을 상징하는 '밝은 것을 두어나가는 것'을 가리키는 '바둑'이란 용어는 놀이의 하나인 현대바둑과 잘 어울리지도 않는다. 따라서 놀이문화로서의 현대바둑은 '판 위에 돌을 놓아가며 즐기는 놀이'이므로, 우리말로 '판돌놀이'라 부르는 것이 가장 정확하고 올바른 표현이라 할 수 있다.

3. 윤(閏)연구와 윷놀이

지금까지 우리 모두 명절날 가족 친지들과 어울려 즐기는 윷놀이를 단순히 놀이의 한 종류로 알고 있다. 그러나 윷놀이는 놀이로 만들어진 것이 아니다. 최초의 윷놀이는 바둑의 한 종류였으며, 바둑과 마찬가지로 천체원리 연구행위이고, 윷놀이 판은 윤(閏)의 원리를 연구하는 연구도구였다.

윷놀이는 단순한 놀이도구가 아니라 천체관측과 역법연구가 발전하면서 바둑판을 이용해 해와 달의 운행주기와 상호관계를 도형화하여 이것을 함수관계로 발전시킨 것이다. 이것을 한 눈에 알아볼 수 있게 표시하면 그림(7-3, 4, 5)과 같다. 이 그림에서 바둑판과 이것을 도형화하여 함수로 표시한 그림이 매우 닮았다는 사실을 알 수 있다. 초기 바둑판에서 크기를 1/3으로 줄이면 해와 달의 운행원리를 함수로 나타낼수 있다. 그림(7-3)에서 가장 바깥으로 도는 선은 해의 운행선으로, 움직이는 총 칸의 수는 4×6 = 24-4(윤 연구에서 제외되는 일수) = 20(4×5) 임을 알 수 있다. 그리고 바깥쪽 선세 칸 안쪽에서 바깥쪽 선과 물리지 않고 회전하는 선이 달운행선으로, 총 움직이는 칸의 총 수는 4×4 = 16-4(윤 연구에서 제외되는 일수) = 12(3×4)가 된다.

이것을 통해 알 수 있는 것은 고대인들이 천체연구를 통해해의 운행함수를 20으로, 달의 운행함수를 12로 표시했다는사실이다. 그림에서 보듯이 윤(閏)연구 판[131]에도 바깥쪽 테두리를 도는 점의 총수는 20개이고, 그 안쪽에는 한 가운데점을 제외하고 모두 12개의 점이 배치되어 있다. 윤 연구판도 태양을 상징하는 20개의 둥근 점을 바깥 테두리선 위에배치하고, 그 안쪽에 달을 상징하는 12개의 둥근 점을 그려놓고 있다.

다시 말해 윷놀이 방식은 그림(7-5)과 같이 바둑판을 도형화한 함수 관계로 표시하여 나머지 7.5일(바둑판에서 발견한16년간의 윤달의 크기 차이)[132]이나 11일(지금의 음력 일 년의 윤)을 배치하는 윤달의 크기 계산방법이다. 이와 같은 사실을 사실 그대로 누구나 알아볼 수 있게 표상으로 그려낸

131) 해와 달의 운행원리 연구는 윤(閏)을 알아내기 위한 것이므로 윤(閏)연구 판이라 부르는 것이 올바르다.
132) 바둑과 역법의 장 참조.

것이 바로 오늘날의 윷놀이 판이며, 이것은 한 단계 발전된 형태의 또 다른 바둑판이라 할 수 있다.

초기 바둑판에서 해와 달의 운행법칙에 대해 관심을 갖게 되면서 윤 연구 판이 만들어지게 되었는데, 고대인들은 왜 해와 달이 지구를 도는 원리에 관심을 가지게 된 것일까? 고대인들이 윤 연구 판을 발견하게 된 원인은 일 년 동안 해와 달의 모습변화가 일치하지 않는다는 데 있다.

일 년은 365일이고, 달이 만월에서 다시 만월로, 초승달에서 다시 초승달이 되는데 걸리는 일수는 평균 30(29.53)일[133]이다. 따라서 일 년을 12달로 할 경우 6×30+ 6×29 = 354일이므로, 11일이 남게 된다. 일 년을 12달로 할 경우 남게 되는 일수의 조정과 배치를 위해서는 해와 달의 운행주기와 운행법칙에 대한 보다 치밀한 연구가 필요하다.

다시 말해 해와 달의 운행법칙을 보다 정확하게 알기 위해 고안해낸 것이 바로 윤(閏)연구 판이다. 윤연구 판은 이전의 바둑판보다 한 단계 높은 수준으로 발전한 형태의 천문관측 연구도구이며, 이 윤연구 판을 이용하여 천문관측을 하고 해와 달의 변화법칙을 연구하게 됨으로써 단순히 천문관측 뿐만 아니라 다른 문화의 발달에도 큰 영향을 미치게 되었다.

천문관측이 윤(閏)의 원리연구 단계에 이르면 365개의 눈을 가진 초기 바둑판은 더 이상 큰 의미를 가지지 못하게 된다. 해와 달의 운행주기와 상관관계에 대해 관심이 집중되면서

---

133) 한 달의 정확한 크기는 29.53일이다. 이로 인해 음력은 큰달인 30일과 작은 달인 29일을 교대로 둔다. 이렇게 하면, 29×6 + 30×6 = 354일이 되어, 양력의 일 년보다 약 11일이 모자란다. 이것을 조정하기 위해 윤(閏)달을 둔다. 그러나 윤달을 두더라도 양력과 정확하게 일치하지 않는다. 이 문제를 16년 동안 4번 있는 윤달의 크기조정을 통해 해결하는 방식이 바로 윷놀이의 방법이다.

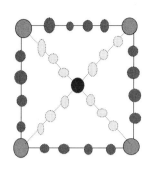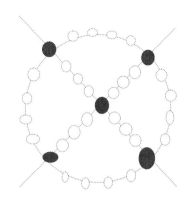

그림(7-3) 윤(閏)연구 판과 윷놀이 판

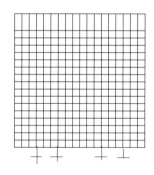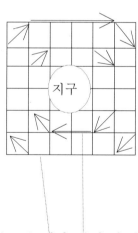

그림(7-4) 초기 바둑판   그림(7-5) 해와 달의 운행선

해와 달의 함수관계를 연구하는 윤(閏)연구 판이 만들어지게 되었고, 이 결과 초기 바둑판에서 네 눈이 사라지고 오늘날 같은 361개의 눈을 가진 바둑판[134]으로 변하게 된 것이다. 이로 인해 역의 원리연구도 직접 관측하는 단순한 단계를 벗어나, 간단한 도형으로 단순화시켜 이해할 수 있는 수준으로 발전하게 되었다.

윷놀이는 역법연구과정에서 알게 된 해와 달의 운행법칙 즉, 역의 원리를 종이나 판 위에 그림으로 그려놓고 그 위에 패를 놓아가며 즐기는 놀이이다. 놀이에 참여하는 사람들이 각자의 패를 놓아가며 조상신인 한신이 만든 문명의 참뜻을 기리면서 감사의 마음을 표하고, 후손들이 대대손손 우리의 전통문화임을 잊지 않도록 하기위해 생활문화로 정착시킨 것이라고 할 수 있다.

해와 달의 운행함수를 나타낸 윤(閏)연구 판에서 패를 던져 움직이는 칸수를 결정하는 기물(器物)을 '윷'이라 한다. '윷'은 윷놀이를 할 때 이용되는 패 즉, 반원형의 길쭉한 나무로 만든 4개의 놀이패이다. 이로 인해 세월이 흐르면서 윤(閏)연구보다 놀이도구인 '윷'의 의미가 강조되어 지금은 '윷놀이'라 부르고 있다. 하지만 우리의 전통 민속놀이인 '윷놀이'는 유래와 문화사적인 관점에서 볼 때 원래의 명칭인 '윤(閏)놀이'라고 하는 것이 보다 올바른 언어사용이 아닐까 생각된다.

---

134) 일 년을 상징하는 바둑판에서 윤閏)연구가 시작되면서 정사각형 바둑판 바깥의 네 점은 큰 의미를 가지지 않게 되었다. 태양력과 태음력의 차이를 조정하기 위한 방식의 하나로 4년 마다 윤달을 두고, 바둑판 바깥의 나머지 일수는 함수관계를 표시한 사(4)각형의 바둑판이나 윤 연구 판으로 대체한 것으로 보인다.

4. 장기

우리의 전통 민속놀이로 장기가 있다. 장기는 우리나라 사람 대부분이 할 수 있는 놀이이며, 바둑판에서 파생된 놀이문화의 하나이다.

장기는 지금까지 중국의 놀이문화가 우리나라에 전해진 것으로 잘못 알아왔다. 장기판의 기물이 한자로 되어있기 때문에 누구나 중국에서 유래된 중국문화로 이해하기 쉽다. 하지만 필자가 보기에 장기도 분명 우리나라에서 유래된 우리 고유의 민속놀이이다.

장기판은 바둑판과 마찬가지로 19의 수로 이루어져 있다. 가로 9개의 줄과 세로 10개의 줄을 그어 만든다. 판의 모양은 물론 줄의 수도 바둑판과 떨어질 수 없을 정도로 밀접한 관련이 있다. 시중에서 누구나 쉽게 살 수 있는 바둑판의 뒷면에는 장기판도 함께 그려져 있는 것을 볼 수 있다. 그만큼 바둑과 장기는 연관성이 깊다.

장기는 바둑판 원리를 이용하여 만들어졌다. 전국시대를 종식시키고 중국을 통일한 진(秦)이 멸망한 후 벌어진 초(楚)와 한(漢)의 전쟁(B. C. 3세기 말)을 지켜보면서 바둑판을 이용하여 전쟁결과를 예측하는 과정에서 만들어진 것[135]으로 보인다.

어떤 놀이이든 놀이의 탄생은 이전의 놀이문화와 연관이 있기 마련이다. 이웃나라에서 일어난 전쟁을 지켜보면서 이것을 점쳐본 것을 놀이문화로 만들기 위해서는 이와 비슷한 놀이

---

135) 장기의 기물은 초(楚)와 한(漢)으로 대표된다. 따라서 장기는 초나 한 사람들이 아니라 초와 한의 전쟁을 곁에서 지켜본 다른 민족의 산물일 가능성이 크다.

가 그 전에 반드시 존재하고 있어야 가능할 수 있다. 바둑판 없이 가로 9줄과 세로 10줄로 이루어진 놀이판이 갑자기 탄생한다는 것은 생각조차 하기 어렵다. 따라서 장기는 바둑놀이를 즐기던 민족의 산물로 한(漢)과 초(楚)의 전쟁을 지켜보면서 전쟁이 어떻게 결말이 날지 가름해보기 위해 만든 것이라 할 수 있다.

장기판이 바둑판과 붙어있는 것도 그렇거니와, 장기가 우리 고유의 전통 민속놀이이면서 누구나 즐기는 놀이라는 사실에 비추어보아도, 장기는 중국문화가 아니라 우리문화이고 우리 조상들이 만들어낸 놀이이다. 일본 장기는 우리 장기와 놀이 방식은 물론 기물의 위치나 움직이는 방식이 많이 다르다. 중국 장기는 우리 장기와 유사하나, 초(楚)와 한(漢)의 자리에는 다른 명칭의 기물이 놓이고, 양편의 한가운데는 일부 기물의 움직임을 제한하는 장강(長江)이 있다[136]. 그러므로 지금 우리가 이용하고 있는 놀이인 장기는 우리 고유의 전통문화임이 분명하다.

장기는 판 위에 왕(王)이나 장군을 상징하는 초(楚)와 한(漢) 그리고 왕을 지키는 사(士)를 중심으로 차(車), 포(砲), 마(馬), 상(象), 졸(卒)을 배치하여 각각 정해진 룰에 따라 이동하면서 승부를 가린다. 놀이를 시작할 때 장기판 위에 미리

---

136) 중국 장기는 우리 장기와 비슷하나 명칭 [象棋] 은 물론 기물과 놀이방식 등에 있어 약간의 차이가 있다. 초(楚)의 자리에는 장(將)이 놓이고, 한(漢)의 자리에는 수(帥)가 놓인다. 그리고 다른 기물의 명칭은 같으나 졸(卒)을 제외하고는 한자가 각각 다르며 기물의 움직임을 제한하는 장강(長江)이 가운데 놓여 있다. 놀이의 형태로 보아 중국인들이 우리의 장기를 모방하여 나름의 놀이를 만든 것으로 보이나 몹시 조잡하다. 양쪽 한가운데에 장강이 있는 것으로 보아 인류 문명탄생판인 바둑판과의 관계를 논하기 어렵다. 따라서 중국 장기는 우리의 장기를 본뜬 것임이 분명하다.

배치하는 이들 초, 한, 사, 차, 포, 마, 상, 졸과 같은 것을 '기물'이라고 한다. 양쪽으로 배치된 기물을 이동하여 초나 한을 따먹을 수 있는 위치에 가면 '장이야'나 '장군'이라 소리친다.

그런데 장기를 왜 '장기'라고 하며, '장기'란 명칭은 어떤 의미를 담고 있는지 궁금하다. 기물을 이용하여 '장'이라 부르는 놀이이기 때문에 '장(장이야)+기(기물)'라 부르게 된 것은 아닐까.

어원을 분석하면, '장기'란 명칭의 '장'은 우리말 '짜다'에서 파생된 것으로 보인다. 장기는 물론 화투, 카드, 책 등은 여러 개의 부분으로 구성되어 있다. 그래서 화투 하나하나의 장을 화투장이라 하고, 책은 책장이라 한다[137]. 이처럼 우리말에서 전체의 한 부분을 구성하는 하나를 일컬을 때 이것을 '장'이라 한다. 따라서 '장기'도 기물이라 불리는 '하나하나의 장으로 짜인 놀이'란 의미를 담고 있다. 다시 말해 '장기'는 순수한 우리말 명칭이며, '하나하나로 이루어진 여러 개의 기물로 구성되어 있는 놀이'라는 의미에서 '장기'라 부른 것이다.

그리고 서양의 놀이문화로 알고 있는 체스(chess)[138]도 바둑판이나 장기와 관련이 있다. 체스는 놀이의 형태로 보아 동양의 장기와 거의 같으며, 동양의 장기가 서양에 전해져 서양문화로 변화한 것으로 보인다. 놀이문화는 대개 인류문명과 관

---

137) 박영홍,「우리말과 한겨레」, 53쪽 참조.
138) 서양장기인 체스는 동양장기 중에서도 일본장기와 거의 같다. 놀이방식은 다르지만 판과 기물을 놓는 형태는 비슷하다. 우리의 놀이문화는 대부분이 문명탄생 판을 모방한 것이다. 따라서 체스가 문명탄생 판이나 다른 놀이문화를 모방했다면 그것은 바둑판이나 동양장기일 수밖에 없을 것으로 보인다.

련이 있으며, 문명탄생 판을 모방하여 만들어진 것들이 대부분이다. 따라서 체스는 형태로 보아 동양문화의 전파로 볼 수밖에 없으며, 놀이방식은 일본장기와 다르지만 놀이판의 모양은 거의 같다.

동양 장기를 서양에 전한 민족은 흉노족일 가능성이 크다. 흉노족은 우리 한민족의 한 갈래이며, 이들이 서양으로 진출하면서 우리의 놀이문화인 장기를 전한 것으로 보인다. 이것이 서양문화로 변하면서 지금의 체스가 된 것이다.

어떤 놀이이든 놀이는 단순한 형태이지만, 그 시대의 정신문화와 밀접한 관련이 있다. 따라서 놀이형태로 보나 인류의 다른 문화와 연관시켜 볼 때 체스는 동양문화의 탄생판인 바둑판과 관련이 있으며, 바둑판에서 파생된 놀이문화인 장기의 변형으로 보는 것이 가장 바람직한 이해라 할 수 있다.

5. 꼰(고누)놀이

바둑판 원리를 응용한 놀이문화에는 이외에도 '꼰(고누)놀이'가 있다. '꼰놀이'는 필자가 어린 시절 소를 먹이거나 친구들과 놀면서 많이 해본 것으로, 지금 40대 이상의 사람이라면 누구나 알고 있는 놀이이다.

꼰도 바둑돌이나 장기의 기물(器物) 같은 것을 판 위에 놓아가며 즐기는 놀이이다. 꼰놀이는 윷놀이와 놀이방식이 비슷하며, 판을 그려놓고 순번을 정하여 세 개의 패를 일직선으로 놓게 되면 이기게 된다.

기물(器物)을 놓는 차례는 가위, 바위, 보로서 결정하며, 가

위바위보로 이긴 사람이 꼰놀이판 위에 한 개씩 기물을 놓아 간다. 꼰놀이 판을 보면 이해하기가 보다 용이할 것이다.

그림(7-6)에서와 같이 꼰놀이도 바둑에서 파생된 놀이임을 쉽게 알 수 있다. 꼰놀이는 두 사람이 하며, 기물 세 개를 일 직선으로 놓기 위해 다투는 게임이다. 따라서 상대방은 다른 상대방이 기물을 일직선으로 놓지 못하게 방해하면서 게임을 즐긴다.

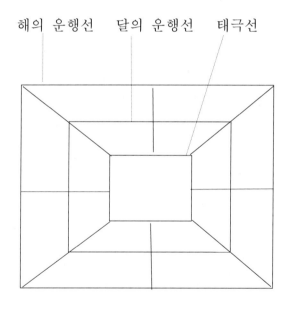

그림(7-6) 꼰(고누)놀이 판(바둑판의 축소모형)

꼰놀이 판139)은 바둑판의 축소형이며, 바깥 선은 해의 운행
선이고, 가운데 선은 바둑판에서 화점이 놓인 선으로 달 운행
선을 나타낸 것이다. 그리고 가장 안쪽 선은 태극 즉, 지구가
위치하는 선이다.

이때 그림의 모형은 사각형으로 그릴 수도 있고 원의 형태
로 그릴 수도 있다. 세 개의 직사각형이나 세 개의 원으로 그
려진 그림 위에 춘·추분이나 하지·동지를 의미하는 지점을
잇는 선을 긋고 봄, 여름, 가을, 겨울을 상징하는 네 모퉁이
에서 선을 대각선으로 그으면 그림(7-6)과 같이 된다. 세 개
의 원이나 사각형으로 만들어진 이와 같은 도형은 바둑판에
서 약간 변형된 것이며, 이와 같은 모형의 그림 위에서 정해
진 룰이나 약속에 의해 선이 교차하는 지점에 세 개의 기물
을 일직선으로 누가 먼저 놓게 되는가의 게임이다.

꼰놀이에서 일치시켜야 하는 세 개의 기물은 우리의 조상신
인 삼신과 관계가 있다. 삼신은 제 일(一)의 신인 하늘에 떠
있는 해와 제 이(二)의 신이며 물질문명 창조신인 해모수 그
리고 제 삼(三)의 신으로 정신문명을 탄생시킨 박혁거세를 상
징하는 것으로 보인다.

이 세분의 신을 숭배하는 신앙이나 사상이 삼신신앙이나 사
상이며, 삼신을 믿는 민족은 바로 우리 한겨레이다. 우리의
고대 조상들은 문명을 만든 이 세분을 신이라 부르며, 그분들
의 능력을 믿고 의지하며 살아왔다.

---

139) 꼰(고누)은 바둑판을 1/3으로 축소한 것이다. 꼰놀이는 작은 나무막대를 이용
하여 야외의 빈 공간에서 누구나 쉽게 놀이판과 기물을 만들 수 있다. 옛날에
나무를 하거나 농사일을 하다 여가시간을 활용하여 놀이를 즐기기 위해 만든
것으로 보인다.

이처럼 우리 조상들은 겨레의 주된 신앙으로 삼신을 모셔왔다. 그리고 삼신과 직접 관련된 놀이문화인 바둑과 장기 그리고 윷놀이와 꼰(고누)놀이를 민족의 소중한 문화로 생각하여 명절날 가족이나 친지들과 어울려 문명탄생의 의미를 되새기기 위해 즐겨왔던 것이다.

우리 한겨레는 민족과 국가의 구성은 물론 문명과 문화까지도 바둑과 밀접한 관련이 있으며, 전통 놀이문화는 모두 우리 겨레의 정신문명과 밀접한 관련 속에서 만들어져 나온 것들이라고 할 수 있다.

이상에서 살펴본 바와 같이 우리의 전통 민속놀이인 장기와 윷놀이 그리고 꼰놀이 역시 바둑판에서 바둑과 함께 발전된 놀이문화이다. 바둑과 장기, 윷놀이, 꼰놀이에는 우리겨레의 가장 성스러운 숫자인 三 즉 삼신사상이 내포되어 있다. 이처럼 우리의 전통 민속놀이는 따로 떼어 설명할 수 없을 정도로 밀접하며 모두 하나의 판 위에서 만들어져 나왔다.

6. 바둑은 우리문화

앞에서 바둑과 전통 민속놀이에 대해 알아보았다. 우리가 알고 있는 민속놀이는 다른 나라에서 전파된 것이 아니라, 모두 우리의 조상들이 만들어낸 우리 고유의 전통문화이다. 지금까지 우리는 바둑과 장기를 두어 오면서도 바둑이나 장기가 우리의 고유문화라는 사실을 알지 못하고, 중국에서 우리나라로 흘러들어온 외래문화인 것으로 착각하며 살아왔다.

바둑이 우리 문화인 이유는 여러 가지가 있지만, 그 중에서도 누구나 쉽게 이해할 수 있는 중국문화와 우리문화와의 지역 환경적 차이는 물론 사고관념이나 지금까지 남아있는 역사기록 등을 토대로 다시 한 번 바둑이 왜 우리의 전통문화인지 살펴보도록 하자.

바둑이 우리나라의 전통문화인 이유는 첫째, 바둑판과 바둑돌에는 해의 운행원리 즉, 역의 원리가 담겨있다. 신화, 전설, 민담 등 전해지는 기록이나 구전에 의하면 고대의 우리 조상들은 해를 숭배하였으며, 언어의 계통분류로는 북방계 유목민족이었다는 것이 정설이다.

북방 기마유목민족인 우리 민족은 초기국가 성립기에 신앙으로 해 즉, 태양신을 믿고 있었다. 반면 황하유역의 농경민들은 주로 지신(地神)이나 물의 신이라고 하는 용(龍)을 숭배하고 있었다. 지역 환경적 특성과 민족 신앙이란 측면에서 바라볼 때 바둑은 해를 주된 신앙으로 하고 있던 우리 민족과 훨씬 가까운 문화이다. 해를 주된 숭배대상으로 하지 않는 민족이 해의 움직임 다시 말해 역의 원리에 대해 오랜 연구를 하였다고 보기는 어렵다.

중국의 신화에 의하면 중국 최초의 국가인 은(殷)나라시대에 하늘에 10개의 해가 동시에 나타났다는 기록이 있다[140]. 반면 우리민족은 신화에 자주 등장하는 것과 같이 지구를 도는 하나의 해신만을 믿고 있었으며, 해의 아들로서 지상에 강림한 해모수(桓雄)와 웅녀와의 결합을 통해 인간으로 현신한 박혁거세(檀君)를 민족 신앙으로 하는 삼신숭배사상이 지금까지 알려진 우리 한겨레의 주된 신앙이다. 다시 말해 바둑은 태양

---

140) 물론 이것은 신화이지만 중국인들의 우주관을 알 수 있다. 김희영, 「이야기 중국사」, 청아출판사, 1997, 21쪽.

신을 숭배한 민족의 산물이므로 중국과는 무관한 놀이문화라 할 수 있다.

둘째, 태극문양 또한 중국과 관계가 없다. 최근의 발굴에 의하면 태극문양이 발견된 곳은 바이칼 호수 부근과 고비사막, 만주지역, 우리나라 등[141]이다. 뿐만 아니라 현재 일본 황실을 상징하는 문양이기도 하다. 이것은 바둑뿐만 아니라 바둑과 관련이 있는 태극문양 또한 농경문화의 발명품이 아니라 북방 기마유목민족의 문화유산이라는 것을 말해준다. 그리고 고대 중국인들은 지구가 사각형 모양(方)이라고 생각한 반면, 우리 조상들은 천동설을 바탕으로 태극원리가 표상하고 있는 것과 같이 지구가 둥글다고 생각했다.

오늘날 대다수 중국학자들도 음양오행관념은 괴이하고 요사스러운 것으로 중국 고유의 관념이 아니라 북방이나 변방 아니면 해양문화가 아닐까 추측하고 있다[142]. 하지만 동북아지역에서 해양문화로 오늘날까지 전해진 문화는 존재하지 않는다. 따라서 음양오행관념이 태동된 곳은 한반도나 만주지역 아니면 몽골과 같은 북방지역일 수밖에 없다.

이것을 사실 그대로 나타내 주는 것이 바로 고고학적 발굴을 통해 밝혀진 태극문양의 출토지역이다. 고고학적 발굴로 알게 된 태극문양의 출토지역은 모두 북방민족의 거주지역이

---

141) 정연종, 「한글은 단군이 만들었다」, 죠이정 인터내셔날, 1996, 123-199쪽.
142) 중국의 학자들은 음양과 오행관념의 기원이 다른 것으로 보고 있다. 하지만 음양오행의 관념은 해와 달이 지구를 돌면서 일으키는 사계절과 일기의 변화과정을 이해한 것이므로 따로 떼어 설명할 수 있는 것이 아니다. 따라서 중국의 음양오행관념은 중국 고유의 문화가 아니라고 할 수 있다. 씨에송링, 「음양오행이란 무엇인가」, 56쪽.

다[143]. 아울러 중국학자들도 음양오행의 관념적 표상인 태극 문양은 중국의 고유문화가 아니라고 하고 있다. 태극문양의 모태가 된 바둑판과 '바둑'이란 용어가 순수 우리말임을 상기해볼 때 바둑은 분명 우리문화이다.

셋째, 바둑판에서 만들어진 역의 원리이다. 역의 원리는 바둑판이나 피라미드 원리와 정확하게 일치해야 한다. 하지만 중국문화의 산물인 주역(周易)은 이와 같은 역의 원리에 비추어볼 때 성립할 수 있는 모양이나 표상이 아니다.

지금까지 동양 최초의 역서이자 역의 텍스트로 주역(周易)이 언급되어왔다. 하지만 주역은 성립할 수 없는 역이다[144]. 주역이 해와 달의 운행원리를 밝힌 역의 원리와 전혀 부합하는 역이 아니라는 것은 역설적으로 중국이 독자적인 역법을 만들어본 적이 없다는 사실을 말해준다.

주역에 나오는 태극과 괘의 모양은 주역이 중국문화가 아니었다는 사실과 주역 이전에 이미 다른 역이 존재하고 있었다는 것을 동시에 알려준다. 주역 이전에 존재했던 역이 어떤 역이고, 어느 민족의 역인지를 알려주는 것이 바로 태극과 주역상의 괘이다.

'태극'은 말 그대로 '생명체가 태어나는 그곳'[145]이란 우리말의 준말로 지구를 가리키며, 주역 괘는 주역 이전에 역법을 만든 민족이 삼신을 믿고 있던 민족임을 사실 그대로 나타내고 있다.

---

143) 정연종, 상게서, 123-199쪽.
144) 바둑과 역법의 장 참조.
145) 박영홍,「우리말과 한겨레」, 131쪽.

고대 동북아에서 삼신신앙을 믿었던 민족은 우리 한겨레 밖에 없었다. 이것은 동북아에서 역의 원리를 최초로 연구하고 만들어낸 민족이 바로 우리 한겨레였다는 사실을 역설적으로 주역이 말해주고 있다.

네 번째로, 앞에서 든 우리 고유의 민속놀이와 바둑의 연관성이다. 바둑놀이는 그 자체만으로도 큰 의미가 있지만 바둑판에서 파생된 다른 놀이문화와의 관계 또한 중요하다. 우리의 전통 민속놀이는 모두 바둑과 관련이 있다.

그리고 민속놀이를 즐기는 명절은 우리 조상신인 삼신을 모시고 그 분들이 한(韓)문명을 만들어 후손들에게 물려준 것을 자랑스럽게 여기고 감사하는 날이다. 그래서 이날을 '명절'이라 부른다. '명절'은 '나라에서 절을 하도록 명한 날[146]'을 가리키며, 명절날에 가족이나 친지들과 어울려 즐기는 전통 놀이문화는 모두 바둑판에서 파생된 놀이이다.

이처럼 우리겨레는 바둑과 떼려야 뗄 수 없을 정도로 밀접하게 관련되어 있다. 즉 삼신사상이라 불리는 민족의 전통신앙과 명절날 즐기는 겨레의 전통 놀이문화는 물론 언어, 문자, 숫자까지도 바둑과 연관되거나 바둑판에서 만들어져 나온 것들이다.

다섯 번째로, '바둑'이란 우리말과 한자 '위기(圍棋)'와 '기(棋, 碁)'그리고 고대 중국의 바둑용어인 '혁(奕)'과 '박혁(博奕)'이란 한자어와의 관계이다.

---

146) 박영홍, 상계서, 298-280쪽.

우리말 '바둑'에는 '밝은 것을 둔다'는 태극과 음양오행의 자연법칙이 그대로 내포되어 있는 반면, 오늘날 사용되고 있는 바둑관련 한자에는 역이나 천체를 가리키는 의미가 전혀 담겨있지 않다. '碁'와 '棋'의 한자에서 음을 나타내는 '其'를 제거하고 살펴보면, '石'은 바둑돌을 의미하고, '木'은 나무로 만든 바둑판을 의미한다. 그리고 '위기(圍棋)'는 '바둑판에서 무엇인가를 가지고 둘러싸거나 경계나 구역을 결정짓는 놀이'를 의미한다. 이처럼 한자가 담고 있는 의미는 놀이도구로서의 바둑돌과 바둑판 또는 바둑판 위에서 즐기는 놀이만을 가리키고 있다.

바둑은 오랜 기간의 천체관측을 통해서만 만들어질 수 있는 문화이다. 하지만 중국문명은 천체관측과 무관하다. 그리고 바둑을 가리키는 이들 한자 어디에도 해와 달을 상징하는 바둑 본래의 의미는 전혀 담겨있지 않다.

오히려 바둑을 가리키는 초기 한자인 '奕'이나 '博奕(박혁)'에는 역(易)연구도구로서의 의미가 담겨있다. 이것은 우리의 전통문화이자 역법연구도구인 바둑이 중국에 처음 전해졌을 때에는 단순히 놀이문화로서가 아니라 역법연구도구로 중국에 전해졌다는 것을 말해준다. 중국이 처음 우리의 역법을 전수받아 사용할 때는 분명히 바둑이 역법연구도구이자 우리 한겨레의 문화임을 알고 있었다. 다시 말해 춘추시대까지 중국인들은 바둑이 자기들 문화가 아니라 우리 한민족의 고유 문화임을 알고 있었다는 것을 '奕'이나 '博奕'이란 한자 용어가 알려주고 있다.

여섯 번째로, 역사기록과 국가의 통치자를 가리키는 호칭에 관한 용어이다. 역사기록이나 국가 통치자의 명칭으로 볼 때 중국에는 오랜 기간에 걸쳐 천체를 연구한 연구 집단이 없었다는 것을 알 수 있다. 반면 우리나라에서는 박달시대나 삼한시대의 별자리연구 유적[147]은 물론 신라시대에 만든 첨성대가 아직도 남아있다. 이것은 그 이전부터 나라에서 천체관측을 해왔다는 증거이기도 하다.

그리고 중국 최초의 국가인 은(殷)은 통치자를 '王'이라 표기하였다. 왕(王)은 지금까지 학자들이 말하는 바와 같이 고대 농경사회에서 농사 경험이 많은 노인이나 한 집단의 관개담당자(灌漑擔當者)를 가리키는 문자[148]였다. 이와 같은 사회를 학자들은 '장로사회'라 부른다. 다시 말해 초기 국가단계나 그 이전 사회에서 '왕(王)'은 국가의 통치자가 아니라 경험이 풍부한 원로나 관개능력이 뛰어난 사람을 가리키는 문자에 불과했다.

'王'의 한자를 풀이하면, 물을 끌어와 여러 곳으로 나누는 것을 나타내고 있다. 중국의 신앙 또한 지신(地神 또는 社稷)이나 물신(水神)인 용을 최고의 신으로 생각한 농경중심사회였다.

이처럼 신앙이나 사고관념 그리고 통치자를 가리키는 용어나 문자 어디에도 해와 관련된 천체연구자의 존재는 보이지

---

147) 지금은 별자리 유적을 신석기시대의 유적으로 이해하나 이는 잘못이다. 필자가 보기에 천체관측을 통해 인류문명이 탄생하고 난 이후 우리 조상들은 별자리 연구에도 관심을 가지게 된 것으로 생각된다. 즉 별자리 유적은 한문명이 탄생하고 난 이후의 천체연구 유적이라 할 수 있다. 따라서 이때는 박달시대나 박달시대 이후의 삼한시대의 유적으로 보는 것이 올바르다.

148) '王'은 밭이나 논에 물을 공급하는 것을 상형하고 있다. 따라서 정상적인 국가사회가 성립되기 이전에는 관개를 잘하거나 농사경험 많은 장로를 가리키는 문자로 사용되었다.

않는다. 이런 민족이 최소 수 세기 이상 오랜 기간이 요구되는 천문관측과 역법연구를 해왔다고 생각하기는 어렵다.

반면, 우리나라는 신석기시대의 것으로 알려진 수많은 별자리유적은 물론 신라시대에 천체연구를 위해 만든 첨성대가 아직 남아 있다. 뿐만 아니라 통치자를 가리키는 해모수나 박혁거세란 명칭은 누구나 알 수 있을 정도로 천체관측이나 인류문명과 관련이 있는 용어들이다.

'해모수(머스 또는 머슴)'는 해의 아들 즉, 이집트의 파라오와 같은 의미이며, '박혁거세'는 인류문명을 밝힌 사람임을 말하고 있다. 다시 말해 우리나라 국가통치자의 명칭은 왜 그들이 해모수고 박혁거세이며, 또 왜 그들이 국가의 수장이 되었는지 등 각각의 명칭이 담고 있는 의미를 사실 그대로 오늘날을 살고 있는 우리들에게 알려준다.

이들 명칭에는 그 명칭이 어디에서 유래된 것인지와 그들이 주로 담당하였던 일이 무엇이었는지 그리고 그들이 어떤 일을 하였기에 백성들로부터 존경받고 나라의 수장이나 통치자가 된 것인지 등 역사적인 사실까지 소상히 담아 후손들에게 전해주고 있다.

이처럼 지금까지 우리가 고대 중국의 문화유산으로 알고 있는 대부분의 문명과 문화는 사실 우리 한겨레의 문화유산이다. 춘추전국시대 이후 중국이 독자적인 문화를 이룩하기 이전에 우리민족은 이미 국가문명과 함께 해를 숭배하는 삼신사상이 태동되어 있었다. 다시 말해 인류의 4대문명으로 일컬어지는 문명에 결코 뒤지지 않는 문명을 보유하고 있었다는 사실을, 우리말과 역사기록이라 할 수 있는 신화 그리고 역사의 증거물인 유적 등이 말해주고 있다.

바둑은 단순히 놀이수단에 그치는 것이 아니라 이집트의 피라미드와 같이 인류문명탄생 판이다. 이 바둑판에서 발명된 것이 바로 문명의 가장 핵심이 되는 역법, 문자, 숫자 등이고, 이후 바둑과 장기, 윷놀이, 꼰(고누)놀이 등의 놀이문화가 파생되어 나왔다. 그리고 우리 한글만이 아니라 한자도 바둑판 원리를 토대로 만들어진 것으로, 우리 한겨레의 언어와 문화를 바탕으로 만들어진 것[149]이라 할 수 있다.

한자를 깨뜨려 각각의 한자와 부수가 담고 있는 의미를 분석하면 한자를 만든 당시 사람들의 사고관념과 어떤 문명의 판 위에서 한자가 만들어진 것인지 등을 쉽게 알 수 있다. 또 당시 사람들의 사고와 문명에 대한 이해까지 사실 그대로 고스란히 담아 전해주고 있다.

게다가 우리가 전통 민속놀이를 즐기는 설이나 추석 같은 명절도 사실은 문명 창조자인 해모수나 박혁거세가 문명을 만든 것을 기념하여 온 겨레가 문명탄생의 기쁨과 즐거움을 함께 나누는 날이다. 설, 단오, 칠석, 한가위, 동지, 하지 등 우리의 전통 명절은 문명탄생과 직접 관련이 있거나 아니면 파종하는 날이거나 추수감사절이며, 삼신을 기리면서 감사의 마음을 전하는 날로 정하였다는 의미에서 '명절'이라 부르게 된 것이다.

이와 같은 관점에서 바라보면 태극원리와 삼신신앙 그리고 역법과 바둑은 물론이고 바둑놀이, 윷놀이, 꼰(고누)놀이 등은 서로 따로 떼어 설명할 수 있는 것이 아니고, 하나의 뿌리와

---

149) 이에 관해서는 조옥구 교수도 필자와 같은 의견. 조옥구, 「한자의 기막힌 발견」과 바둑과 한글의 장 참조.

원리에서 파생되어 나온 것들임을 알 수 있다. 이처럼 우리말과 우리의 전통신앙 그리고 전통 놀이문화와 동떨어진 바둑이란 상상조차 할 수가 없는 것이다.

결론적으로 말해, 바둑은 천체를 상징하는 밝은 것을 두어가는 것을 말하며, 우리문명을 창조한 삼신을 숭배하는 삼신사상에서 비롯된 우리 고유의 문화유산이다. 그리고 고대에 역의 원리를 연구하면서 만들어진 바둑판은 역법과 문자, 숫자 등 문명의 핵심이랄 수 있는 인류의 정신문명과 함께 바둑놀이와 장기, 윷놀이, 꼰놀이 등을 만들어낸 놀이문화의 탄생 판이자 모태로서의 역할을 한 것이라고 할 수 있다.

제8장 바둑과 학문

1. 바둑과 자연철학
2. 인간(人間)과 사람
3. 동서양의 철학과 바둑
4. 학문으로서의 바둑

1. 바둑과 자연철학

　'바둑'은 앞에서 살펴본 바와 같이 놀이도구가 아니라 천체관측을 통해 인류문명을 탄생시킨 행위를 가리키는 우리말이다. 바둑행위를 통해 역법은 물론 문명의 이기(利器)인 숫자, 문자, 각도법, 방위와 시간구분법 등이 탄생하였다. 이로 인해 사람은 최소 일 년 단위로 미래를 예측하고 구체적인 계획을 세울 수 있게 되었다.

　그 결과 현생인류는 사람다운 삶이 가능하게 되었다. 이들을 이용하여 조직적이고 체계적인 사회를 구성할 수도 있게 되었을 뿐만 아니라 구성원 모두의 미래를 구체적이고 체계적으로 계획하고 준비할 수 있는 국가 또한 탄생할 수 있게 된 것이다. 말하자면, 바둑은 사람을 사람답게 살 수 있게 한 문명의 탄생행위이자 인류의 정신문명과 학문을 태동시킨 모태와 같은 역할을 하였다. 이것이 바로 '바둑'이란 용어가 담고 있는 참된 의미이다.

　사람을 흔히 '언어의 동물'이라 부른다. 하지만 언어만이 아니라 문자와 숫자, 역법이 없는 사람의 삶을 생각하기는 쉽지 않다. 그러므로 인류문명은 사람을 사람답게 하는 중요한 척도의 하나라 할 수 있다. 사람을 사람답게 하고, 아울러 사람에게 사람다운 삶을 살 수 있게 한 모든 것의 시작이 바로 '바둑'이었다.

　바둑을 떠나 인류문명을 논하기는 매우 어렵다. 학문도 따지고 보면 바둑행위를 통해 탄생된 인류문명의 파생물일 뿐이다. 고대 그리스인들이 이른바 문화수단이라 할 수 있는 역법, 숫자, 문자, 기하학 등을 활용하여 각자의 경험을 토대로 자연의 이치나 불가사의로 알려진 고대문명에 대해 나름의 이해와 해석을 한 것이 바로 자연철학의 시작이었다.

낱말 '바둑'은' 인류문명을 탄생시킨 행위 즉 천체운행을 관찰하여 천체를 상징하는 밝은 물건을 놓아본 연구행위를 가리키지만, 학문적 의미에서 '바둑'은 우주와 자연에 대한 관찰과 연구행위를 의미하므로, 순수 자연과학으로 볼 수도 있다. 하지만 넓게 보면 바둑은 인류의 모든 문명과 문명을 기반으로 태동된 자연철학이나 자연과학까지 포괄하는 광범위한 것이기도 하다.

인류문명이 탄생할 당시 '바둑'은 오늘날의 과학이나 학문과 비슷한 의미로 사용된 것으로 보인다150). 하지만 지금의 '학문'은 문명의 산물인 숫자, 문자, 기하학, 시간과 방위관념 등을 이용하여 이루어진 수천 년 동안의 많은 민족과 개인의 연구가 가미된 것을 말하므로, '바둑'과 동일한 개념의 용어로 보기는 어렵다.

학문적 의미에서 볼 때 '바둑'은 천체관측행위이자 인류문명의 탄생행위이므로 자연철학이나 자연과학이라 할 수 있다. 그리고 바둑은 철학과 과학 그리고 모든 학문이 탄생할 수 있는 모태역할을 하였다. 오늘날의 학문은 바둑행위를 통해 만들어진 문화수단을 통해 이루어지고 있다. 고대 그리스에서 철학과 논리학 그리고 문학이 탄생할 수 있었던 배경에는 이

---

150) '바둑'은 천체연구행위를 가리키는 말이지만, 바둑행위는 역법, 숫자, 문자, 시간과 방위구분법 등 문화수단이라 할 수 있는 모든 것을 탄생시킨 행위이기도 하므로, 이들 문화수단을 이용해 성립된 학문의 모든 것을 바둑이란 용어로 표현할 수도 있을 것으로 보인다. 그리고 지금 사용되고 있는 학문관련 대부분의 용어는 한자와 한자어로 이루어져 있으므로, 학문과 동일한 의미로 사용할 수 있는 우리말로 '바둑' 보다 더 좋은 말을 찾을 수 없다.

집트와 메소포타미아문명의 산물인 역법, 문자, 숫자, 기하학 등이 그리스에 전해졌기 때문이다. 다시 말해 그리스 문명 즉 철학, 문학, 수학, 논리학 등 철학과 학문의 시작은 이집트나 메소포타미아지역 사람들의 자연철학과 이들 자연철학을 바탕으로 탄생된 인류문명의 산물을 토대로 비로소 가능할 수 있었다.

그리고 오랜 세월과 역사의 부침 속에서 이들 문명의 산물을 이용하고 있었으나 문명창조의 방법이나 문명창조자들의 사고관념을 알 수 없었던 것도 그리스 철학이 탄생한 한 가지 원인이다. 다시 말해 그리스문명의 시작은 기존에 존재하던 이들 문명의 탄생기원이나 의미에 대해 당시 사람들이 의문을 가지게 됨으로써 비로소 싹트기 시작한 것이다.

인류문명의 탄생은 또 다른 정신문명을 탄생시키게 되었다. 이른바 신앙이나 종교라 부르는 것이 바로 그것이다. 문명이 탄생하면서 문명의 빛이 만든 그림자 즉, 종교나 신앙 또는 사상이나 이데올로기라 불리는 정신문명이 태동되기 시작한 것이다. 각 민족들은 문명탄생의 영향에 의해 어쩔 수 없이 생존을 위해 자기민족도 문명을 탄생시킨 민족보다 결코 뒤지지 않는다는 것을 후손들에게 강조하기 시작하였다.

이를 위해 자신들의 부족장이나 조상들 중 가장 돋보이는 사람을 신으로 받들어 모시고, 이들이 문명창조자들보다 결코 못하지 않은 존재라고 주장하고, 또 그렇게 믿도록 가르치게 됨으로써 각 민족의 신앙이 태동된 것이다. 이것이 신앙이나 종교라 불리는 정신문화의 시작이다. 민족이나 국가 간의 생존경쟁에서 살아남기 위한 수단이자 문명의 반사적 영향에 의해 태동된 민족 신앙은 결국 문명에서 뒤진 민족들이 다른 민족이 만든 문명의 혜택을 아무런 대가없이 누리면서도 문명의 이기를 이용하여 자신들의 조상신을 끝없이 과장하고 부풀리게 됨으로써, 궁극에는 인류문명을 탄생시킨 문명창조자보다 더 위대한 존재로 부각시키게 되었다. 이 결과 궁극에는 창조주나 조물주(the Creator)같은 용어151)가 탄생하게 되었던 것이다.

이처럼 신앙은 역사 발전과정에서 정신문명탄생으로 인한 열등의식을 극복하고 민족의 생존과 발전은 물론 자신들의 권력을 지키기 위한 수단이자 방편으로 만들어진 것이다. 하지만 문명의 빛이 몰고 온 어둠 즉, 생존을 위해 어쩔 수 없이 거짓과 과장으로 포장된 민족 신앙의 태동과 함께 국가와 민족 사이의 끊임없는 생존경쟁으로 인해 인류문명을 탄생시킨 사람들의 관찰과 사고관념은 물론 당시의 연구방법 등을 모두 잃어버리게 되었다. 이 결과 현생인류는 이들 문명의 산물을 이용하면서도 언어단절로 인해 인류문명이 어떻게 탄생된 것인지 전혀 알 수 없게 된 것이다. '불가사의(mystery)'란 표현이 이와 같은 역사적 사실을 말해주고 있다.

고대 문명이 남긴 어떤 표상이나 건축물은 남아있으나 그 의미와 원리를 알 수 없게 된 것을 우리는 흔히 '불가사의'라 표현한다. '불가사의'는 고대 그리스인들이 문자, 숫자, 역법, 기하학, 고대건축물 등 그들이 사용하고 있던 문명의

---

151) 신앙, 이데올로기, 사상, 철학 등 검증이 안 되는 관념적인 모든 것은 거짓말이나 우월의식, 열등감, 편견 등 왜곡된 마음이 빚어낸 마음속에 드리워진 '그림자의 형상' 일 뿐이다. 'god' 은 돌아가신 분을 가리키고, 'creator' 는 문명을 만든 사람을 가리키는 말이었다. 이들 용어가 세월이 흐르면서 점점 과장되고 관념화되어 '신' 이나 '조물주' 를 의미하게 된 것이다.

산물이 어떻게 만들어진 것인지 도무지 알 수 없다는 뜻에서
한 표현이다. 하지만 문명의 산물에 대한 그리스인들의 지적
호기심은 이후 이 세상에 존재하는 모든 것으로 그 대상이
확대되었고, 결과적으로 자연의 존재에 대해 근원적 의문을
갖고 탐구하는 자연철학이 태동될 수 있었다.

고대 그리스인들의 사고능력으로는 역법이나 문자, 숫자, 기
하학, 고대 건축물 등이 어떤 원리로서 만들어진 것인지 알
수 없었다. 그 이유는 그리스 언어 속에 문명창조에 관한 정
보가 없었기 때문이었다. 사람은 언어의 동물이고, 언어 속에
는 인류의 역사와 문화에 관한 모든 정보가 전해지게 마련이
다. 하지만 그리스인은 고대 이집트의 후예가 아니었으므로,
그리스 언어로 아무리 생각해도 문명창조의 비밀이 풀리지
않았던 것이다. 이로 인해 고대 그리스인들은 문명의 산물을
이용하여 그리스문명을 탄생시키고 발전시키게 되었지만, 그
기원이나 성립배경이 불확실한 인류문명과 신앙 그리고 인간
의 존재 등에 대해 끊임없는 의문을 품게 되었다. 이 결과 그
리스인들 나름의 우주와 자연에 대한 경험적 인식을 바탕으
로 자연철학의 단계를 거쳐 사람의 존재에 대해 근원적 의문
을 제기하는 철학과 숫자와 문자를 이용한 수학과 문학이 탄
생하게 되었던 것이다.

지금까지 고대 그리스에서 인류 역사상 최초로 철학과 인문
학이 시작된 것으로 알려져 있지만 이는 올바른 이해로 보기
어렵다. 고대의 자연철학은 현생인류 즉, '슬기인(Homo sa-
piens sapiens)[152]'이라 불리는 사람들이 B. C. 3만 5천년

---

152) 슬기인(Homo sapiens sapiens)은 생각하는 사람 즉 Homo sapiens와 달리
     야생이나 자연의 공포로부터 벗어난 단계의 사람을 말한다. Homo sapiens는

경부터 우주와 자연의 변화에 대해 관심을 갖기 시작하면서 이들의 관심과 호기심이 서서히 축적되어 형성된 것이며, 이들의 경험과 이해의 폭이 한 단계 발전하여 탄생한 것이 바로 문명이다. 이후 그리스인들은 문명의 산물인 역법, 문자, 숫자, 기하학 등을 이용하게 되자, 이들이 언제, 누가 그리고 어떻게 만든 것인지에 대해 알고자 한 것이다.

문명의 산물이 어떻게 만들어진 것인지 알 수 없다는 사실에서 시작된 그리스인들의 호기심은 이후 신앙, 우주의 기원, 참과 거짓과 같은 가치문제로 확대되어 이들 문제를 서로 토론하고 그 내용을 기록으로 남기게 됨으로써, 자연철학이 순수철학으로 발전하고, 나아가 수학과 논리학 그리고 윤리학 등이 탄생할 수 있었다.

문명이 탄생하기 이전 현생인류의 사고관념은 모두 자연철학의 단계에 머물러 있었으며, 인류문명은 지역적, 환경적 영향과 시대적 요청에 의해 탄생된 것으로 이해하는 것이 올바른 판단이 아닐까 생각된다. 하지만 문명탄생 이전의 삶과 사고관념은 기록으로 남겨진 것이 없기 때문에 이후 인류문명 발달사에 아무런 기여를 하지 못하였다.

결국 4대 문명탄생지에서 인류문명이 탄생하였다고 하는 것도 이들 각 문명의 산물인 고유의 역법과 문자, 숫자 등이 지

생각하는 사람으로 도구를 사용하여 지상의 동물들 중에서 먹이사슬의 최고 강자 자리를 차지한 현생인류의 조상을 가리킨다. 그러나 슬기인은 이 단계를 벗어나 짐승(개)을 길들여 사나운 야생동물의 공격을 미연에 방어하거나 사냥도구로 이용하게 됨으로써 여유로운 삶이 가능하였다. 즉 단순히 먹고살기 위한 삶을 살았던 Homo sapiens의 단계를 벗어나 여유롭게 자연을 관찰할 수 있게 됨으로써 자연의 모습변화에 대한 관찰(바둑행위)을 바탕으로 문명을 탄생시키게 된 것이다.

금까지 남아있기 때문이다. 문명사는 어떤 문명이 이후의 인류문명 발전에 어떤 영향을 끼치게 되었는지를 중심으로 분류된다. 흔히 역사를 연구하면서 서양사와 동양사로 크게 양분하는 것도 이와 같은 이유에서이다.

따라서 서양사의 시작과 기원은 이집트문명이며, 동양문명의 시작과 기원은 우리 한문명이라고 할 수가 있다. 그리고 이 동서양 문명의 토대이자 모태역할을 한 것이 바로 피라미드와 바둑판이었다.

지금은 학문의 한 분과로서 대학에서 바둑을 가르치고 있다. 따라서 학문으로서 바둑의 의미를 보다 분명히 해야 한다. 이를 위해서는 학문의 주체인 사람을 왜 '사람'이라 하고, 어떤 사고관념 속에서 사람을 '사람'이라 부르게 된 것인지 알아볼 필요가 있다. 그리고 자연철학과 학문이 어떤 과정과 어떤 사고관념을 바탕으로 태동되고 발전해온 것인지 등을 바둑과 인류 진화를 중심으로 하나하나 고찰해 보자.

2. 인간(人間)과 사람

현생인류를 가리키는 우리말은 '사람'이다. 생각하는 존재인 사람은 주변 사물을 사람 중심으로 바라보고, 언어로 의사를 표현할 수도 있다. 그래서 사람을 '언어의 동물'이라 말하기도 한다.

그런데 사람은 어떻게 사람으로 진화할 수 있었던 것일까? 사람은 흔히 '생각하는 갈대', '언어의 동물' 등 여러 가지로 표현되지만, 사람에 대한 보다 정확한 이해는 인간(human being)을 가리키는 우리말 '사람'이란 명칭에 담겨있는 것이 아닐까 생각된다. 다시 말해 사람을 왜 '사람'이라고 하는지 알아볼 필요가 있는 것이다.

인류문화사학자들은 사람이 사람답게 살 수 있게 된 시기를 슬기인이 탄생한 이후부터라고 말하고 있다. 사람은 짐승과 같이 네 발로 걷다가 진화하면서 두발로 걷는 '직립보행(Homo erectus)'의 시기를 거치게 된다. 다음으로 도구를 사용하여 사냥을 하게 되면서 자연계에서 최고 강자의 자리를 차지하게 된 시기의 인간을 '생각하는 사람(Homo sapiens)153)'이라 부른다.

다음으로 탄생한 인류가 바로 '슬기인(Homo sapiens sapiens)154)'이다. 약 3만 5천 년 전에 탄생한 슬기인은 중남 아프리카를 제외한 현생인류의 직계 조상이며, 이때부터 사람은

---

153) 생각하는 사람((Homo sapiens)을 탄생시킨 도구는 '활'일 가능성이 크다. 활을 사용하면서 인간의 뇌에 주름이 잡히기 시작한 것으로 생각된다. 문화인류학자들은 진화의 단계를 직립보행((Homo erectus)인 - 생각하는 사람(Homo sapiens) - 슬기인(Homo sapiens sapiens)의 단계를 거쳐 문명인으로 진화했다고 한다. 하지만 필자는 이와 다르게 생각한다. 사람은 생각하는 동물이다. 따라서 사람을 생각하는 존재로 진화시킨 도구가 반드시 존재하며, 이 도구는 지금도 사람의 생활주변에 있을 가능성이 크다. 인간이 사용하는 도구와 인간의 사고능력발전을 연관시켜 생각하면, 활이 생각하는 사람을 탄생시킨 도구일 가능성이 가장 크다. 활을 사용하면서 두통과 함께 인간의 뇌에 주름이 잡히기 시작하였고, 짐승과 달리 공간감각의 형성은 물론 꿈도 꾸고 미소도 지을 수 있게 된 것이다.

154) 슬기인((Homo sapiens sapiens)을 탄생시킨 도구는 '개'로 생각된다. 개는 다른 가축과 달리 사는 곳을 '개집'이라 한다. 이 말은 언제인가 사람이 개를 사람과 대등하게 바라본 적이 있다는 것을 의미한다. 사람이 개를 기르게 되면서 야생의 공포로부터 벗어나게 되었다. 개는 후각이 뛰어나 위험한 야생동물의 침입을 미리 알려준다. 적의 침입을 미연에 알려주는 안테나 같은 역할을 하는 개를 사육하면서 인간은 비로소 여유로운 삶을 살 수 있게 되었다. 이로 인해 여유롭게 자연을 관찰하고 꿈도 꿀 수 있게 됨으로써 문명을 탄생시킬 수 있는 사고능력을 배양하게 된 것이다. 그래서 이 시기의 인류를 슬기인이라 부른다.

비로소 사람다운 삶을 살게 되었다. 호모 사피엔스(Homo sapiens)는 도구를 이용하여 자연계의 강자로 군림하였지만 자연과 야생의 공포에서 완전히 벗어나지는 못하였다. 반면, 슬기인은 자연과 야생의 공포에서 벗어나 자연을 인위적으로 관리하고 문명을 탄생시킬 수 있는 기반을 구축한 단계의 인류를 말한다.

한자로 사람을 '人'이라 표기한다. 한자 '人'은 사람을 생각하는 존재가 아니라 두발로 걷는 존재로 나타내 짐승과 구분하고 있다. 지금까지 한자를 잘못 해석해 人의 의미를 여러 가지 뜻으로 풀이하기도 한다. 하지만 사람과 짐승을 구분하는 가장 뚜렷한 특징은 두발로 걷느냐 아니냐에 있으므로, 人은 '두발로 걷는 인간'을 상형하고 있다고 할 수 있다.

그러나 자연에는 사람보다 덩치도 크고 힘도 훨씬 강한 사나운 짐승이 많이 있다. 호랑이, 사자, 코끼리, 맘모스, 늑대, 코뿔소 등은 사람이 들판에서 마주치거나 잠잘 때 언제든지 공격할 수 있는 무서운 동물들이다. 사람이 야생의 공포에서 벗어나지 않고 인류문명탄생의 단계로 진화하기는 몹시 어려운 일이다. 역으로 생각하면 인류문명탄생은 그 이전에 인류의 조상들이 이미 야생과 자연의 공포로부터 벗어나 있었기에 가능할 수 있었다.

현생인류의 조상을 '슬기인'이라고 하는 것은 사람이 자연과 야생동물의 공포로부터 벗어나 여유로운 생활을 할 수 있게 되었다는 것을 뜻한다. 이때부터 인간은 비로소 사람으로서 사고하고, 말하고, 사람과 사람 사이의 관계를 사람답게 재정립할 수가 있게 되었다. 동시에 언어도 사람의 언어로 재탄생한 것이며, 짐승을 '짐승', 사람을 '사람'이라고 사고

판단할 수 있을 정도로 언어와 사고능력이 비약적으로 발전하게 되었다.

어원분석을 하면, 짐승(또는 짐성)은 '지다＋서다'이다. 몸체를 '지고 서있다'는 의미[155]이다. 따라서 '짐성'이라 표기하더라도 틀린 것이 아니다. 누구나 아는 사실이지만 짐승은 몸체를 네 발로 지탱하며 서있다. 조상들이 짐승을 '짐성'이라고 한 것은 사람의 눈에 비친 짐승의 모습을 사실 그대로 표현하였기 때문이다. 짐승이 아닌 동물은 다른 말로 나타낸다. 예를 들어 '새' '벌레' '물고기'와 같은 명칭은 자연계 속에서 사람의 눈에 비친 이들의 모습을 사실 그대로 나타낸 것이다. 바꾸어 말해 네 발로 서지 않는 동물은 '짐승'이라 표현하지 않는다.

'사람'이란 낱말도 마찬가지이다. '사람'이란 낱말은 '살＋아＋ㅁ'으로 구성되어 있다. 의미는 '살아있는 생명체 중에서 가장 아름다운 존재'를 가리킨다. 이와 같은 의미의 표현을 간소화하고, 이것을 다시 명사형으로 축약하면 '사람'이란 낱말이 만들어진다[156].

그러므로 사람을 '人'이나 '人間'이란 한자와 한자어로 표기하는 것은 문제가 있다. 한자 '人'이나 '人間'은 사람과 다른 관념이 담겨있는 단어이며, 두발로 걷은 직립 보행인을 가리킨다. 즉 한자 '人'은 문명인이 문명이 아직 발전하지 못한 지역 사람들을 가리키는 단어로 만들어 사용한 것이라 할 수 있다. 말하자면 호모사피엔스나 슬기인을 가리키는 단어로 사용할 수는 있지만, 문명인을 가리키는 단어로 사용

---

155) 박영홍, 상게서, 148쪽.
156) 박영홍, 상게서, 208쪽.

하는 것은 문제가 있다. 이처럼 이들 단어를 만든 사람의 사고관념을 사실 그대로 담고 있는 것이 바로 '人'과 '사람'이란 용어이다.

우리 조상들이 사람을 '사람'이라 불렀다는 것은 사람을 생각하는 존재로서만이 아니라 도구사용은 물론 자연과 야생동물의 공포로부터 벗어난 자연과 우주의 주인공이란 사고관념의 표현이다. 생명체 중에서 가장 아름다운 존재를 '사람'이란 낱말로 표현하였다는 것은 요즘 말로 하면 사람을 '만물의 영장이자 존엄한 존재'로 바라보고 또 그렇게 생각하고 있었다는 명백한 증거이다.

따라서 이미 이 단계의 사람은 문명탄생 여부를 떠나 사고수준이 오늘날의 사람과 비교해도 조금도 뒤떨어지지 않을 정도의 인식과 사고 판단능력을 갖추고 있었다는 것을 말해준다. 다시 말해 인류문명은 한 순간의 우연에 의해 만들어지고 탄생된 것이 아니라, 슬기인이 탄생된 B. C. 3만 5천년경부터의 체험과 사고 판단이 축적되어 시대적, 환경적 요구에 의해 문명탄생으로 이어진 것으로 보는 것이 정확한 이해라 할 수 있다.

문명은 이처럼 사람의 체험과 언어를 기반으로 한 인식과 사고 판단능력이 구비된 상황에서 필요에 의하여 탄생되었다. 이와 같은 사실을 사실 그대로 전해주는 것이 바로 언어이며, 언어는 인류문명은 물론 당시 사람들의 사고 판단까지도 고스란히 담아 우리에게 전해주고 있다. 그래서 사람을 '언어의 동물'이라 부르고 있는 것이다.

3. 동서양의 철학과 바둑

사람은 슬기인 시대부터 축적된 경험과 언어 중심의 사고 판단능력을 바탕으로 문명을 탄생시키게 되었다. 환경적 조건과 시대적 필요에 의해 바둑과 피라미드라 불리는 문명탄생 판을 만들고, 이들 판을 토대로 역법, 문자, 숫자, 기하학은 물론 이들과 연관된 파생문화를 만들어냈다. 이후 문명의 산물들이 타 지역 사람들에게 전파되어 수학이나 철학 등을 발전시키고, 이들을 기반으로 다시 오늘날과 같은 종합학문이 발전할 수 있게 된 것이다.

그리스에 전파된 이집트와 메소포타미아 문명은 그리스 문명을 탄생시키고, 중국에 흘러들어간 한문명은 춘추전국시대를 거치면서 동양학의 기반을 조성하였다. 우리가 흔히 동서양문명이라 하는 것은 이집트문명을 토대로 형성된 그리스 유럽문명과 한(韓)문명을 토대로 형성된 동북아시아 문명의 기반 위에서 형성 발전되어 온 물질적 정신적 정보의 집적(集積)을 일컫는 말이다.

따라서 여기서 동서양문명의 기원과 뿌리가 된 바둑판의 탄생과 피라미드 건설 그리고 이들 문명탄생 판에서 만들어진 역법, 문자, 숫자, 기하학을 기반으로 하여 형성된 그리스 로마와 중국의 철학과 학문을 중심으로 세계의 철학이나 학문의 발전과정을 도표로 그려서 이해해보자.

우주와 자연(0,1)
관찰과 인식 - 슬기인 (B. C. 35000년)

고대의 자연철학 시대   언어사용, 농경, 목축
(우주의 본질과 기원에 대한 관심)

 만물의 근원 - 관찰과 체험을 통한 이해의 축적
                관찰과 이해의 표상 - 피라미드와 바둑판

    바둑판(동양문명)과   피라미드(서양문명)

 우주에 대한 이해 - 태극과 음양오행의 원리
                숫자, 문자, 역법, 각도법 탄생

음양오행사상 태동(태극원리를 바탕으로 한 우주와 자연 이해)
한(문명, 한민족)과 天(하늘, 중국인)관념 탄생

그리스 자연철학 - 우주의 기원에 대한 의문

        물(음) - 탈레스
        불(양) - 헤라클레이토스
        수(공간 중) - 피타고라스
        원자 - 데모크리토스
        기(공기) - 아낙시메네스

소피스트(Sophist) - 절대적인 진리 부정
헤라클레이토스- 무질서 속의 질서(logos)

그리스 철학(선, 악, 정의의 이해)

알 수 없는 문명의 산물과 우주에 대한 의문과 질문시작
지적 호기심(인간 중심)

소크라테스 - 진리의 절대성 주장 - 너 자신을 알라
플라톤 - 이데아
아리스토텔레스 - 윤리학, 논리학

중국(한자)문화

제자백가사상(춘추전국시대) - 중국문화의 시작

유가, 도가 중심의 음양오행사상의 완성(漢代)
天(유학자) - 天命(정복)
자연(노장사상, 도교) - 혁명의 정당화 - 선양

국가권력과 철학이나 학문의 야합 - 통치수단으로서 공포를 조장,
복종 강요 - 신앙사회(암흑시대) 시작 -경험과 합리적 사고 그리고
밝은 문명시대가 퇴조하고, 문명의 그림자와 신(우상)에 대한 절대
적 복종과 맹신을 강요하는 암흑기 시작(이솝의 우상숭배에 관한
우화탄생)

서구사회(신앙중심)　　　　　　　동양사회(음양철학중심)

심판, 원죄, 창조주(절대자)　　천명, 충, 효, 인, 의, 예, 지, 신
　　　　　　　　　　　　　　　한(漢)이후 음양이론을 통치수단
　　　　　　　　　　　　　　　으로 이용

신앙과 국가의 야합 - 신의 뜻
말씀, 복종, 은혜 그리고 이를 빙자한 국가폭력의 정당화
신앙을 통치수단으로 이용(로마 게르만 사회, 신앙과 권력의 결탁)

　　인도 - 업과 윤회사상(통치수단) 사성제(四聖諦) 팔정도(八正
　　　　　道) 깨달음, 해탈, 열반 강조
　　중국 - 양명학
　　　　　주자학 - 이기론(불교의 영향)
　　　　　고증학 - 서양사상과 학문의 영향

인문주의 시대(르네상스 시대)
　문예부흥
　그리스 로마문명 탐구 - 절대자인 신으로부터 탈출시작
　　　　　　　　　　　　이성과 낭만(생각) 중심

　12C 대학탄생　　　　　의학부　　법학부　　신학부

　7과(교양과목 : 철학) - 논리, 문법, 수사학, 천문학, 자연과학
　　　　　　　　　　　　기하학, 음악
　산업혁명과 시민혁명

철학에서 자연과학이 독립 - 이학부, 공학부 독립

과학(science : scientia 라틴어)과 자연과학 지식의 비약적 발전
  - 19C

과학은 오로지 사실만 연구대상으로 함 - 사고방식이 아니다.

  (토마스 쿤 - 패러다임 전환, 과학혁명)

과학, 학문 - 지적호기심

철학 - 어떻게 살 것인가의 문제

이와 같은 분류기준에서 본다면 바둑학은 자연과학이라 할 수 있다. 현대의 과학도 고대 문명이 탄생할 당시와 같이 오직 사실만을 연구대상으로 하며, 바둑시대와 동일한 사고관념을 토대로 이루어지고 있다. 바둑시대와 현대의 차이점은 문명이 탄생한 바둑시대는 오직 눈으로 확인이 가능한 자연적 사실과 체험만을 연구대상으로 한 반면, 오늘날은 과학은 물론 인류문명의 산물을 이용한 여러 종류의 학문이 혼재하는 시대이다.

따라서 바둑학을 올바르게 이해하기 위해서는 인류문명의 탄생과 학문의 발달과정에 대한 이해가 전제되어야 한다. 오늘날을 살고 있는 현생인류(슬기인 또는 사람)의 탄생은 약 3만 5천 년 전이다. 이때부터 사람은 지금과 같은 언어를 사용하고 사고능력도 갖추게 되었다. 사람은 누구나 자신은 물론 보고, 듣고, 먹고, 느낄 수 있는 주변의 모든 사물에 대해 호기심을 가지고 있다. 주변에서 볼 수 있는 모든 대상을 관찰하고, 이들 사물이 지닌 모양, 색깔, 질적 특성, 용도 등 확인해나가면서 이들에 대한 관심이 점점 커지게 되었다.

정확하게 언제라고 단정지을 수는 없지만 자연의 변화와 지상에 존재하는 큰 짐승에 대한 공포로부터 벗어나는 순간 인간은 비로소 사람답게 사고할 수 있는 존재가 되었다. 자연과 크고 사나운 짐승으로부터 느끼는 두려움과 공포로부터 벗어난 시점부터 인간은 인류학에서 말하는 '슬기인' 즉 사람이 된 것이다. 자연 속에 살면서 자연의 변화에 대한 두려움이나 다른 동물에 대한 공포에서 벗어나지 못한 상태에서 자유로운 사고를 하기는 몹시 어렵기 때문이다.

지금까지는 고대 그리스에서 자연철학이 기원된 것으로 알아왔으나 이와 같은 견해에 전적으로 동의하기는 어려우며[157], 인류문명의 발달과정을 살펴볼 때 자연과 야생동물에 대한 두려움이나 공포로부터 벗어난 슬기인의 탄생과 함께 고대 자연철학도 동시에 탄생하였다고 보는 것이 가장 합리적인 생각일 것이다.

슬기인 이전에는 눈에 보이는 해와 달, 산과 강 같은 자연물과 자연변화에 대한 인식과 사고가 미약하였을 것이다. 하지만 현생인류는 야생과 자연의 공포로부터 벗어난 슬기인 탄생시점부터 시작된 지적 호기심에 의해 관찰과 체험 그리고 관찰과 체험을 통해 알게 된 사실에 대한 오랜 사색과정을 통해 드디어 인류문명을 탄생시키는 길로 나아가게 되었던 것이다.

---

157) 지금까지 자연철학은 고대 그리스에서 처음 탄생한 것으로 알아왔다. 물론 전해진 기록으로 볼 때 이와 같은 이해는 바람직하다. 그러나 인류문명은 자연관찰과 자연철학의 단계를 거쳐야만 탄생할 수 있는 것이므로 자연철학을 고대 그리스인들만의 전유물로 보기는 어렵다. 따라서 자연철학은 슬기인의 탄생시점부터 시작된 것으로 보는 것이 가장 타당한 견해가 아닐까 생각된다.

인류문명은 어느 지역이든 그 탄생시점은 크게 차이나지 않는다. 이것은 역설적으로 현생인류가 비슷한 진화과정을 거쳐왔다는 것을 말해주며, 아울러 사고능력도 지역의 차이를 떠나 동일하거나 비슷하다는 것을 의미한다. 현생인류의 조상인 슬기인이 탄생한 이후 지적 호기심에 의한 관찰과 체험이 축적되어 만들어진 것이 바로 인류문명이었다.

고대 그리스에서의 자연철학 탄생은 그리스인들만의 고유한 사고관념의 산물로 보기는 어렵다. 다른 지역 사람들도 자연변화에 대해 고대 그리스인과 비슷한 생각을 한 것으로 보인다. 자연과 만물의 근원에 대한 관찰과 사색은 그 이전에도 존재했으며, 이와 같은 자연철학 시기를 거치면서 자연에 대한 정보가 쌓여 궁극에는 문명을 탄생시키게 된 것이다. 이후에는 문명의 산물인 문자, 숫자, 역법 등을 이용한 기록과 정보가 축적되었으며, 이들 정보가 그리스에 전해지면서 결국 철학을 탄생시키게 되었다.

오늘날 철학과 학문이 그리스에서 시작되었다고 하는 것은 고대인들의 자연철학에 대한 기록이 그리스인들의 것밖에 남아있지 않기 때문이며, 지금까지도 이들 기록이 철학연구에 여전히 영향을 미치고 있기 때문이다.

문명탄생지인 4대 문명권 지역에서는 자연에 대한 관찰과 체험을 바탕으로 우주와 자연에 존재하는 모든 것에 대해 호기심을 갖고 이들이 어떻게 존재하게 된 것인지 천체원리를 알아내기 위해 오랫동안 사색한 결과 문명탄생으로 이어졌던 것이다. 그리스는 이들 지역과 달리 다른 문명권에서 만들어낸 역법, 문자, 숫자, 기하학 등을 전수받게 됨으로써, 자연철학의 단계에서 인류문명의 탄생과 사람과 사람의 존재 그 자체에 대한 지적 호기심으로 발전하여 순수철학을 탄생시킬 수 있었다.

이와 같은 과정은 동양도 마찬가지이다. 자연철학의 단계라 할 수 있는 우주와 자연의 변화과정에 대한 오랜 관찰과 체험을 통해 자연의 변화과정에 대한 이해의 표상인 바둑판을 만들었다. 그리고 이 바둑판을 이용해 역법, 문자, 숫자 등 문명의 산물들을 만들게 되었다. 이후에는 바둑판과 역법, 문자, 숫자를 이용한 오랜 사색과 연구 결과 동양의 자연철학이라 할 수 있는 태극원리와 음양오행의 원리가 태동되었으며, 여기서 한 걸음 더 나아간 것이 바로 음양오행원리를 바탕으로 한 음양오행사상이었다.

서양에서 선, 악, 정의에 대한 사색과 인간의 삶 속에서 일상적으로 일어나는 제 문제에 대해 의문을 던지기 시작함으로써 철학이 탄생할 수 있었던 반면, 동양에서는 양과 음 즉 낮과 밤의 변화와 자연의 변화과정이나 그 원인에 대해 의문을 던지기 시작하였다. 밤과 낮의 변화가 일으키는 자연의 변화 즉, 봄·여름·가을·겨울, 아침·점심·저녁·새벽, 생·노·병·사 등의 변화과정과 원인에 대한 호기심과 이에 대한 경험축적에 의해 음양과 오행관념이 탄생하고, 이를 바탕으로 태극원리와 음양오행사상이 태동되었다.

본래 음양오행관념은 우리 한(韓)문화의 산물이었으나 주(周)초에 중국에 전해져 춘추전국시대를 거치면서 많은 사상가들이 음양과 오행에 대해 나름의 체험을 통해 이들을 재해석함으로써 제자백가사상[158]으로 발전하였다.

이후 이들 사상은 크게 유가와 도가 사상으로 나누어지고,

진한(秦漢)시대를 거치면서 국가의 통치이데올로기 역할을 담당하였다. 이로 인해 음양오행사상은 국가의 개입과 통치수단으로서의 기능을 담당하고 국가와 결탁하여 국가의 성립과 지배는 물론 때론 혁명까지도 정당화시켜 주었다. 한(漢)대 이후 동양학은 유가와 도가의 두 흐름을 중심으로 한 음양오행사상으로 통합되어 하나의 학문으로 완성되었다. 바꾸어 말하면 음양오행관념을 중심으로 인간의 삶, 국가의 경영, 사람의 도리, 우주와 자연변화에 대한 이해와 해석을 시도함으로써, 사람이 살아가면서 경험하게 되는 모든 것을 음양오행관념으로 이해하려고 한 것이다. 이것을 우리는 흔히 동양학(東洋學)이라 부른다.

동서양의 학문은 서양의 중세암흑기와 중국 한(漢)시대를 거치면서 모두 국가권력과 결탁한다. 서양은 로마에서 기독교를 국교로 받아들이고 신앙을 통치와 국가권력유지를 위한 수단으로 이용하게 됨으로써, 신앙과 사람을 지배하기 위한 수단으로서의 철학이 통합되었다. 이 결과 인간사회는 암흑시대를 겪게 되었다. 동양도 한(漢)대에 이르러 음양과 오행관념이 국가의 권력유지와 통치이데올로기인 '天' 중심의 음양오행사상으로 통합되었다. 이로 인해 왕명을 '天命'으로 해석하여 무조건 이에 따르고 순응할 것을 요구하였다.

본디 천(天)은 해(一), 해모수(二), 사람(人, 박혁거세)이 합쳐진 것으로, 문명창조자이자 우리 조상신인 한 [天] 을 의미

---

158) 제자백가(諸子百家)사상을 음양오행과 무관한 것으로 보기도 한다. 하지만 인간사회의 변화과정을 음양의 변화원리로 이해하고 사회의 변화발전을 위한 대안을 제시한 것이 제자백가사상이므로 이들은 모두 음양론을 바탕으로 태동되었다고 할 수 있다.

하였으나, 중국에 전파되자 중국의 '天(하늘)' 관념으로 바뀌고, 국가권력도 '天命'에 의한 것으로 이해하였다. 다시 말해 한(漢)대에 이르러 天관념에 의해 음양오행사상은 국가권력과 결탁하였고, 이후 동양학은 사람을 신분에 따라 구분하여 이에 맞추어 행동할 것을 요구하는 인(仁)과 충(忠)과 효(孝)를 중심으로 한 유교 중심적 음양오행사상이 주류를 이루게 됨으로써 동양사회도 암흑시대를 맞이한 것이다.

한(漢)대에 유교경전이 과거시험과목이 되자 중세암흑기 서양의 신학과 같이 국가통치를 정당화시켜주는 통치이데올로기 역할을 하였다. 이때부터 동양학은 순수학문이나 과학이 아니라 국가의 통치수단이자 통치를 정당화시켜주는 미화찬양의 도구로 전락하게 되었다.

서구 사회는 중세 암흑시대 이후 페스트(pest) 영향에 의해 문예부흥운동이 일어나게 됨으로써, 절대적인 신앙 지배에서 벗어나 인간사회를 다시 사람중심으로 바라보는 르네상스시대를 맞이한다. 이 결과 경험과 합리적 이성을 중심으로 한 순수학문이 탄생할 수 있었다. 이때부터 동양은 서양사회에 서서히 뒤지게 되었다. 즉 경험과 합리적 사고능력에 있어서 서구인들에게 뒤지게 된 것이다.

신앙은 본디 사람의 사람에 대한 지배수단이자 민족이나 집단의 결속을 위한 도구로 만들어진 것이다. 신앙과 사상이 권력과 결탁하게 되면 국가통치자의 결정을 마치 신(神)이나 천(天, 하늘)의 뜻으로 해석하여 절대적이고 맹목적인 복종을 요구하게 된다. 이로 인해 지배자의 잘못에 대한 합리적인 비판은 물론 신에 대한 논리적 규명이나 개별적인 해석까지도 이단시하게 되어 사람의 이성과 사고기능을 완전히 마비시키게 된다.

신앙에 대한 절대적인 복종과 합리적이고 건전한 비판까지도 금하는 이런 절대적인 신앙중심사회를 사학자들은 '암흑(暗黑)시대'라고 부른다. 절대적 복종과 충성을 요구하여 사람의 이성과 사고를 마비시킨 신앙과 국가권력 중심적 사고관념은 오늘날까지도 여전히 사람의 자유로운 사고와 합리적인 이해를 방해하고 있다.

서양의 창조론과 원죄, 심판을 매개로 한 모든 신앙과 동양의 윤회, 업, 충, 효, 인, 의와 같이 사람에게 공포와 죄의식을 심고 사람의 자유로운 사고를 속박하는 불교와 유교 그리고 이들의 아류인 모든 종교159)는 사실 인류문명탄생에 의해 만들어진 빛의 그림자 즉, 그림자 문명이자 타락한 정신문명의 산물일 뿐이다.

흔히 종교에서 자주 거론하는 사람의 마음에 관계된 사랑, 자유, 자비, 충, 효, 인, 덕 등과 같은 용어와 이들과 직간접적으로 관련된 양심이라는 용어는 어떤 경우에도 사람이 다른 사람을 평가하는 잣대로 사용하기에는 부적합한 단어들이다. 다시 말해 어느 누구도 규명할 수 없는 마음에 관한 표현은 언제나 자의적이며, 친분이나 편견에 의해 형용되고 포장

---

159) 오늘날의 종교는 역기능은 물론 순기능도 있다. 하지만 종교에서 말하는 용어의 의미는 대부분 왜곡되거나 검증이 안 되는 것들이다. 의(義)는 '내가 양을 지고 가는 것'을 상형하고 있으므로 우리말로 '어질 의'로 뜻풀이 하는 것이 올바르다. 충(忠)은 효(孝)와 달리 위에서 아래로 향하는 마음을 가리킨다. 그리고 '마음'은 '얼을 만들어가는 공간'을 가리키는 말이다. 따라서 양심(良心)이란 표현처럼 다른 사람의 마음이 어떻다고 하는 것은 잘못된 표현이다. 이처럼 종교의 순기능이나 역기능을 떠나 종교에서 사용하는 용어의 의미는 대부분 왜곡되어 있다. 박영홍, 「우리말과 한겨레」, 118-119쪽.

될 수 있는 것이므로, 어떤 경우에도 다른 사람에 대한 올바른 평가의 잣대나 기준이 될 수 없다.

사학자들의 평가와 마찬가지로 오늘날의 신앙중심사회나 동양사회도 서구의 근대문명을 받아들이기까지는 사실 암흑시대였다. 서양이 오늘날 세계의 중심세력이 된 것은 이와 같은 암흑사회에서 먼저 깨어나 경험과 합리적 이성을 중시하는 밝은 문명사회로 먼저 나아갔기 때문이다.

13세기에 이르러 유럽은 페스트로 인해 많은 인명이 희생당하자 신에 대한 절대적인 믿음이 흔들리게 되었고, 신에 대한 회의로 인간중심의 문예부흥 즉 르네상스 운동이 일어나게 되었다. 뒤이어 신대륙의 발견과 산업혁명이 일어나게 되자, 인간의 삶을 신이 아닌 사람중심으로 바라보게 되었고, 이로 인해 사람의 사고관념도 신앙중심에서 서서히 사람과 사람의 경험 그리고 존재와 사실 그 자체를 우선시하는 경험적 이해 중심으로 발전하게 되었다. 이로 인해 17, 8세기에는 '신은 죽었다'고 할 정도로 사람의 이성과 생각을 중심으로 한 낭만(浪漫)시대가 시작되었고, 이후 유물론과 사람과 사람이 만든 것까지도 절대시하는 법실증주의 시대를 거쳐 오늘날의 과학시대가 열리게 되었다.

반면, 동양에서는 한(漢)시대를 거치면서 '天'과 '天命'이란 이름하에 모든 관념이 관제(官制)됨으로 인해 인간의 이성이 서서히 마비되어갔다. 한(漢)말에 이르러서는 인간의 자유로운 사고와 이성이 완전히 마비되어, 스스로 문명인임을 자랑스럽게 생각하면서도 국가와 민족의 위기 시에 어떻게 행동해야할지 스스로 사고하고 판단할 수조차 없게 되었다. 이로 인해 사고와 판단은 물론 행동까지도 모두 지배자나 성인 그리고 능력이 있다고 생각되는 사람의 명령에 절대적으로 의존하게 되었던 것이다.

이 결과 중국은 이후 소수 이민족의 침입에도 쉽게 무너져 결국은 그들의 지배를 받게 되었다. 중국인들은 오랜 기간 이민족의 지배를 받으며 그들을 야만인이나 오랑캐라고 멸시하면서도 현실생활 속에서는 삶을 유지하기 위해 이민족의 지배를 받아들이고 이들과 타협하면서 살아왔다.

신앙이나 철학이 국가권력과 결탁하게 되면 그 민족이나 국민의 유연한 사고를 마비시키고 궁극에는 국가를 멸망시키는 정신병과 같은 역할을 한다. 이것은 동서양의 역사가 우리에게 전해주는 교훈이다. 관학으로 국가권력과 결탁한 유교가 한나라 이후 중국정신문화를 기록한 많은 서적과 함께 다른 나라에 전해지자 이때부터 한자사용권인 동아시아사회는 서서히 국가 중심적이고 군왕 중심적이며 권력 중심적으로 정신세계가 병들어갔다. 약국은 강국에게, 약자는 강자에게, 배우지 못한 사람은 배운 자에게 그리고 낮은 지위의 사람은 높은 사람에게 절대적으로 복종하고 따를 것을 天 과 天命 그리고 仁, 道, 德이란 용어로 강요하게 되었다. 이와 같은 행위를 仁, 道, 德, 孝, 忠, 義란 말로 미화시켜 권력자의 통치와 권력유지를 쉽게 한 것이다.

사람을 자유로운 사고를 하는 독립적인 존재가 아니라, 군왕과 신하, 상하, 선생과 제자, 어른과 아이, 남과 여, 그리고 계급이나 사, 농, 공, 상의 신분질서(仁)로 묶어 지배를 정당화하고 절대적인 복종을 요구한 것이다. 이 결과 유교문화권 사람들은 창의와 자유로운 사고가 완전히 마비되어 다른 사람에 의해 조종되는 강시(僵屍)160)와 같은 정신적 노예로 전락하게 되었다.

이와 같은 사회병리현상은 서구열강이 침입해 올 때까지 계속되어, 결국 아시아 대부분의 나라들이 서구의 식민지배를 받게 되었다. 동족을 노예로 만들어 지배하는 유교적 사고관념은 오늘날까지도 우리의 의식 깊숙한 곳에 여전히 자리 잡고 있으며, 이러한 사고관념은 우리나라는 물론 아시아 사회 전체의 발전을 저해하고 있다.

겉으로는 자유, 민주, 평화, 평등 그리고 사랑과 자비를 외치고 있지만 사람이 만들어가는 일상의 삶 속에서는 여전히 지연이나 혈연, 학연, 위아래, 장유유서, 선생과 제자, 어른과 아이, 남녀, 연공서열 등의 관념이 우리사회의 가장 중요한 축이 되어 움직이고 있다.

대학이 활성화되어 많은 사람들이 고등교육을 받고 서구의 정신적, 물질적 문명의 혜택을 누리고 있지만, 눈과 귀 그리고 입만 세계화되고 가정이나 사회의 인간관계와 조직구성은 여전히 연공서열, 상하, 남녀, 학벌, 혈연, 지연 중심으로 이루어지고 있다. 엄밀히 말하면 이와 같은 의식구조는 본디 우리의 정신문화가 아니라 사대주의적 사고 즉, 중화사상에 깊숙이 젖어든 결과이다. 동양의 정신문화로 알고 있는 이와 같은 사고관념은 모두 중국문화이며 우리 모두 하루빨리 버려야할 것들이다.

언어 중심으로 바라볼 때 우리의 정신문화는 '나라161)' 중심

---

160) 강시(僵屍)는 얼어 죽은 송장을 가리킨다. 무협지에 자주 등장하는 용어.
161) '나라'는 '나'의 복수형이다. 그러므로 나라는 나와 같은 혈통과 문화를 물려 받은 한겨레 전부를 가리키는 말이다. 따라서 군주주권(君主主權)의 반대 개념으로 만들어진 민주주의(民主主義)란 용어보다 훨씬 더 국민을 우선시 하는 사고관념이 담긴 용어라 할 수 있다. 박영홍, 「우리말과 한겨레」, 67쪽 참조.

이며, 오늘날의 서구문명보다 더 민주적이고 상하(上下), 노소 (老小), 남녀(男女)의 구별이 없는 평등사회였었다. 하지만 부끄럽게도 우리의 정신세계는 아직도 지배이데올로기인 천(天) 관념이나 천명(天命)사상 또는 불교, 크리스트교 등 외래의 종교나 사상 등으로부터 자유롭지 못하다. 사람의 마음을 어둡게 하고 겨레의 얼을 깨뜨리며 우리 사회의 발전을 저해하고 있는 이와 같은 어두운 정신문화의 찌꺼기들을 버리지 않는 한 우리나라의 발전은 요원할 것으로 생각된다.

4. 학문으로서의 바둑

앞에서 동서양 철학과 학문의 발달과정 속에서 바둑의 위치에 대해 살펴보았다. '바둑'이란 낱말은 '우주와 자연을 관찰하면서 천체를 상징하는 밝은 것을 두어보는 연구행위'를 가리키기 위해 만들어진 우리말이다. 반면 놀이문화로서의 바둑은 중국에서 기원된 것으로 일본에서 발전된 놀이의 하나로 인식되어 있다. 따라서 바둑학이 대학에서 학문의 한 분야로 연구된다면 바둑이 무엇인지 바둑의 개념정립이 무엇보다 중요한 선결과제라고 할 수 있다. 그리고 나서 바둑학을 문화인류학이나 자연철학의 하나로 볼 것인지 아니면 놀이문화인 판돌놀이만을 연구대상으로 할 것인지 결정해야 한다.

오늘날 놀이문화로서의 바둑학162)은 상당한 연구와 성과가

---

162) 최근에 바둑을 학문의 한 분과로 보려는 연구가 동·서양인을 가리지 않고 많이 발표되고 있다. 필자는 놀이문화의 하나인 판돌놀이로서의 바둑학에 관해서는 문외한이며, 바둑이란 우리말 즉 바둑의 개념 재정립과 바둑이란 용어를

있었다. 명지대학교 바둑학과 정수현 교수는 바둑교육학 발전163)에 상당한 기여를 하였으며, 문용직 사범은 바둑에 대한 학문적으로 접근을 시도하여 「바둑의 발견」164)을 출판한 바 있다. 그리고 박우석 교수는 「바둑철학」165)을 통해 학문으로서의 바둑을 인접학문과 접목시켜 바둑학의 새로운 길을 열고 있다.

하지만 놀이문화의 하나인 바둑놀이를 대상으로 한 것을 '바둑학'이라 부르는 것은 문제가 있다. 앞에서 살펴본 바와 같이 사실 '바둑'은 천체관측행위를 가리키는 우리말이다. 그리고 우주와 자연변화인 역(易)에 대한 오랜 관찰을 통해 만들어낸 표상이 바둑판과 바둑돌이다. 이것은 자연변화에 대한 관찰과 연구이므로 순수 자연과학이라고 할 수 있다. 이후 바둑판의 모형을 본떠 만들어낸 것이 바로 문자, 숫자, 각도법 등이다. 따라서 이와 같은 연구는 인류문명의 탄생행위로 과학이라 부를 수도 있는 것이다.

슬기인이 탄생한 이후 고대 사회는 자연철학의 단계로 접어들었고, 자연철학의 단계에서 오랫동안 천체운행과 밤낮이나 계절변화의 상관관계를 관찰하여 바둑판과 바둑돌 그리고 피라미드 등을 만들었다. 이 단계를 문명창조행위로서의 자연과학의 시대라 할 수 있다. 이후 문명의 산물인 역법, 문자, 숫

중심으로 한 바둑학에 대한 소견을 밝힌 것이다.

163) 우리나라 바둑학 제1호 교수인 정수현은 승부놀이에서 벗어나 바둑의 교육적 기능을 연구하였다. 정수현, '바둑의 교육적 기능', 「바둑과 문화」, 한국바둑문화연구회 논문집, 제 1집, 도서출판 바둑과 문화, 53-57쪽.

164) 문용직 사범은 「바둑의 발견」을 통해 현대의 과학적 논리를 토대로 바둑의 발전과정을 설명하고 현대바둑의 수준과 의미를 부여함으로써 바둑의 본질에 대한 이해를 시도하였다. 문용직, 「바둑의 발견」 1, 2, 부키, 1998, 2005.

165) 박우석, 「바둑철학」, 도서출판 동연, 2002.

자, 기하학 등을 이용하여 인간의 존재와 음양오행의 원리를 탐구하게 되었으므로 이 단계의 바둑은 인문학의 시작이라 규정할 수도 있을 것이다.

그러나 지금의 바둑학은 바둑이란 명칭만 사용한 것에 불과하며, 놀이의 기능과 역할에 관한 연구이므로 정확하게 표현하면 단순한 '판돌놀이학166)'에 불과하다고 할 수 있다. 놀이도구로서의 바둑은 문명탄생 이후 오랜 세월이 흐른 후이고, 어린아이들의 놀이수단이자 어른들의 여흥거리로서 출발한 것이므로, 바둑이란 명칭과 전혀 어울리지 않는다.

지금까지 바둑은 우리문화가 아니라 중국에서 기원된 문화로 잘못 알려져 있고, 누구나 중국과 일본에서 만들어지고 발전된 놀이문화가 우리나라에 전해진 것으로 여기고 있다. 그리고 현대바둑을 받아들이면서 최초의 바둑놀이인 순장을 폐지하고, 대신 일본식 판돌놀이를 '바둑'으로 부르고 있는 것에 불과하다. 따라서 '일본식 판돌놀이'를 '바둑'이라 부르는 것은 다소 문제의 소지가 있다고 할 수 있다.

우리말 '바둑'과 외국의 놀이문화인 '판돌놀이'는 전혀 이루어질 수 없는 결합이다. 말하자면 착각과 무지에 의한 용어의 오용이라 할 수 있다. 우리의 전통문화인 순장바둑을 폐지하고 '바둑'이란 말을 외래문화를 가리키는 단어로 사용한 것은 엄밀히 말하면 매국행위일 수도 있다.

지금까지 '바둑'이란 우리말이 있었으나 이 말의 의미를 전혀 알지 못했으며, 바둑판과 바둑돌을 이용해왔으나 그것이

---

166) 놀이문화로서의 바둑을 우리말로 표현하면 '판돌놀이'라 부르는 것이 바람직하다. 이에 관해서는 필자가 '바둑이란 무엇인가?'란 제목으로 월간바둑에 기고한 바 있다. 「월간바둑」, 2005, 3. 66-71쪽.

무엇을 표상한 것인지도 몰랐다. 단지 게임이나 놀이문화로서 오늘날에까지 전해진 중국의 전통놀이문화의 하나로 알아왔었다. 용어의 정확한 의미도 모르고, 바둑판과 바둑돌이 무엇을 표상한 것인지도 알지 못하면서, 대학에서 학과가 만들어져 바둑학이 강의되고 있다.

필자는 어디에서 발생된 것인지 명확하게 규명되지도 않은 놀이문화인 판돌놀이를 대상으로 바둑학과가 만들어지고, 바둑판과 바둑돌이 상징하는 것이 무엇인지도 모르면서 바둑판과 바둑돌이 원래부터 당연히 놀이도구였던 것으로 정의되어 대학에서 강의되고 있다는 사실을 도무지 이해할 수 없다.

이와 같은 일은 모화사상이나 식민지근성에 의한 것으로 보이며, 짧은 기간의 성과에 도취되어 바둑이란 용어의 의미는 물론 바둑판과 돌이 인류문명사에서 차지하는 위치를 바르게 알지도 못하면서 대학에 바둑학과를 설치한 것은 '좋은 것이 좋다'는 식의 졸속적이고 즉흥적으로 행해진 권위주의적이며 행정편의주의적인 결정이 아니었나 생각된다[167].

'판돌놀이'이자 중국과 일본문화로 알아왔던 바둑놀이가 학제로서 편제되기 위해서는 바둑의 종주국으로 알려진 중국

---

167) 지금까지 바둑으로 알아온 판돌놀이도 학문의 대상이 될 수 있다. 오늘날 바둑놀이는 대학에서 학과목의 하나로 자리 잡았고, 초등학교 정규교과목의 하나로 편입되었다. 바둑놀이는 역사도 길고 오랜 세월동안 동북아 정신문화의 하나로 인식되어 왔다. 이로 인해 최근에는 놀이문화로서의 바둑에 대한 전문 연구 서적도 출판되고 있다. 이러한 저서로, 문용직의 「바둑의 발견」 1, 2(부키)와 박우석의 「바둑철학」(동연) 그리고 이승우의 「바둑의 역사와 문화」(도서출판 양지) 등을 들 수 있으며, 이들 서적은 바둑놀이 즉 판돌놀이를 학문의 대상으로 변화 발전시키고 있다. 그러나 이들 서적은 나름의 관점에서 저술한 역작이라고 할 수는 있으나, 내용은 놀이문화로서의 바둑 즉 외래문화로서의 판돌놀이에 국한된 것이어서 아쉬운 감을 지울 수 없다. 따라서 우리말 '바둑'이란 용어의 개념정의는 물론 바둑과 연관된 놀이문화의 연구는 지금부터가 시작이 아닐까 생각된다.

과 현대바둑의 발상지인 일본의 바둑 전문가들과 오랜 연구와 숙의 과정을 거쳐 중국과 일본의 명시적이나 묵시적인 동의하에 학제로 편입하는 것이 올바른 순서이다. 일시적인 승부결과에 도취되어 연구와 보급이라는 이름하에 취해진 학문으로서의 바둑, 다시 말해 판돌놀이는 우리 한국인들의 졸속적이고 즉흥적인 사고를 그대로 보여주는 부끄러운 일이다.

바둑의 개념과 역사 그리고 문명사적 위치 등을 고려할 때 바둑이 대학의 학과에 편입된다면 바둑은 자연과학이나 인문사회과학으로 문화인류학에 속할 수는 있다. 하지만 인류문명의 탄생판인 바둑은 학문의 한 분과라고 하기보다는 인류문명 그 자체를 떠받치고 있는 토대이므로, 문명과 동일하거나 비슷한 의미를 내포하고 있는 낱말이며, 학문의 뿌리인 동시에 줄기라고 할 수도 있다.

다시 말해 바둑은 모든 학문의 시작이자 시원으로서의 학문이며, 동시에 문명 그 자체인 것이다. 따라서 바둑을 학문으로 본다면 다른 학과의 한 부류가 아니라, 바둑이란 학제 속에 어느 특정 시대의 문명이나 문명의 이기를 연구하는 철학, 역법, 문자, 숫자, 기하학, 현대문명 등을 연구하는 개별적인 학과가 위치하는 것이 바람직하다.

분명한 사실은 지금까지 바둑으로 알려진 것은 놀이문화인 판돌놀이이며, 바둑판에서 만들어진 놀이문화는 이 이외에도 장기, 윷놀이, 꼰(고누)놀이, 체스 등이 있다. 따라서 놀이문화로서 바둑을 논할 때는 이들도 당연히 포함되어야 한다.

따라서 바둑이 학문으로 분류된다면, 먼저 문명이나 학문의 시원으로서의 바둑학과 놀이도구로서의 판돌놀이가 구분되어야 한다. 연후에 바둑학은 고대 인류문명탄생 전후의 시대배

경과 지구촌 전체의 인류문명 그리고 천체연구행위인 바둑이
란 용어의 의미뿐만 아니라 바둑판에서 탄생된 문명의 산물
인 역법, 문자, 숫자, 각도법 등을 하나로 묶어 연구하는 것
이 바람직하다. 그리고 판돌놀이는 윷놀이, 장기, 꼰, 체스 등
과 함께 놀이문화나 스포츠의 하나로 분류하여 그 기능이나
역할을 연구할 수 있을 것이다.

놀이수단으로서 판돌놀이의 기능과 역할이 무엇인지에 대해
명지대학교 정수현 교수는 이렇게 규정한다. '바둑학이란 동
양 전래의 두뇌적 경기인 바둑을 대상으로 하여 그 본질을
규명하고, 그 기술을 탐구하며, 관련있는 분야를 다양한 접근
법에 의해 분석하고, 실용적 기능을 연구하는 학문이다'[168]
라고 정의하고 있다. 따라서 바둑의 본질이나 바둑에 대한 언
어적 접근은 아직 전혀 이루어지지 않고 있다고 할 수 있다.
결국 학문으로서의 바둑(판돌놀이 포함)은 지금부터가 시작이
며, 보다 자세히 규명되고 연구되어야할 전 인류사적인 과제
가 아닐까 생각된다.

덧붙인다면 최근에는 관념이 철저히 배제된 사실만을 과학
의 연구대상으로 하고 있다는 사실을 상기해 볼 때, 놀이의
기능이 배제된 순수 '바둑학'은 자연과학이나 자연철학으로
이해하는 것이 가장 정확한 판단이 아닐까 생각된다.

---

168) 우리나라 바둑학과 제 1호 교수인 정수현이 판돌놀이로서의 바둑학이 무엇인
지 분명하게 정의하고 있다. 정수현,「바둑학의 이해」, 박우석의 「바둑철학」
65-66쪽 재인용.

참고문헌

계연수, 고동영 옮김, 환단고기, 한뿌리, 2005.

김부식, 삼국사기, 권혁률 옮김, 녹두, 1997.

김선미, 언어와 언어학 이론, 한국문화사, 200.3

김영진, 중국오천년사, 대광서림, 2001.

김정배, 한국고대사와 고고학, 도서출판 신서원, 2000.

김종서, 신화로 날조되어온 신시 단군조선사 연구, 2003.

김진우, 언어 이론과 그 응용, 탑출판사, 2004.

김희영, 이야기 중국사, 청아출판사, 1997.

강규선, 훈민정음 연구, 보고사, 2001.

강신항, 훈민정음창제와 연구사, 경진, 2010.

문용직, 바둑의 발견 1(2008), 2, 부키, 2005.

미로슬라프 베르너, 김희상 옮김, 피라미드, 심산, 2004.

박기용, 말, 규장각, 1997.

박병식, 말은 어떻게 태어났나, 조선일보사, 2002.

박영홍, 우리말과 한겨레, 백암출판사. 2010.

박우석, 바둑철학, 동연, 2002.

박상란, 신라와 가야의 건국신화, 한국학술정보(주), 2005.

傅樂成, 신승하 역, 중국통사(상),지영사, 1998.

謝松齡, 김홍경 신하령 역, 음양오행이란 무엇인가?, 2010.

안영이, 월간바둑, 순장바둑 그 기원의 비밀을 찾아, 1997,1.

안함로/원동중 지음, 안경전 옮김, 환단고기, 상생출판, 2009.

양상국, 바둑의 길 삶의 길, 나남 출판사, 2009.

오로베츠/배진아 김혜진, 숫자의 비밀, 다시, 2004.

윤이흠, 단군 그 이해와 자료, 서울대 출판부, 1995.

이서규, 철학과 철학자들(서양철학의 이해), 이문출판사,2003.

이승우, 바둑이야기, 전원문화사, 2000.

이승우, 바둑의 역사와 문화, 도서출판 현현각 양지, 2010.

이종호, 피라미드, 새로운 사람들, 1999.

이형구, 단군과 고조선, 살림터, 1999.

일연, 삼국유사, 을유문화사, 이만수 옮김, 2001.

전정례, 언어와 문화, 도서출판 박이정, 1999.

정연규, 언어 속에 투영된 한민족의 고대사, 한국문화사,2002.

정연종, 한국은 단군이 만들었다, (주)도서출판 넥서스, 1996.

조옥구, 21세기 신 설문해자, 도서출판 백암, 2005.

조옥구, 漢字의 기막힌 발견, 한자와 한글. 2010.

최동환, 흔역, 하남출판사, 1999.

카르틴 콜로베르/김정란, 철학의 기원에 관하여, 東文選,2004.

한국주역학회, 주역의 근본원리, 철학과 현실사, 2004.

허진웅, 영남대 중국문학연구실, 중국고대사회, 지식산업사,1993.

바둑과 피라미드

지 은 이 박영홍
발 행 인 정유리
발 행 처 도서출판 백암
발 행 일 2012년 2월 15일 초판인쇄
　　　　 2012년 2월 20일 초판발행
등록번호 제313-2002-35호
주　　소 서울시 마포구 신수동 219번지
전　　화 02) 712-3733
팩　　스 02) 706-9151
전자우편 baekam3@hanmail.net

값 18,000원
ISBN 978-89-7625-143-5